実戦相場で勝つ！

FX

チャート
攻略ガイド

一生使える
チャート技法を
身につける

藤本 壱［著］

JN231823

自由国民社

はじめに

　ＦＸが個人でも取引できるようになってから20数年。今ではFXは個人投資家にすっかりおなじみのものとなりました。

　しかし、ＦＸで簡単に儲けられるかというとそんなことはありません。例えば2008年秋に起こったリーマンショック後の急激な円高で、それまで円キャリー取引をしていた多くの個人投資家が大きな損失を被ったと言われています。本書執筆時点だと、アメリカの利上げ問題や、米国と北朝鮮の核協議、米中貿易戦争、イギリスのEU離脱問題、また中国を始め世界的な景気減速懸念など、今後も為替市場を激しく動かすであろう大きな出来事が目白押しです。

　このように為替の値動きが大きいということは、市場参加者にとって大きく儲ける絶好のチャンスになります。しかし、適当に当てずっぽで売買していては、到底利益を上げることはできません。

　ＦＸではデイトレードに代表されるように、株などに比べて一般に投資期間が短いため、テクニカル分析がより重視されます。チャートやテクニカル指標の種類は多く、それぞれに長所と短所がありますので、為替相場の局面や目的に合わせてそれらを選び、正しく使うことが必要です。そのためにはテクニカル分析の基礎知識が欠かせません。

　そこで本書では、チャート分析の基本に加えて、ＦＸでよく使われている20種類以上の主要なテクニカル指標について、その特徴と基本的な読み方、そして、それぞれについて具体的なエントリー／エグジットのタイミングの判断方法を最新の事例を交えながら紹介しました。ＦＸ業者などで利用できる指標の中で、主なものは網羅しています。

　本書をお読みになった皆様が、チャートを使いこなしてＦＸで良い成果を上げられるようになれば、筆者としては幸いです。

2019年1月

　　　　　　　　　　　　　　　　　　　　　　　　　　　藤本　壱

Contents

Prologue
テクニカル分析で
FXを攻略しよう

　本書では、FXでのチャート分析手法について解説していきます。その前段階として、「FX取引になぜチャート分析が必要なのか」という根本的なことから、話を進めていきます。

ファンダメンタル分析とテクニカル分析

　株式を始めとする投資商品の売買タイミングを分析する手法には、大きく分けて「ファンダメンタル分析」と「テクニカル分析」があります。

経済の基礎的要因を分析する「ファンダメンタル分析」

　ファンダメンタル（fundamental）とは、直訳すると「基礎的な」という意味の言葉です。そこから転じて、金融関係の世界ではファンダメンタルは「経済の基礎的要因」というような意味になります。

　ファンダメンタル分析は、投資先の商品の価格に影響を与える基礎的要因を分析して、現在の価格の高低や、今後の価格の値動きを予測する手法です。

　FXの場合、投資先の商品は各国の通貨です。したがって、FXでのファンダメンタル分析では、その通貨国や他の通貨国の人口、面積、人口構成、教育水準、地政学リスクといった基礎的なマクロ要因や、GDP、貿易収支、雇用、物価、生産、住宅といった分野の各種経済指標、金利を始めとする金融政策や財政政策、さらにその他の外部要因なども分析して、その国の通貨の動向を判断していきます。

　例えば、ある国の経済成長が高い伸びを示したり、雇用統計が大きく改善したり、金利が引き上げられたりすると、その国の通貨の人気が高まり、買

われて上昇することがよくあります。ただし、最終的には2つの通貨間の相対的なバランスで決まると言って良いでしょう。

▌為替の値動きを分析する「テクニカル分析」

もう1つの分析手法として、「テクニカル分析」があります。テクニカル分析では、為替レートの動きをグラフ化した「チャート」や、為替レートを元にして計算した「テクニカル指標」を中心にして、さまざまな分析を行っていきます。

チャート分析では、チャートを使って過去の為替の値動きを調べ、そこからエントリー／エグジットのタイミングや、エグジットする際の目標値段を判断したりしていきます。

■ 図0.1　テクニカル指標も入れたチャート

FXではテクニカル分析を重視したい

FXを行う上で、ファンダメンタル分析とテクニカル分析は、どちらも必要なものです。ただ、筆者の個人的な意見としては、FXではテクニカル分析を重視した方が良いと思います。

FXではファンダメンタル分析が難しい

株式投資だと、ファンダメンタル面（企業の業績や財務など）が株価に与える影響が大きく、業績や財務が良い企業ほど株価が上がる傾向があります。いわば「絶対評価」の世界です。したがって、ファンダメンタル面をしっかりと分析する必要があります。

一方のFXでは、大まかには国と国との間の相対的な関係で、為替レートが決まる傾向があります。例えば、本書執筆時点では、日本の国債債務残高を見ると危険な水準に達していて、かなり厳しい状況です。その点で見れば、これまでも「円は売り」と判断されるところでしたが、円はスイスフランと並び安全通貨としての側面があり、ユーロ不安などのリスク要因によって買われて円高が続いてきました。しかし、2012年後半あたりからアベノミクスや米国経済の回復などの影響によって、現在まではやや円安基調となっています。

このようなことから、FXでのファンダメンタル分析は、株式に比べるとかなり難しいと言えます。

短期的にはテクニカル面の影響が大きい

為替レートは、長期的に見れば、ファンダメンタルにおおむね沿って変化しています。例えば、かつて1ドル＝360円の時代がありましたが、その後に日本の国力が強くなるにしたがって、円も上がっていきました。

ただ、FXは数日、数時間、あるいは数分といったもっと短いスパンの取引です。短期間のレートの変動は、ファンダメンタル面では説明しづらく、むしろ需給などのテクニカルな要因が大きな影響を与えます。

したがって、FXで勝ち残っていくには、テクニカル分析は必須です。

FXで勝つには状況の変化に対応する力が必要

　FXに限らず、投資関係の書籍等を見ていると、「必ず儲かる」といった感じのものを見かけることも多いです。確かに、短期的には、ある1つの方法が市場動向にマッチして、大きな利益を上げることもあります。

　例えば、2007年夏〜2012年秋にかけては、サブプライムローン問題やリーマンショックなどの影響で円高トレンドが続き、ドルやユーロを売って円を買い持ちしていれば、為替差益で利益を上げることができました。

　しかし、市場は「生き物」であり、絶えず変化し続けています。ある時期にうまくいった方法だからと言って、それが長期間に渡って成功し続けることはまずありません。市場の状況に応じて、投資の方法を変えていく必要があります。

　例えば、前述の例も（円高による為替差益）、2012年秋頃からのアベノミクス相場によってトレンドが転換し円安が進んだことから、その時点からは逆にドル買い円売りの局面となり、現在はもみ合いとなっています。

■ 図0.2　2012年秋頃を境に円安に転換し、現在は110円を挟みもみ合いが続く

‖ 本書の内容

　繰り返しますが、FXで長く勝ち残っていくには、変化に対応する能力が必要です。テクニカル分析を判断材料にするなら、いろいろな指標を知った上で、自分の取引スタイルに合うように組み合わせてチューニングし、より良い結果を出せるようにすることが必要です。そのためには、テクニカル分析の基本的な知識を欠かすことはできません。

　そこで本書では、ローソク足チャートの入門から話を始め、FXのテクニカル分析でよく使われているさまざまな指標・手法を取り上げて、具体的なエントリー／エグジットのタイミングの判断方法を解説していきます。

　Chapter.1では、もっとも基本となるローソク足チャートについて、その見方から、特に重要なローソク足を使ったエントリー／エグジットの判断までを解説します。

　Chapter.2では、トレンドの見方や、トレンドに沿ったエントリー／エグジットの判断方法を解説します。また、チャートに時折現れる「パターン」についても解説します。

　Chapter.3では、トレンドに沿った売買を行う上で必要な「移動平均線」や「ボリンジャーバンド」など、トレンド系のテクニカル指標について解説します。

　また、テクニカル指標には、トレンド系のものだけでなく、レートの細かな振動をとらえるためのオシレータ系指標もあります。Chapter.4では、オシレータ系の代表的な指標を取り上げます。

　さらに、エントリー／エグジットの判断をする上で、次の節目（高値や安値）がどのぐらいになるかを予測することも、重要なテクニックの1つです。Chapter.5では、これらの値幅分析に使う指標について解説します。

　最後のChapter.6では、テクニカル指標の組み合わせについて解説します。前述したように、常に万能な指標はありません。さまざまな手法をうまく組み合わせて、状況に対処することが必要です。

　また、テクニカル分析に従っても、必ず勝てるとは限りません。ダマシによる損失を最小限に抑えるためには、ストップロス注文などの注文方法をうまく活用することも必要です。Chapter.6ではこの点についても解説します。

Chapter.1

ローソク足 チャートの基本

為替の動きを読む上で、もっとも基本となるチャートは「ローソク足」です。Chapter.1では、ローソク足の基本的な見方から話を始めて、ローソク足でのエントリー／エグジットの判断までを解説します。

01 ローソク足はチャートの描き方の1つ

為替などの値動きを表す方法として、「チャート」は幅広く使われています。中でも、「ローソク足」は日本ではごく一般的です。Chapter.1のスタートとして、ローソク足を解説します。

値動きを端的に図に表すには?

為替をはじめとして、株式や金などの値動きのある商品は、投資家によってリアルタイムに取引されているため、刻一刻と値段が上下します。そのような商品の値動きを分析して売買の判断を下す際には、値動きをなるべくわかりやすい形で見られれば便利です。

そこで、値動きをグラフで表す方法がいくつか考案されました。**ローソク**

■ 図1.1 ローソク足の例（ドル円/2018年11月8日〜 12日の1時間足）

足はその1つです。ローソク足は、米相場の値動きを図で表すために、江戸時代に本間宗久という米商人によって考案されたと言われています（ただ、本間宗久が考案したのではないという説もあります）。

ローソク足では、その名前の通り、値動きをローソクのような形で表すのが特徴です（図1.1）。具体的な描き方や見方は後で解説しますが、シンプルなグラフの中から多くの情報を読みとることができます。

なお、海外では後述するバーチャートが使われることが多いそうですが、ローソク足も使われています。英語では、「ローソク」を英訳して、「Candle stick Chart」や「Candle Chart」と呼ばれています。

ローソク足以外のチャート

ローソク足は、前述したように日本で発明されたので、日本では為替／株式／商品などの値動きを表すために幅広く使われています。

ただ、値動きを表す方法は、ローソク足だけではありません。他にも「ラインチャート」や「バーチャート」といったチャートもあります。

ラインチャート

一定時間ごと（日毎や週毎など）に、終値（その時間帯の最後に付いたレート）を折れ線グラフで表したものを、「ラインチャート」と呼びます。例えば、18ページの図1.1をラインチャートにすると、図1.2のようになります。

ローソク足と比べると、ラインチャートはシンプルです。ただ、日や週などの終値だけをグラフに表すので、ある終値と次の終値の間でどのようにレートが動いたかが全くわからないというデメリットがあります。そのため、チャート分析の際には、ラインチャートはあまり使いません。

ただ、シンプルな分、レートが動く傾向を大まかに読み取りたいときには、ローソク足よりわかりやすいという面もあります。ローソク足だけでなく、ラインチャートもときどき見てみるのも良いでしょう。

■ 図1.2　ラインチャート

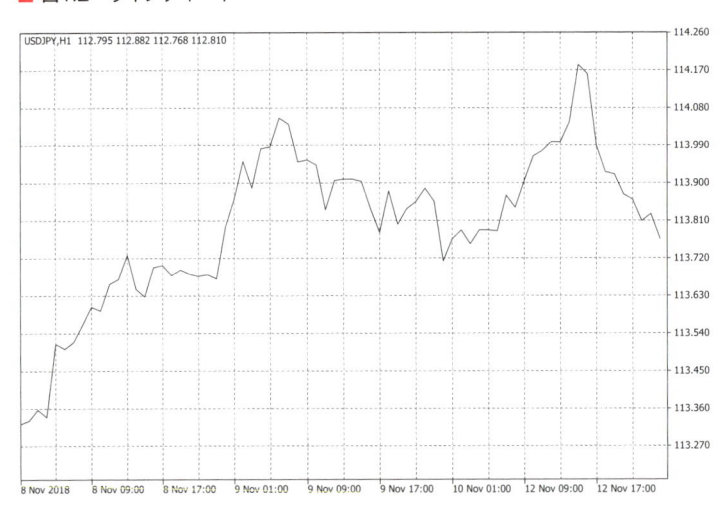

バーチャート

　バーチャートは、海外で比較的よく使われているいるチャートです。含まれている情報はローソク足と同じですが、ローソク足の方がより見やすいと言えます。例えば、18ページの図1.1をバーチャートで表すと、図1.3のようになります。

■ 図1.3　バーチャート

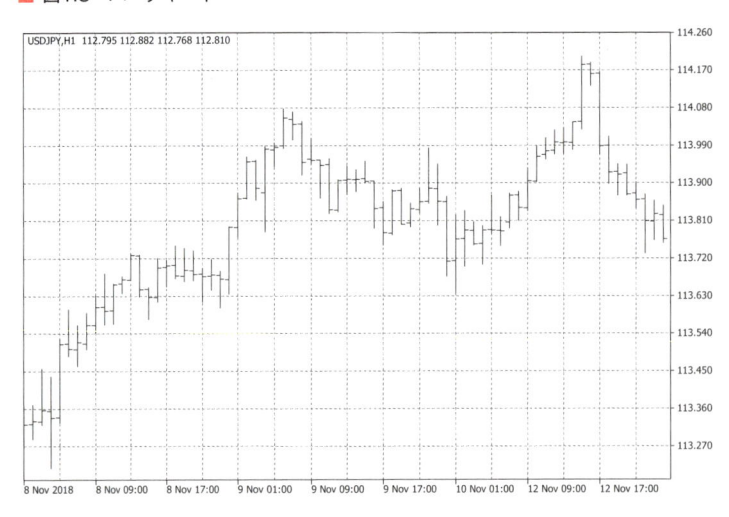

Section 02 ローソク足の描き方

　この節では、ローソク足の具体的な描き方を解説します。また、ローソク足で出てくる用語についても解説します。

四本値とは？

　ローソク足のチャートは、一定期間ごとの「四本値」を元にして描いていきます。四本値とは、ある期間（日や週）などに付けたレートの中で、特に重要な4つのレートのことを指します（表1.1）。

　例えば、ある日の四本値は、以下のように考えます。

①始値 … その日の最初に付けたレート
②高値 … その日の中で最も高かったレート
③安値 … その日の中で最も安かったレート
④終値 … その日の最後に付けたレート

　なお、FXでは土日を除き、基本的に24時間取引できます。そのため、日単位で四本値を考える場合、それぞれの日を何時で区切るかという点が問題になります。いろいろな方法が考えられますが、日本のFX会社では日本時間（日本の午前0時〜次の日の午前0時）を採用しているところが多いです。

　ただ、日本時間を採用すると、アメリカで金曜日の市場が終わる時間は、日本での土曜日の朝になるため、土曜日に短い時間のローソク足ができます。その結果、1週間が日足6本で構成されることになります（株式の場合は株式市場の開く月曜〜金曜の5本）。このため、これに違和感を感じる投資家の中には、アメリカのニューヨーク時間を採用する会社を選択したり、ニューヨーク時間に合わせてチャートを変換するなどして、土曜日にローソク足が出な

いチャートを使う人もいます。

■ 表1.1 四本値の内容

値段の種類	内容
始値	期間の最初に付けたレート
高値	期間の中で最も高かったレート
安値	期間の中で最も安かったレート
終値	期間の最後に付けたレート

四本値を元にローソク足を描く

ローソク足のチャートでは、ローソクのような形の棒が横に多数並んでいます。その1本1本のローソク足が、ある期間（日や週）の四本値を表します。

例えば、日単位のローソク足のチャートでは、1本のローソク足が1日分の四本値を表します。

個々のローソク足は、**実体**と**ヒゲ**からなります。ヒゲは通常は上下にあり、**上ヒゲ**、**下ヒゲ**と呼びます（図1.4）。

■ 図1.4 ローソク足の実体とヒゲ

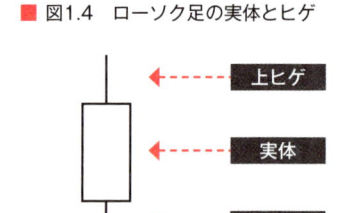

実体

実体とは、ローソク足の四角の部分を指し、始値と終値を表します。

始値より終値が高い場合、実体の下の端が始値で、上の端が終値を表します。このようなローソク足のことを、**陽線**と呼びます。一方、始値より終値が安い場合は、実体の上の端が始値で、下の端が終値です。このローソク足を**陰線**と呼びます（図1.5）。

また、陽線／陰線に応じて、実体の描き方を分けます。一般に、陽線の場合は中を白抜きにします。一方、陰線の場合は中を黒く塗りつぶします。このほか、陽線と陰線とで色を変えて描く場合もあります（例：陽線／陰線をそれぞれ緑／赤あるいは赤／黒で表す）。

上ヒゲと下ヒゲ

　上ヒゲと下ヒゲの先端は、それぞれ**高値／安値**を表します（図1.5）。ヒゲが長いほど、始値／終値と高値／安値との差が大きいことを意味します。

■ 図1.5　陽線／陰線と四本値の関係

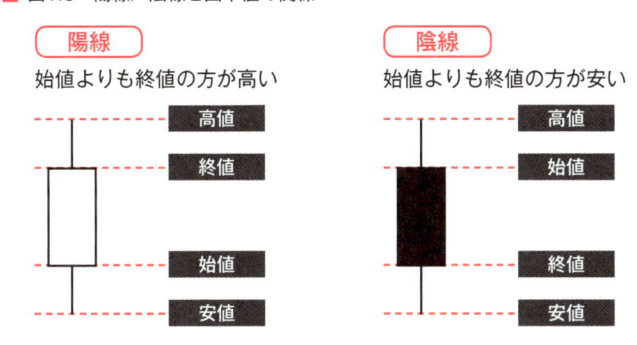

為替レートの動き方とローソク足の対応の例

　例えば、図1.6の左半分のようにレートが動いたとします。始値からいったん下がって安値を付けた後、反発して高値を付け、その後若干下がって、終値は始値より高く終わったという値動きです。

　この場合、この値動きに対応するローソク足は、図1.6の右半分のようになります。始値より終値の方が高いので陽線になり、実体部分は白抜きで描きます。また、高値と安値を表すヒゲを、実体の上下に描きます。

■ 図1.6　レートの動き方とローソク足の対応の例

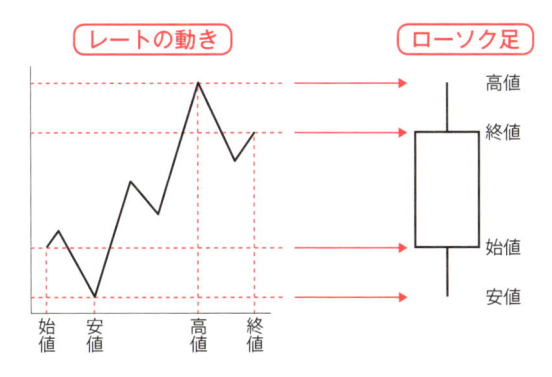

長期間の値動きをローソク足チャートで表す

ここまでは、ある1期間（1日や1週間など）に対応して、1本のローソク足を描く方法を説明してきました。この手順を繰り返して、個々の期間のローソク足を描いて、日時の古い順に左から右に順に並べていくと、ローソク足のチャートができあがります。

例えば、ある5日間の値動きが表1.2のようになったとします。この場合、この5日間の値動きをローソク足のチャートに表すと、図1.7のようになります。チャートと値動きとを見比べて、それぞれの日の始値／高値／安値／終値を確認してみてください。

■ 表1.2　値動きの例

日付	始値	高値	安値	終値
9月1日	104.16	104.30	104.09	104.24
9月2日	104.23	105.21	104.22	105.13
9月3日	105.12	105.30	104.86	104.92
9月4日	104.93	105.18	104.73	105.10
9月5日	105.09	105.70	104.68	104.88

■ 図1.7　表1.2に対応するローソク足のチャートの例

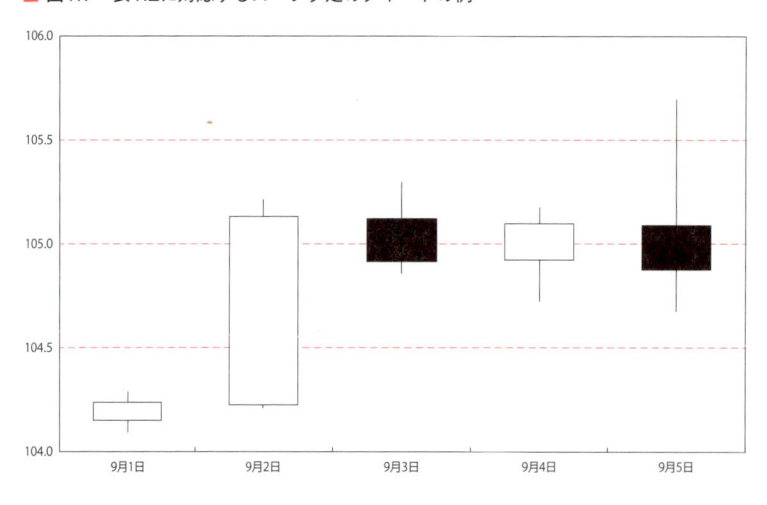

特殊な形のローソク足

　一般的なローソク足は、実体／上ヒゲ／下ヒゲの3つの部分から構成されます。しかし、場合によってはそうならない場合もあります。

実体が横棒一本になる場合

　ときどき、**始値と終値が同じになる**ことがあります。その場合、実体部分は四角にはならず、横棒1本で表します。例えば、図1.8の左半分のような値動きをした場合、それをローソク足で表すと、図1.8の右半分のようになります。

　1分足や5分足など、周期が短いチャートになるほど、ローソク足1本の値動きは小さくなりやすいです。そのため、そのようなチャートでは、実体が横棒1本になるローソク足が比較的よく現れます。

■ 図1.8　実体が横棒一本になるローソク足の例

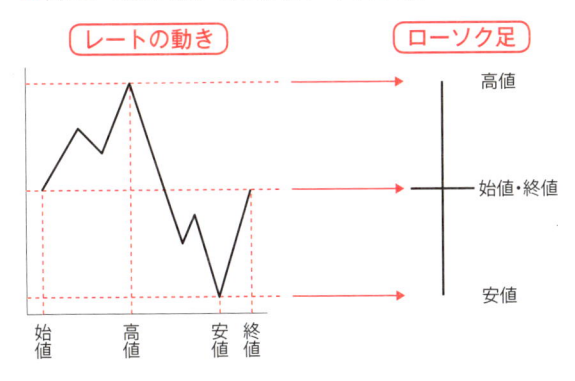

上ヒゲや下ヒゲがない場合

　例えば、図1.9の左半分のように、始値を割らずにレートが上昇し、その後若干下がって終わった場合、始値と安値が同じになります。この値動きをローソク足で表すと、下ヒゲがない形になります。

　同様に、実体の上側の値段と高値が同じになると、上ヒゲのないローソク足になります。

■ 図1.9 下ヒゲがないローソク足の例

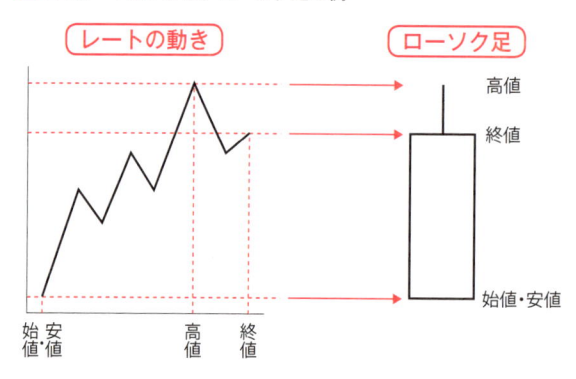

横棒一本だけになる場合

　値動きが一切なく、**始値／高値／安値／終値がすべて同じ**になった場合、それをローソク足で表すと、横棒1本だけになります。

　横棒1本だけのローソク足は、1分足や5分足など、周期が短いチャートだと出ることが結構あります。一方、周期が長いチャートでは、めったに出ることはありません。

日足や週足などを使い分ける

　すでに述べたように、チャートをつくる際には、ローソク足1本分の時間の取り方をいろいろ変えることができます（日単位や週単位など）。

　ローソク足1本が1日に対応するチャートのことを、**日足**と呼びます。同様に、ローソク足1本が1週間に対応するチャートは、**週足**と呼びます。

　FXでは、デイトレードやスイングトレードのように、短時間で売買を繰り返すこともよくあります。そこで、ローソク足1本が1分に対応する**1分足**のチャートなど、短い周期のチャートを使うことも多いです。

　同様に、5分単位の**5分足**や、1時間単位の**1時間足**など、さまざまな周期のチャートをつくることができます。

　なお、周期の異なるチャートを使い分けることについては、この後の36ページ等で再度取り上げます。

Section 03 ローソク足の呼び方

　値動きによって、個々のローソク足はさまざまな形になります。そこで、ローソク足の形に呼び名が付けられていますが、それらを紹介しておきます。

ローソク足の9つの形

　個々のローソク足の形は千差万別です。ただ、「実体部分が陰線／陽線のどちらであるか」「実体部分が長いか短いか」「上下のヒゲの長さやバランスがどうか」という3つの要素の組み合わせによって、大きく分けると9つの種類に分類することができます（表1.3）。

■ 表1.3　ローソク足の種類

名前	ローソク足の形	値動き	値動きの例
小陽線		少し上昇した	終値 始値
小陰線		少し下落した	始値 終値
大陽線		大きく上昇した	終値 始値
大陰線		大きく下落した	始値 終値

名前	ローソク足の形	値動き	値動きの例
上影陽線		上がったものの、途中で下落に転じて、始値よりやや高く終わった	高値／終値／始値
上影陰線		上がったものの、途中で下落に転じて、始値よりやや安く終わった	高値／始値／終値
下影陽線		下がったものの、途中で上昇に転じて、始値よりやや高く終わった	終値／始値／安値
下影陰線		下がったものの、途中で上昇に転じて、始値よりやや安く終わった	始値／終値／安値
寄引同事線		上下したものの、始値と同じ株価で終わった	始値/終値

小陽線と小陰線

　小陽線と小陰線は、**値動きが小幅な陽線／陰線**です。一般に、値動きは普段はそう大きくはないので、チャート上で小陽線／小陰線が占める割合は高いです。特に、1分足や5分足などの短い周期のチャートになるほど、小陽線や小陰線の割合が高くなります。

大陽線と大陰線

　大陽線と大陰線は、**値動きが大きいときの陽線／陰線**です。小陽（陰）線と大陽（陰）線の区別は明確に決まっているわけではなく、見た目で大まかに判断します。

　値動きは穏やかになったり荒くなったりします。荒い値動きをローソク足で表すと、大陽線／大陰線になります。

　大陽線／大陰線は、**値動きが変わることを示唆する**場合があるので、重要です。詳しくは、後の31ページで再度解説します。

上影陽線／上影陰線

　陽線や陰線の中で、上ヒゲが長いもののことを、それぞれ上影陽線／上影陰線と呼びます。後で再度解説しますが、これらの線は**上昇から下落へと値動きが反転する**ことを示唆する線なので、重要です。

■ 図1.10　トンカチ

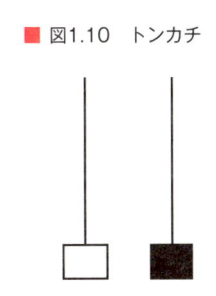

　なお、上影陽線／上影陰線の中で、下ヒゲがなく、かつ上ヒゲが実体より大幅に長いもののことを、形がトンカチに形が似ていることから、そのものずばり**トンカチ**と呼ぶこともあります（図1.10）。

下影陽線／下影陰線

　上影陽線／上影陰線とは逆に、下ヒゲが長い陽線／陰線のことを、それぞれ下影陽線／下影陰線と呼びます。これらの線は、**下落から上昇へと値動きが反転する**ことを示唆するので、重要です（33ページで再度解説します）。

■ 図1.11　カラカサ

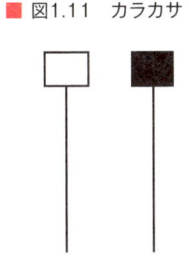

　なお、下影陽線／下影陰線の中で、上ヒゲがなく、かつ下ヒゲが実体より大幅に長いもののことを、**カラカサ**と呼ぶことがあります（図1.11）。

寄引同事線

　始値と終値が同じで、実体部分が横棒になっている線のことを、寄引同事線と呼びます。

　日足や週足などの周期が長めのチャートでは、始値と終値が同じになることはそうないので、寄引同事線はあまり出ません。一方、1分足などの周期

が短いチャートでは、その間に始値と終値が同じになることもよくありますので、寄引同時線はそこそこの割合で出てきます。

ローソク足の型の例

　実際のチャートで、ローソク足の型の例を見てみることにしましょう。

　図1.12は、ドル円の2018年8月16日〜30日の4時間足チャートです（ローソク足1本が4時間に対応）。図中に主なローソク足の例をあげましたので、ここまでの説明と見比べてみてください。

　例えば、チャートの中央付近に、楕円で囲んだローソク足があります。このローソク足は、実態部分が陰線で、上ヒゲが長い形になっていますので、上影陰線にあたります。

■ 図1.12　ローソク足の形の例（ドル円／2018年8月16日〜30日の4時間足）

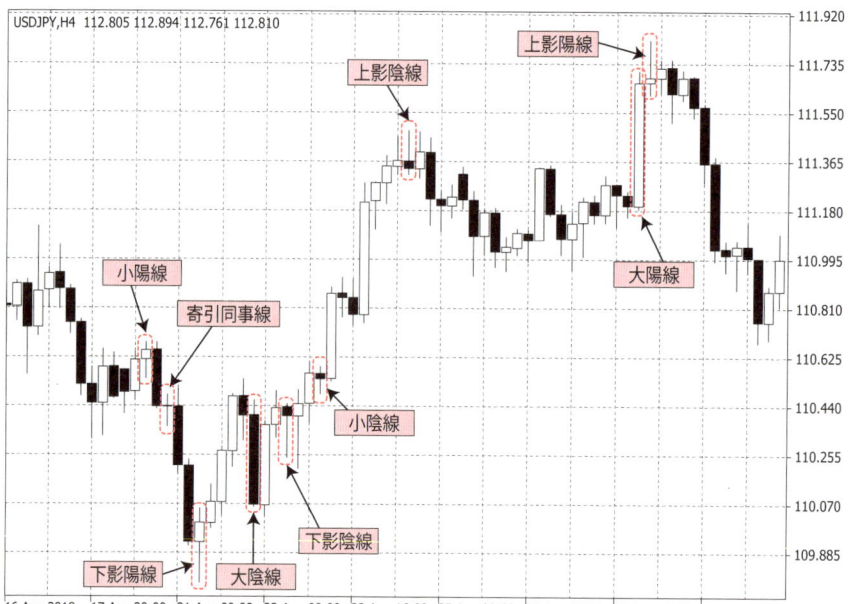

Section 04 ローソク足の強さに注目する

チャートで売買タイミングを判断する場合、ローソク足だけでなく、他の指標も合わせて見ることが多いです。ただ、形が特徴的な強いローソク足が出た場合は、それだけで売買を検討することもあります。

大陽線／大陰線で値動きが変わる

チャートを見ていると、大陽線や大陰線が出たことがきっかけになって、その後の値動きが変わることがあります。したがって、大陽線／大陰線には注目するようにします。

特に、しばらく横ばいの値動きを続けた後に、ニュース等の何らかのきっかけがあって大陽線や大陰線が出ると、その方向への値動きがしばらく続くことがあります。

そこで、横ばいの後に大陽線が出れば、**買いエントリー**（買いでポジションをつくること）することが考えられます。また、この時点で売りポジションを持っていたなら、**エグジット**（反対売買してポジションを手仕舞うこと）

■ 図1.13　横ばいの後に大陽線／大陰線が出たときのエントリー／エグジット

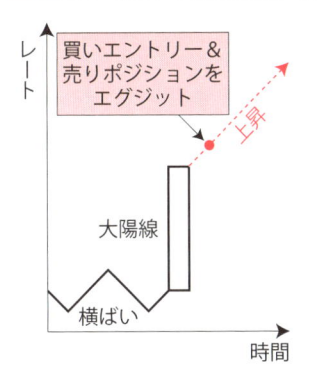

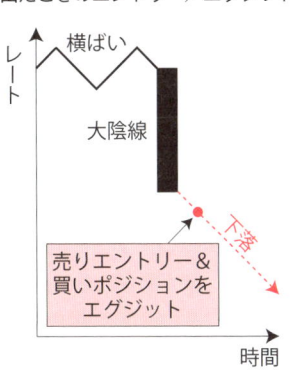

しておくべきだと言えます。逆に、大陰線が出れば、**売りエントリー**（売りでポジションをつくること、同時に買いポジションはエグジットする）することが考えられます（図1.13）。

　ただし、すでにかなり上がっている状態でさらに大陽線が出たときや、かなり下がっている状態で大陰線が出たときには、そこからさらに大きな動きにはなりにくいです。このようなときには、エントリーは見送った方が良いでしょう。

大陰線の後に下落した例

　図1.14は、2018年11月15日のポンド円の5分足チャートです。

　チャートの左端の方では、147台後半で横ばいに推移していました。しかし、イギリスのEU担当相が辞任したことから、17時50分〜55分の5分間で約0.8円のポンド安になって、大陰線が出ています。

　この場合だと、図1.14の「売りエントリー」のように、大陰線の後で売り

■ 図1.14　大陰線で動きが変わった例（ポンド円／ 2018年11月15日の5分足）

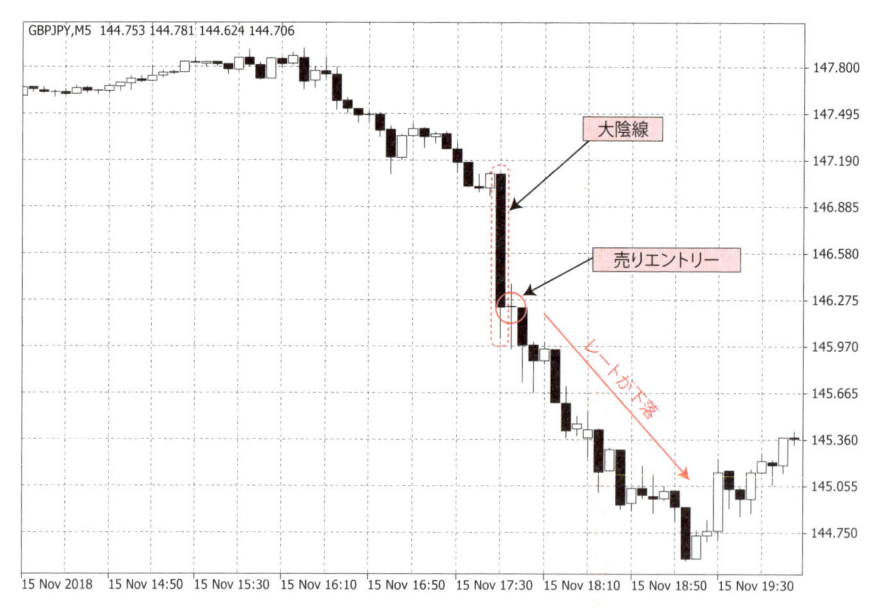

エントリーすることが考えられます。また、この時点で買いポジションを持っていたなら、エグジットするべきです。

　実際のチャートを見ると、大陰線の後もさらにポンド安が続き、安値では145円を割り込んでいます。

上ヒゲか下ヒゲの長い線で値動きが変わる

　上影陽線など、上ヒゲか下ヒゲの長い線が出たときに、値動きの傾向が変わることもよくあります。

　上ヒゲが長い線（上影陽線または上影陰線）が出た場合、**売りによってレートが押し戻された**ことを意味します。特に、レートがしばらく上がった後で、上ヒゲが長い線が出たときには、「これ以上は上がらない」と思っている投資家が多いことを意味します。

　したがって、このようなローソク足が出た場合、その後にレートが下落する可能性があります。買いポジションを持っていたなら、エグジットしておくべきだと言えます。

　逆に、レートがしばらく下がった後で、下ヒゲが長い線（下影陽線または下影陰線）が出た場合は、**それ以上はレートが下がりにくい**ことを意味します。したがって、その時点で売りポジションを持っていたなら、エグジットしておくべきです（図1.15）。

■ 図1.15　上昇後の上ヒゲ／下落後の下ヒゲではポジションをエグジットする

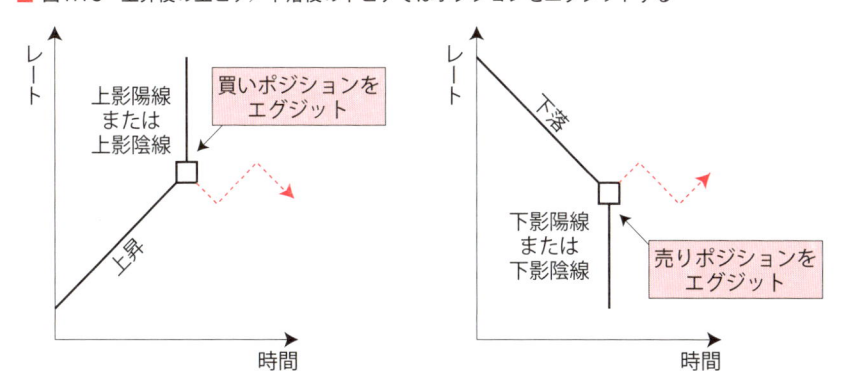

上ヒゲ／下ヒゲが長い線でタイミングを判断する例

　図1.16は、2018年8月30日〜10月4日のユーロドルの4時間足チャートです。

　9月4日／5日／10日と、1ユーロ＝1.153〜1.154ドルあたりの水準で底を打ったところで、下影陰線と下影陽線が相次いで出ています。同じぐらいの水準で3度も下ヒゲが長いローソク足が出現していて、「ここが底である」ということが多くの投資家に意識されたものと思われます。その後、値動きの傾向が変わり、しばらくは上昇に転じて、1ユーロ1.180ドルあたりまで上がっています。

　一方、9月21日／24日／27日と、1ユーロ＝1.180ドルあたりで天井をつけたところで、上影陰線と上影陽線が出ています。こちらも、「ここが天井である」と考えた投資家が多かったことを思わせる動きになっています。その後は値動きの方向が変わり、しばらくは下落が続いています。

■ 図1.16　上ヒゲ／下ヒゲが長い線による判断例（ユーロドル／2018年8月30日〜10月4日の4時間足）

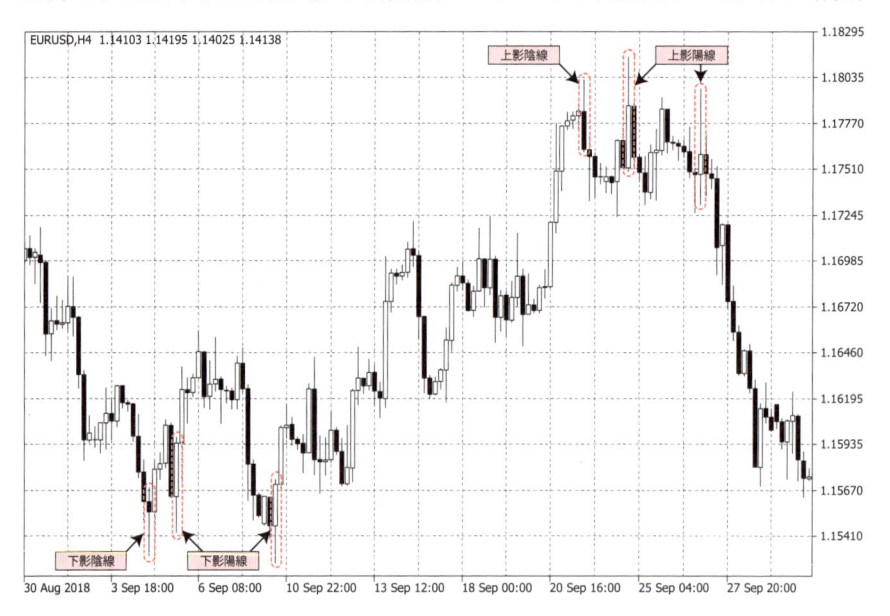

これだけでエントリーに使うのは難しい

　前述の図1.16の例のように、長いヒゲの線が出た後に、それまでとはレートの流れの方向が逆になって、下落傾向になることもあります。しかし、下落にまでは至らずに、横ばいの動きに変わることもあります。したがって、上ヒゲの長い線が出たときに、すぐに売りエントリーすると、成功しないこともあります。

　同様に、下ヒゲの長い線が出たときに、すぐに買いエントリーすると成功しないことがありますので、少し様子を見ることも必要になります。

ローソク足の組み合わせによる判断

　1本のローソク足の形だけでなく、数本程度のローソク足の形や位置の組み合わせから、エントリー／エグジットのタイミングを判断することもあります。

　例えば、本間宗久が考案したとされる「酒田五法」では、「三山」「三川」「三兵」「三空」など、ローソク足3本の形や位置関係の組み合わせから、その後の値動きの方向を推測します。

　ただ、数本程度のローソク足の組み合わせだけで判断すると、ダマシが出ることが多いです。そのため、実際のチャート分析では、ローソク足の組み合わせを補完的な判断材料にすることはありますが、組み合わせだけで判断することはあまりありません。

複数の周期のチャートを組み合わせて見る

　チャートには日足や分足などの周期があり、1つの周期のチャートだけでなく、複数の周期のチャートを合わせてみることで、より良い判断を行うことができます。この節では、複数の周期のチャートを組み合わせることについて解説します。

取引方法に合ったチャートを見る

　チャートを使ってエントリーとエグジットのタイミングを判断する際には、基本的には取引方法に合ったチャートを重視します。

　例えば、デイトレードで1日の間に何度もエグジットとエントリーを繰り返しているような方だと、1分足や5分足などの短い周期のチャートを見ます。一方、数日程度の周期で売買を行っている方だと、時間足や日足を重視する必要があります。

　取引方法と合わない周期のチャートを使っても、良い効果を得られることはありません。例えば、デイトレードをする際に、日足のチャートだけを見ていては、タイミングをつかむことはできません。

他の周期のチャートも併用する

　ただ、1つの周期のチャートだけを見ていれば良いわけではありません。取引方法に沿ったチャートを見るとともに、より長い周期や短い周期のチャートも併用して、値動きの方向性を確認することをお勧めします。

　基本的には、表1.4のように複数のチャートを併用すると良いでしょう。また、ご自分のトレードスタイルに応じて、表1.4以外のチャートも併用しても良いです。

■ 表1.4　複数の周期のチャートを併用する

トレードスタイル	主に重視するチャート	併用するチャート
デイトレード スキャルピング	1分足、5分足	1時間足、日足
スイングトレード	時間足、日足	1分足、5分足、週足
ポジショントレード	日足、週足	分足、時間足、月足

■ 図1.17　2つのチャートを見比べる例（ドル円の2018年9月3日〜10月24日の日足と、9月26日〜28日の1時間足）

2つのチャートを見比べる例

　図1.17は、周期が異なる2つのチャートを見比べる例です。上半分は、ドル円の2018年9月3日～10月24日の日足チャートです。そして下半分は、9月26日～28日の1時間足チャートです。

　上半分のチャートで点線で囲んだ部分が、9月26日～28日のローソク足です。この部分を1時間足にしたものが、下半分のチャートで点線で囲んだ部分に対応します。上半分のチャートを見ると、3本のローソク足はいずれも陽線です。これだけを見ると、強い上昇があったように感じられます。

　ここで、下半分のチャートで、これら3本のローソク足に対応する部分を見てみます。すると、9月26日と28日は横ばいと上昇が組み合わさった形で、大きく下落した時間帯はありません。一方、27日は上下の動きがあり、下落した後に大きく上昇していることがわかります。

　また、日足チャートを見ると、10月4日からは値下がりに転じています。一方、9月26日～28日の1時間足のチャートは、前述したように買い一辺倒ではなく、10月4日以降の動きを示唆していたと言えそうです。

　このように、周期の違うチャートを見比べることで、予測の幅をより広げることができます。

長い周期のチャートから順に見ていく

　複数のチャートを組み合わせて見る場合、まず**長い周期のチャートで長期的な方向性をつかむ**ようにします。その後、**短い周期のチャートを見て、直近の方向性を見る**ようにします。

　周期が短いチャートになるほど、値動きの方向性がつかみづらくなる傾向があります。方向性が定かでない中で、やみくもにエントリーするのは、大きなリスクを伴います。そこで、周期の長いチャートを見ることで、全体的な値動きの傾向を判断するようにします。

　例えば、デイトレードの場合、最終的な売買の判断は、1分足等の短い周期のチャートを見て下すことになるでしょう。ただ、1分足だけでなく、それより周期の長いチャート（1時間足や日足など）をまず見て大きな流れを

確認し、それから1分足等の短いチャートを見て取引するようにします。

一方、周期の長いチャートでは、目下の値動きがわかりません。何か事件等が発生して、急激に値動きが変化するような場合は、短い周期のチャートを見ることも必要になります。

長短の周期のチャートの方向性が揃うほど確実

長短の周期のチャートを見比べてみると、それぞれのチャートが同じ方向（上昇または下落）を向いているときもあれば、方向がバラバラになっているときもあります。

例えば、週足／日足／1時間足の3本のチャートを見比べるとします。すると、3種のチャートの方向の組み合わせは、以下のようなパターンに分かれます。各パターンに応じて、大まかな取引方法を考えることが必要です。

長短の方向性が揃っている場合

表1.5のように、それぞれのチャートが同じ方向を向いているときは、その方向への動きが強いと考えられます。したがって、そのようなタイミングで、チャートの方向に沿ってエントリーすれば、成功する可能性が高いと考えられます。

■ 表1.5　長短の方向性が揃っている場合

週足		
日足		
1時間足		

短めの方向性が異なる場合

表1.6のように、週足／日足の長めの方向と、1時間足の短めの方向とが異なる場合もあります。このようなときは、長めのチャートの方向性とは違う方向に、一時的にレートが動いていると考えられます。

このタイミングでは、短いチャートの方

■ 表1.6　短めの方向が異なる場合

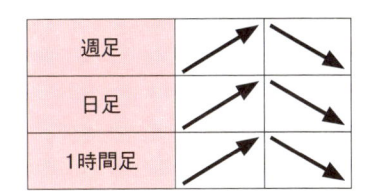

週足		
日足		
1時間足		

向に沿ってエントリーしても、その動きはあまり長続きしないと考えられます。エントリーするなら、早めに切り上げてエグジットすることが必要でしょう。

長めの方向性が異なる場合

　表1.7のように、1時間足／日足の短めの方向と、週足の長めの方向が異なる場合もあります。これも、長めの方向とは違う方向に、一時的にレートが動いていると考えられます。

　ただ、1時間足だけが反対に動いているときとは違って、より反対向きの方向が強いと考えられるでしょう。この場合は、1時間足／日足の方向に沿ってエントリーする場合、表1.6のときよりもエグジットまでの期間を長く取れる確率が高いと考えられます。また、長期的にレートが上昇した後で、表1.7のように日足／1時間足が下向きになったとします。この場合、上昇の力に陰りが出てきたと考えられます。買いのポジションを持っていたなら、エグジットを検討した方が良いでしょう。

　同様に、長期的にレートが下落した後で、表1.7のように日足／1時間足が上向きになったら、売りポジションをエグジットすることを検討すべきです。

■ 表1.7　長めの方向が異なる場合

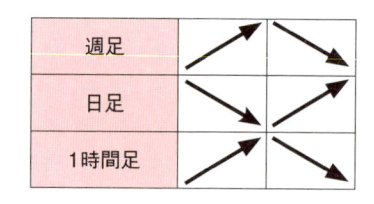

週足		
日足		
1時間足		

方向性がバラバラな場合

　表1.8のように、長短それぞれのチャートの方向性が、全く別々になることもあります。このようなときには、レートの動きは読みづらく、ダマシが発生しやすい状況だと考えられます。無理にエントリーすると、ダマシにあって損失が増えることになりがちです。したがって、このような状況のときには、しばらく待って方向性がつかめるまで、エントリーは避けた方が良いと考えられます。

■ 表1.8　方向性がバラバラな場合

週足		
日足		
1時間足		

06 出来高とギャップ

　ここまでで解説してきたことに加えて、チャートを見る上で補足的に知っておくべきこととして、「出来高」と「ギャップ」を取り上げます。

出来高も見ておく

　レートの動きだけでなく、出来高を加味することで、より良い判断ができることもあります。

出来高とは？

　まず、「出来高」という用語の意味から解説しておきます。

　出来高とは、売買が成立した取引の数量（ロット数の合計）を表します。例えば、表1.9のように取引が成立した場合、この間の出来高は、以下のように各取引のロット数を合計した26となります。

　　出来高＝5＋3＋4＋8＋6＝26

　上で取り上げた例では、12時〜12時20分の20分間の出来高を考えました。ただ、通常は個々のローソク足の周期ごとに出来高を集計します。例えば、日足のチャートをつくる場合だと、ローソク足1本が1日に対応しますので、出来高も1日分ずつ集計します。

　一般に、出来高をチャートに表す場合は、値動きを表すローソク足の下に、出来高を棒グラフにして入れます。

　ただし、この場合の出来高とは、**投資家が取引しているFX会社で成立した出来高**であり（「くりっく365」のような取引所FXの場合は、その取引所の中で成立した出来高であり）、為替市場全体の出来高ということではあり

ません。

　図1.18は、2018年8月29日〜11月17日のドル円の日足チャートに、出来高を入れた例です。上半分がローソク足で、下半分が出来高を表しています。

■ 表1.9　取引の例

時刻	取引されたロット数
12:00	5
12:05	3
12:10	4
12:15	8
12:20	6

■ 図1.18　出来高を入れたチャート（ドル円／2018年8月29日〜11月17日の日足）

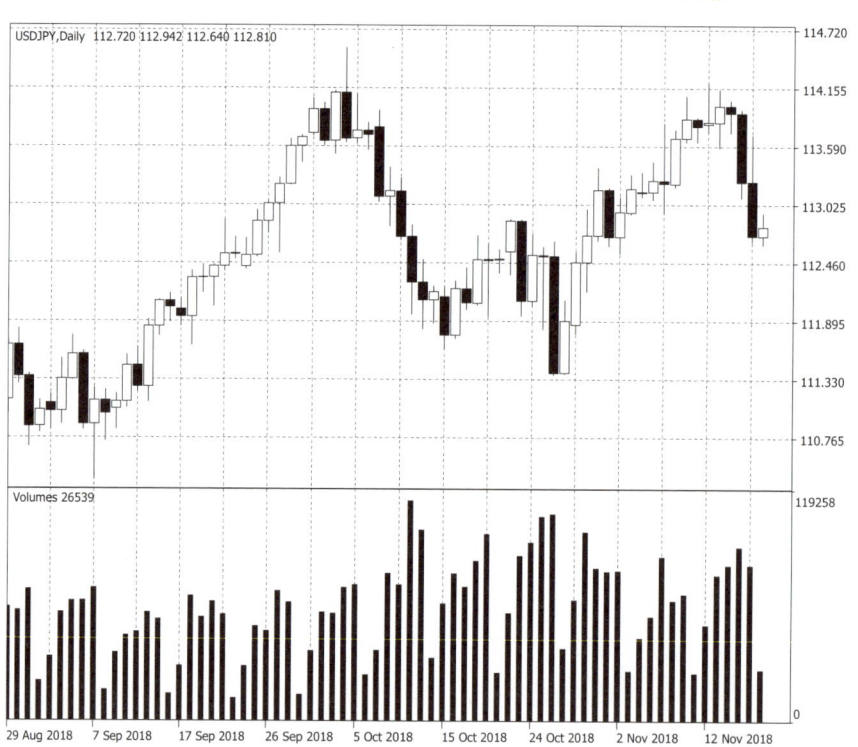

出来高が急増したところでポジションをエグジットする

レートが急騰すると、「これは買いエントリーすれば儲かりそうだ」という人が増えます。一方で、「そろそろ下がりそうだから売りエントリーしよう」という人も増えます。これらのことから、出来高も増えます。そして、レートが天井を付ける近辺で、出来高も天井になることがあります。

同様に、レートが急落すると、さらに下落する方に賭けて売りエントリーする人が増える一方、反発に賭けて買いエントリーする人も増えますので、出来高が増えます。そして、レートの底で出来高がピークを迎えることがあります。

このように、**レートの急騰（または急落）に沿って出来高が急増したときには、天井（または底）である可能性**があります（図1.19）。急騰（または急落）前にエントリーしていたのであれば、レートが反対方向に動くことがよくありますので、ポジションをエグジットしておくことをお勧めします。

■ 図1.19　レートが底や天井を付けるときに出来高がピークになることがある

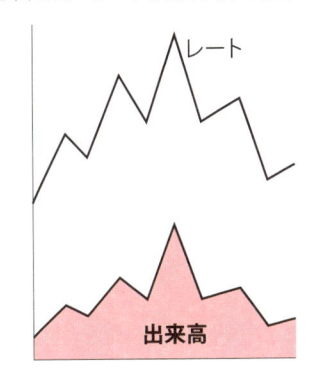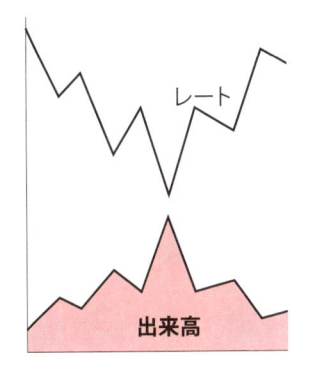

出来高によりエグジットする例

図1.20は、2018年3月28日〜4月3日のドル円の1時間足チャートに、出来高を入れた例です。このチャートを見ると、❶の点線で囲んだところで、レートが急騰するとともに、出来高も普段の2倍程度に急増しています。これは、天井を示唆するシグナルです。

出来高が天井をつけてから5時間後には、レートも天井をつけて下落に転

じています。その後はレートが下落を続けました。

　また、チャートの❷で囲んだところでは、レートが急落するとともに、出来高も普段より増加しています。ここも、出来高がピークになったところで、レートが底を打っていることがわかります。

■ 図1.20　出来高の急増とレートの天井／底の例（ドル円／2018年3月28日〜4月3日の1時間足）

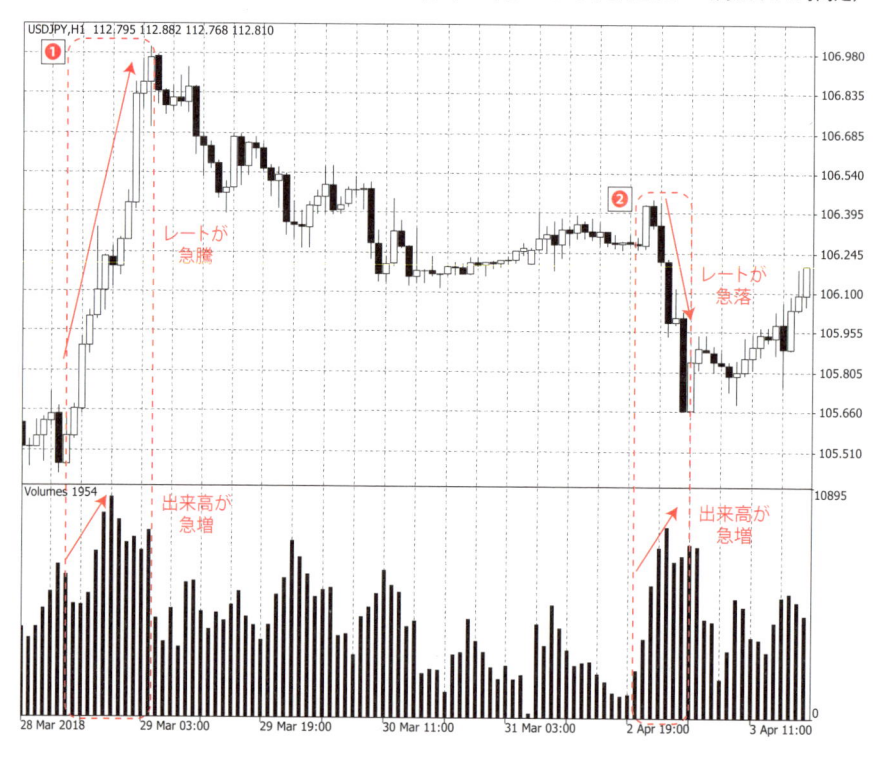

ギャップ（窓）とは？

　チャートの解説記事等を見ていると、ときどき「ギャップ」（Gap）や「窓」という言葉が出てくることがあります。このSectionではギャップについて大まかに解説しておきます。

値段が急激に飛んでできた隙間＝ギャップ

　何らかの大きなニュースが出ると、それによって商品の値段が大きく動くことがあります。FXの場合だと、国債の格下げがあったり、戦争がおこったりしたときに、それに関係する国のレートが急落（他の国のレートが急騰）することがあります。

　このような状況をチャートに表すと、ニュースが出る前のローソク足と、出た後のローソク足の間に、隙間が生じます。この隙間のことを、チャートの専門用語で**ギャップ**や**窓**と呼びます。レートが上方向に飛ぶ場合を「ギャップアップ」（Gap Up）と呼び、下方向に飛ぶ場合を「ギャップダウン」（Gap Down）と呼びます。

　また、ギャップが出た後に、そのギャップとは反対の方向にレートが動いて元に戻っていくことを、**窓埋め**と呼びます。レートが急騰してギャップができた場合だと、その後にレートが下がっていくのが窓埋めにあたります（図1.21）。

　株式や商品先物など、取引できる時間帯が限られている投資商品では、市場が閉じている間に何かニュースが発表されて、その次に市場が開くときに値段が大きく飛ぶことがあります。したがって、株式等のチャートでは、窓ができることが結構多いです。

　一方、FXでは土日を除き、24時間取引することができますので、株式等に比べると、窓ができることは少ないです。ただ、取引のできない土日の間に何らかのニュースが出るなどして、月曜日に取引が再開した時点でレートが大幅に飛んでいて、窓ができることがあります。

■ 図1.21　ギャップと窓埋めの例

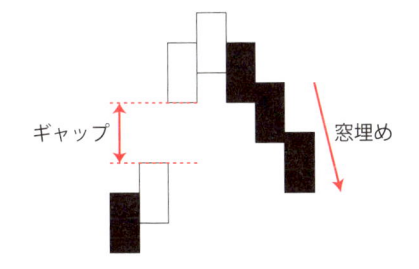
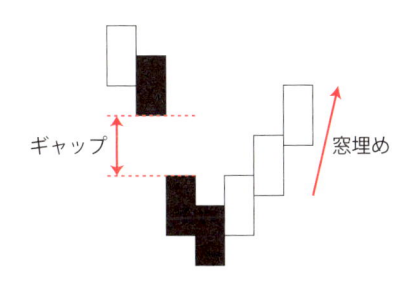

「窓は埋まりやすい」と言われる

チャートの一般的な見方の1つとして、「窓は埋まりやすい」と言われることがあります。

例えば、ドル円で急激なドル高円安が起こって、窓ができたとします。すると、窓ができる前にドルを買っていた人には大きな利益が生じますので、「利益を確定するために売ろう」という意識が出ます。その結果、売りが出やすい状態になり、徐々にレートが下がっていって窓ができる前の水準に戻って、窓が埋まりやすくなります。

ただ、窓が必ず埋まるとは限りません。特に、それまでのトレンドが反転した直後に窓ができた場合だと、窓が埋まらずに、そのままの値動きが続くこともあります。

取引が多い市場の出来高を参考にする

株式のように、1つの取引所で集中的に取引が行われている商品だと、市場全体での出来高がわかります。一方FXでは、多くの場合は業者と顧客との間で直接に取引が行われていて（相対取引）、業者が提供しているチャートでは、その業者での出来高しか得られません。

相対取引の場合、一部の投資家の動向によって出来高が過大になったりして、データに歪みが出る可能性があります。出来高でエントリー／エグジットを判断する場合、取引量が豊富な市場のデータの方が、より公正で判断材料として適していると考えられます。

そこで、出来高を判断材料として使うなら、東京金融取引所で行われているFXである「くりっく365」（http://www.click365.jp/）の出来高も参考にすると良いでしょう。

Chapter.2

トレンドとパターンを極める

チャートを見る上で、ある程度の期間のローソク足の動きの形から、その後のレートの動きを予想することがよくあります。その際には、チャートに「トレンドライン」を引いたり、「パターン」の出現を調べます。Chapter.2では、トレンドとパターンについて解説します。

Section 01 レジスタンスラインとサポートライン

　トレンドを考える上で、もっとも基本となる考え方として、「押し目」「戻り」と、「レジスタンスライン」「サポートライン」があります。

押し目とレジスタンスライン

　レートが上昇する際に、一直線に上昇が続くことはあまりありません。上昇中に一時的に下落し、その後にまた上昇に戻ることが多いです。この、「上昇の途中での一時的な下落」を、**押し目**（おしめ）と呼びます。

　また、押し目を付けた後に、その直近に付けた高値を上回るかどうかが、その後に上昇が続くかどうかのポイントとなることが多いです。直近の高値を超えると、「これは上昇に勢いがある」と判断する人が増え、買いが増えることで、レートがさらに上昇する傾向があります。一方、高値を抜くことができないと、「上昇の勢いが足りない」と判断する人が増えて、上昇が続かずに下落に転じやすくなります。

　そこで、「押し目前の直近の高値」の位置に、水平に線を引きます。この線のように、レートが上昇する際に、いわば「関門」となるような線のことを、**レジスタンスライン**（Registance Line、日本語では「**上値抵抗線**」）と呼びます（図2.1）。

■ 図2.1　押し目とレジスタンスラインの関係

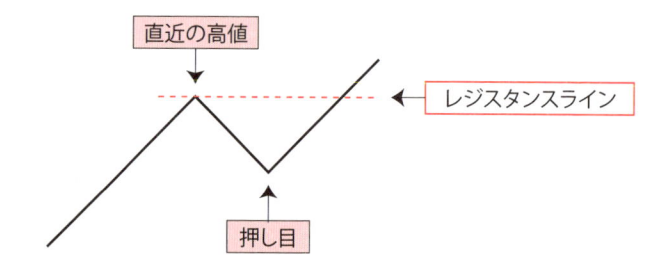

戻りとサポートライン

　レートが下落していく際にも、上昇と同様に、一本調子に下落が続くことはあまりなく、一時的に上昇して再度下落に転じることが多いです。この、「下落中の一時的な上昇」のことを、**戻り**と呼びます。

　また、戻りの後に直近の安値を下回るかどうかが、下落が続くかどうかのポイントになりやすいです。直近の安値を下回ると、「下落の勢いが強い」と判断して、売りが増えてレートが下落しやすくなります。一方、直近の安値を下回らずに上昇に転じた場合、「そろそろ下落が止まった」と判断する人が増えます。

　そこで、レジスタンスラインと同様の考え方で、「戻りの直近の安値」の位置に水平に線を引くことが多いです。この線のように、レートが下落する際の節目になる線のことを、**サポートライン**（Support Line、日本語では「**下値支持線**」）と呼びます（図2.2）。

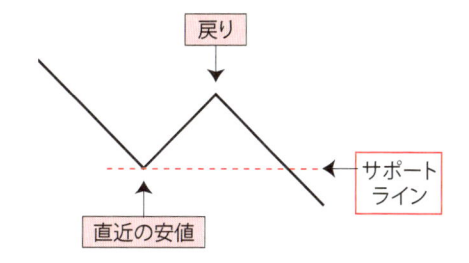

■ 図2.2　戻りとサポートラインの関係

レジスタンスラインを上回ったところで買いエントリー

　前述したように、押し目の直近の高値を抜けると、そのまま上昇が続くことがよくあります。したがって、高値の位置にレジスタンスラインを引いて、そこを上回ったところで買いエントリーするというのが、売買タイミング判断の基本の1つになります（図2.3）。

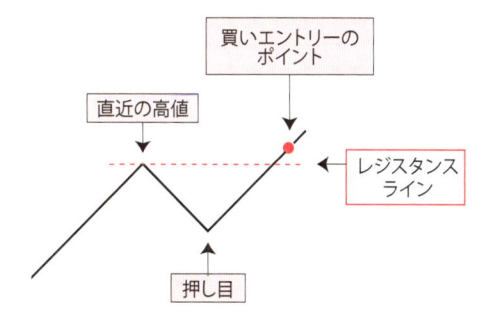

■ 図2.3　レジスタンスラインを超えたところがポイント

逆の狙い方をしてくる投資家もいる

ただし、「レジスタンスラインを超えたら買いエントリーする」という人が多いことを逆手に取って、レジスタンスラインの若干上の位置で大量の売りを浴びせて、レートを下げようとする市場参加者もいます。

したがって、単純に「レジスタンスラインを少しでも超えたらすぐ買いエントリーする」というのは、必ずしも成功するとは限りません。数pips超えるまで待ったり、時間がある程度経過するまで様子を見るなど、慌てずにエントリーすることをお勧めします。

レジスタンスラインを超えるまでのレートの動きに注目する

レートがレジスタンスラインを超えてきたときには、そこに至るまでのレートの動きにも注目します。

例えば、図2.4のように緩やかにレートが上昇してきたときと、図2.5のように急上昇してきたときとを考えてみてください。前者は勢いが弱いので、レジスタンスラインを超えたとしても、その後に勢いが続くかどうか不安があります。一方、後者の方のように勢いが強ければ、しばらくはその勢いが続きそうだと考えられます。したがって、買いエントリーするのであれば、後者のような形の方が良いと考えられます。

■ 図2.4　レートが緩やかに上昇してレジスタンスラインを上回った

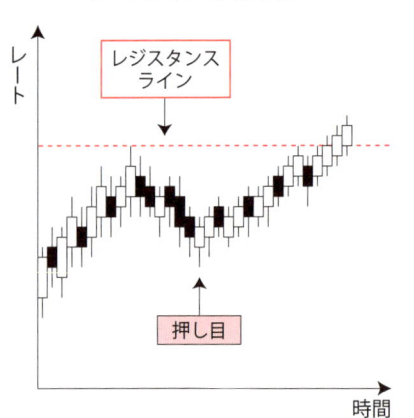

■ 図2.5　レートが急上昇してレジスタンスラインを上回った

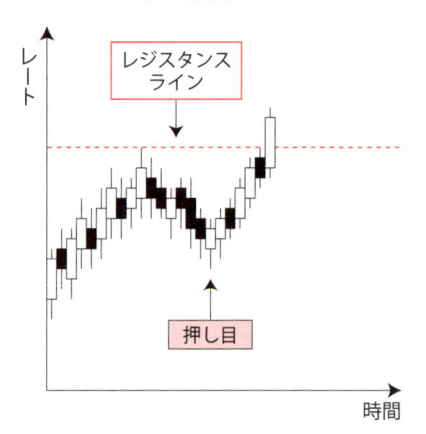

買いエントリーの例

　図2.6は、2018年9月6日～18日のドル円の1時間足のチャートを使って、レジスタンスラインを上回った時点で買いエントリーするタイミングの例です。

　図のAのあたり（網掛けされている部分）を見ると、サポートラインを割らない状態がしばらく続いていて、その前の「底打ち」の箇所で底打ちしたと思える状況です。したがって、レジスタンスラインを上回ったら、買いエントリーするようにします。その後、レートは上昇し始めて、直近の高値の位置に引いたレジスタンスライン1を超えています。そこで、このタイミングでエントリーします（図中の「買いエントリー1」の箇所）。

　さらに、その後に新たなレジスタンスラインができ（図中の「レジスタンスライン2」）、それを越えてレートが上昇しています。そこで、「買いエントリー2」のタイミングでエントリーすることが考えられます。

■ 図2.6　レジスタンスラインで買いエントリーする例（ドル円／2018年9月6日～18日の1時間足）

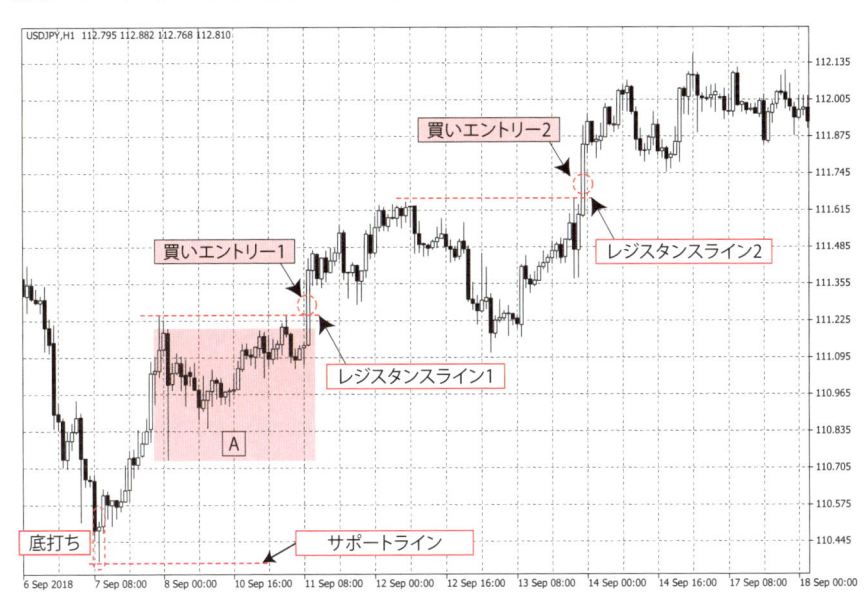

サポートラインを下回ったら売りエントリー

　買いエントリーをレジスタンスラインで判断するのと同様に、売りエントリーはサポートラインで判断できます。レートが下落してサポートラインを下回ったときが、売りエントリーの最も基本的なタイミングです（図2.7）。ただし、買いエントリーと同様に、サポートラインを下回ってすぐにエントリーすると、逆の狙いをする投資家がいることに注意する必要があります。

　また、戻りからサポートラインを下回るまでのレートの動きも、チェックするようにします。買いエントリーと同様に、下落の勢いが強い方が、成功する可能性が高いと考えられます。

■ 図2.7　サポートラインを下回ったら売りエントリーする

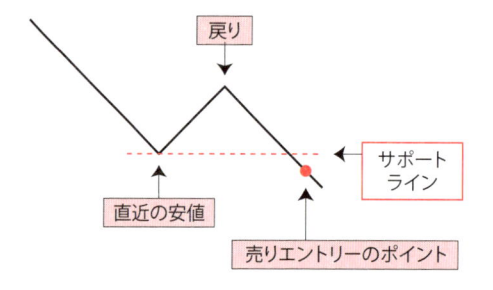

売りエントリーの例

　図2.8は、2018年10月3日〜12日のドル円の1時間足チャートを使って、サポートラインで売りエントリーするタイミングを示した例です。

　図のAの網掛けの部分を見ると、高値をつけた後でレートが下落傾向になっていて、10月4日の5時頃が天井であると考えられます。そこで、その後に売りエントリーを検討します。

　その後、「サポートライン1」をレートが割り込んでいます。そこで、このタイミングで売りエントリーします（図の「売りエントリー1」の箇所）。

　また、その後にさらにレートが下がり続けています。そこで、サポートライン2や3を割ったタイミングで、追加で売りエントリーすることが考えられます（図の「売りエントリー2」「売りエントリー3」の箇所）。

■ 図2.8　サポートラインで売りエントリーする例（ドル円/2018年10月3日〜12日の1時間足）

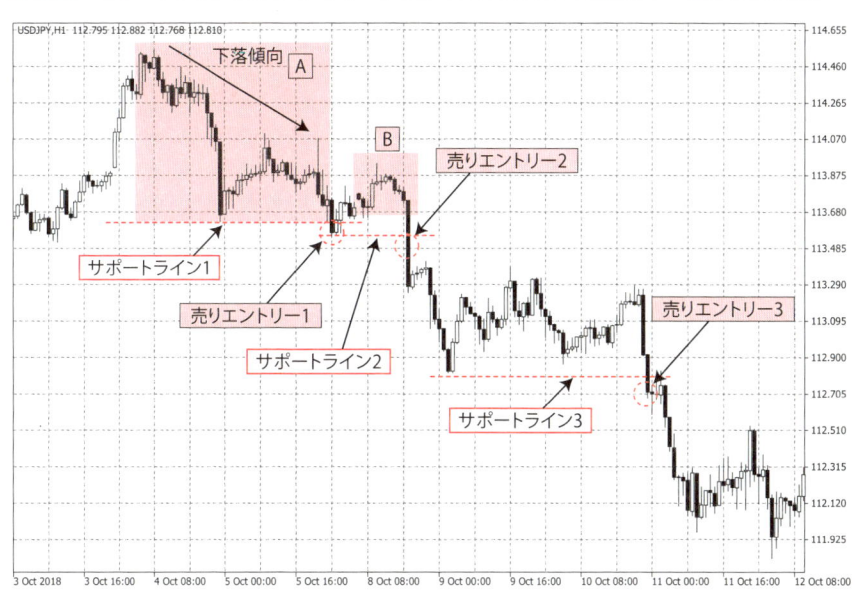

ダマシにあったときの対策も考えておく

　レジスタンスラインを超えた時点で買いエントリーした後、レートが下落してしまい、ダマシになることもあります。同様に、サポートラインを下回った時点で売りエントリーした後、レートが上昇してダマシになることもあります。

　例えば、前述の図2.8では、売りエントリー1の後に一時的にレートが上がっています（図のBの網掛けの箇所）。もし実際に「売りエントリー1」で売りエントリーしていたとすると、Bの時点では「これはダマシにあったかも」と感じていたことでしょう。

　このように、ダマシにあうこともあります。そこで、**想定と逆方向にある程度レートが動いたら、失敗と認めて損切りする**必要があります。

　なお、損切りの方法はいろいろありますので、本書の中で順次解説していきます。それらを参考にしてください。

Section 02 トレンドの基本とトレンドラインの引き方

チャートを見る際、「トレンド」は非常に重要な概念です。このSectionでは、トレンドの基本やトレンドラインの引き方について解説します。

レートが動く傾向＝トレンド

ある程度の期間のチャートを見てみると、レートがある方向に動いていくことが、しばらく続くことがわかります。この、「しばらくの間、一定の方向へレートが動いていくこと」を、トレンド（Trend）と呼びます。

トレンドは、大きく分けて、「上昇トレンド」「下落トレンド」「レンジ（またはボックス）」の3つの種類に分かれます。

上昇トレンドとは、その名前の通り、レートが上昇方向に動いていくことを指します。上昇トレンドでは、一本調子にレートが上昇することはあまりなく、途中に何度か押し目が入ることが多いです（図2.9）。

一方の下落トレンドは、レートが下落方向に動くことです。こちらも下落が一本調子に続くことはあまりなく、途中に何度か戻りが入ります（図2.10）。

■ 図2.9 上昇トレンドと押し目

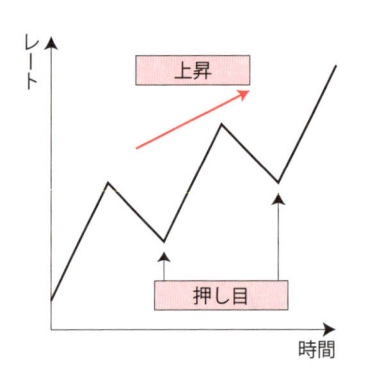

■ 図2.10 下落トレンドと戻り

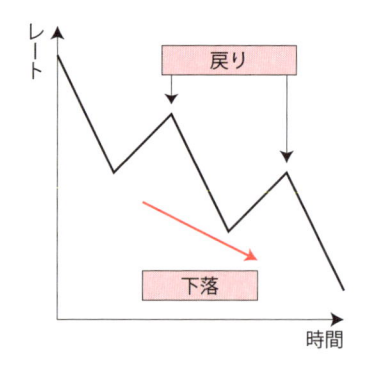

　また、**レンジ（ボックス）** とは、上昇／下落のどちらでもなく、**ある一定の範囲でレートが上下を繰り返す** ことを指します。「レンジ」（Range）は、英語では「範囲」を表す言葉です。また「ボックス」は、レートが四角（＝箱、Box）の中で上下することからきている呼び方です（図2.11）。

■ 図2.11　レンジ

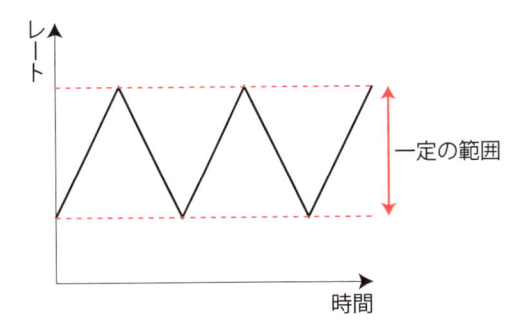

トレンドを表す線＝トレンドライン

　チャート上でトレンドをはっきりさせるために、ローソク足の上下に「トレンドライン」という線を引くことが一般的に行われています。

トレンドラインの引き方

　図2.9 〜図2.11のように、ある程度の期間のチャートでトレンドを見ると、レートの動きが波のようになっていることがわかります。トレンドラインを引く際には、その波の中で、**高値どうしを線で結び、また安値どうしを線で結ぶ** のが、基本的な考え方です。

　上昇トレンドの場合だと、一般には図2.12のようにトレンドラインを引きます。レートの波に沿って、安値どうし／高値どうしを線で結びます。下落トレンド／レンジでも、同様の考え方でトレンドラインを引くことができます（図2.13／図2.14）。

　どのトレンドの場合も、波の上下に1本ずつのトレンドラインを引きます。波の下側のトレンドラインは、サポートラインとして機能する傾向がありま

す。一方、波の上側のトレンドラインは、レジスタンスラインとして機能する傾向があります。また、図2.12～図2.14のように、上下のトレンドラインは平行になることがよくあります。

　なお、レートの変動は規則的になるわけではないので、通常は高値と高値（安値と安値）を完全に結ぶことはできません。そのため、**ある程度は感覚的にトレンドラインを引く**ことが必要になります。

　また、一度トレンドラインを引いた後で、レートの動き方がそれまでとは変わってきたときには、**トレンドラインを見直して適宜引き直す**ようにします。

■ 図2.12　上昇トレンドでのトレンドラインの引き方

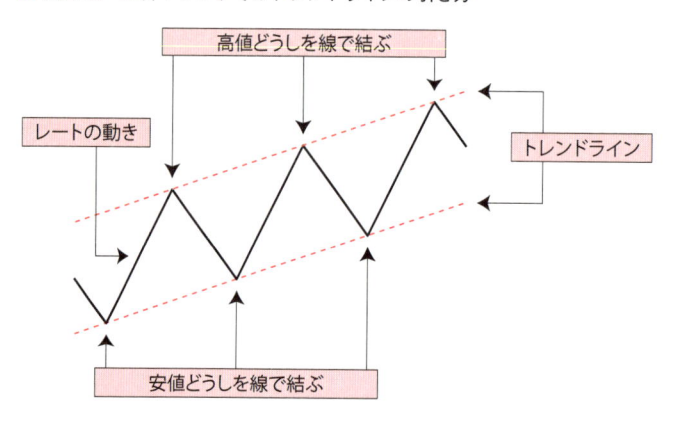

■ 図2.13　下落トレンドでのトレンドラインの引き方

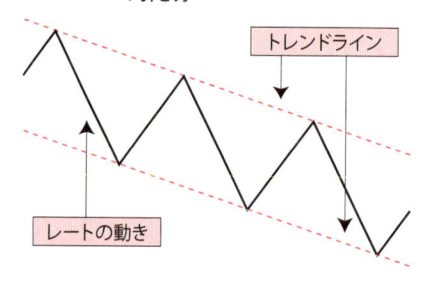

■ 図2.14　レンジでのトレンドラインの引き方

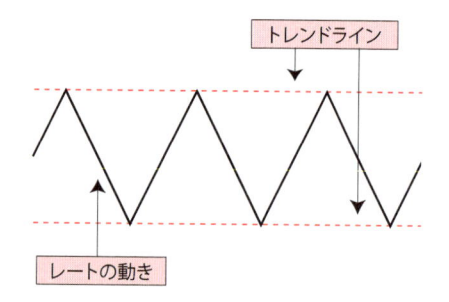

トレンドラインを引く例

　図2.15は、2018年10月23日〜11月12日のユーロ円の4時間足のチャートに、トレンドラインを引いた例です。

　図中のAとBは、その近辺での安値を付けたと考えられるポイントです。

　このAとBを結ぶ線を延長して、下側のトレンドラインにしています。一方、上側のトレンドラインは、Cの高値を通り、かつ下側のトレンドラインと平行になるように引いています。

■ 図2.15　トレンドラインを引く例（ユーロ円/2018年10月23日〜11月12日の4時間足）

FX取引でのトレンドの特徴

　為替は、「トレンドが続きやすい」と言われることがあります。特に、数か月〜数年程度の長いチャートを見たときに、長いトレンドが見える傾向があります。

　例として、ドル円の2007年2月〜2018年11月の月足チャートをあげます（図

2.16)。このチャートを見ると、2011年夏頃までは下落トレンド、その後2015年夏頃までは上昇トレンドが続いています。**1つのトレンドが3 〜 4年程度続いている**ことがわかります。ただし、2015年夏以降は、上下のトレンドラインが徐々に収束していく「**ペナント型**」になっています（ペナント型は83ページで後述）。

　一方、**短期的に見るとレンジの割合が高い**とも言われます。例として、ユーロ円の2017年9月〜 2018年4月の日足（図2.17）を見てみます。チャートの右寄りのように、下落トレンドになって大きく下がっているときもあります。しかし、チャートの左半分のように細かく上下してレンジになったり、その後のようにゆるやかに上昇（または下落）して動きがはっきりしなかったりする期間も長いです。

　FXを行う上では、これらの特徴を頭に入れることが重要です。まず、「中長期的には同じトレンドが続きやすい」という点から、ポジショントレード等の期間が長い取引を多く行う方は、トレンドを重視して、トレンドに乗る戦略を立てることが重要です。上昇トレンド時には買いエントリーを中心にし、下落トレンド時には売りエントリーを中心にします。また、無理な逆張りはなるべく避けるようにした方が良いでしょう。

　一方、「短期的にはレンジになりやすい」ということから、デイトレードなどの短期取引を中心にする方は、レンジに重きを置いて戦略を立てることが必要になると言えます。基本的には、「レンジの底付近で反発したら買いエントリーし、ある程度上がったらエグジットする」「レンジの天井付近で反落したら売りエントリーし、ある程度下がったらエグジットする」ということを繰り返します。

■ 図2.16　長期で見ると長いトレンドが見える（ドル円／2007年2月〜2018年11月の月足）

■ 図2.17　短期で見るとレンジの割合が高い（ユーロ円／2017年9月〜2018年4月の日足）

Section 03 上昇トレンドでの売買タイミングの判断

売買のタイミングを判断する際に、トレンドラインを使うことは非常に多いです。このSectionでは、上昇トレンドのときに、トレンドラインでエントリー／エグジットを判断する方法を解説します。

トレンドに沿ってエントリーするのが基本

投資商品の売買タイミングを考える上で、トレンドは非常に重要なポイントです。

トレンドに沿って、上昇トレンドのときに買い、下落トレンドのときに売ることを、**順張り**（じゅんばり）や**トレンドフォロー**（Trend Follow）と呼びます（図2.18）。

一方、トレンドに逆らって、下落トレンドの中で「そろそろ反転上昇しそうだ」と思ったときに買い、上昇トレンドの中で「そろそろ反転下落しそうだ」と思ったときに売ることを、**逆張り**（ぎゃくばり）と呼びます（図2.19）。

FXに限らず、どの投資商品でも、**基本的には順張りで投資を行う**のが重要です。トレンドに沿って投資することになりますので、比較的リスクを抑えることができます。

ちなみに、逆張りは成功すれば大きなリターンを得られる可能性がある反面、失敗して慌てているとたちまち大きな損失になるリスクがあります。

■ 図2.18 順張り

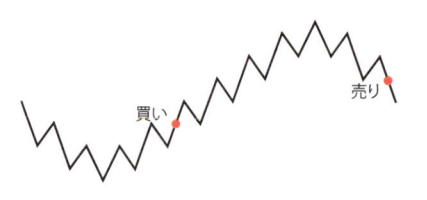

■ 図2.19 逆張り

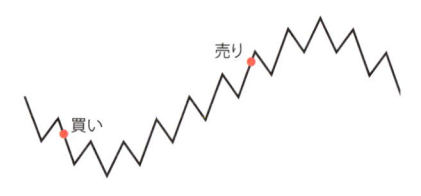

エントリーのタイミング

上昇トレンドの中では、49ページで解説したように、**直近の高値を上回ったところで買いエントリーする**というのが基本となります（図2.20のエントリーポイント①）。

また、上昇トレンド時には、レートの動きの**下側のトレンドラインがサポートラインとして機能する**傾向があります。そこで、レートが下側のライン付近まで下がって押し目を付けた後、反発して上昇し始めたあたりでエントリーする、という方法もあります（図2.20のエントリーポイント②）。

①のタイミングは、直近の高値を超えたことを確認してからエントリーします。一方、②のタイミングは、高値を超える前の段階でエントリーする形です。②を①と比べると、上昇したときの利益は大きいですが、直近の高値を抜く前の段階であり、上昇しきれずに下落する可能性もあります。

上昇トレンドが始まってまだあまり時間がたっていなければ、②のタイミングであっても、直近の高値を抜いてくる可能性は十分にあります。しかし、上昇トレンドが長く続いた後だと、そこからさらに上昇する余力は減っていますので、②のタイミングでエントリーするのはその分リスクが高くなります。

■ 図2.20　上昇トレンド時のエントリーのタイミング

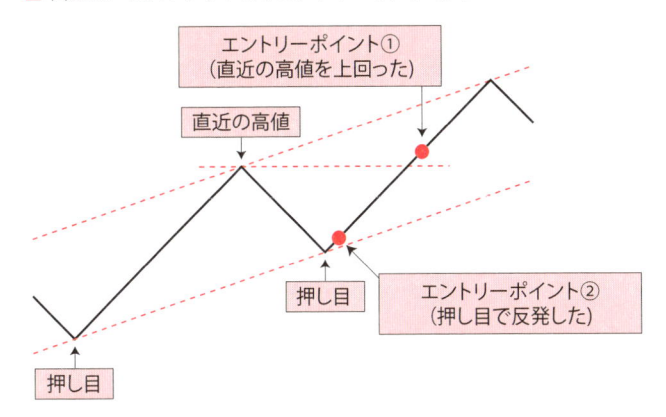

エグジットのタイミング

　上昇トレンドの中でエントリーした後、エグジットする基本的なタイミングは、以下の4か所です。

レートが上側のトレンドラインに抑えられたとき、迫ったとき

　上昇トレンド時の上側のトレンドラインは、**レジスタンスラインとして機能する傾向**があります（56ページ参照）。したがって、レートが上昇して上側のトレンドラインに抑えられて下落したら、そこでエグジットします（図2.21の①）。あるいはその前に、上側のトレンドラインに迫ったときに、早めに利益確定してエグジットします（図2.21の②）。

レートが下側のトレンドラインを下回ったとき

　上昇トレンド時の下側のトレンドラインは、**サポートラインとして機能する傾向**があります（55ページ参照）。もし、レートがこのトレンドラインを下回った場合、上昇トレンドが終わって、**次のトレンドに移ったことを示唆**しています。

　上昇トレンドの次が下落トレンドになるとは限りません（レンジになることもある）。ただ、下落トレンドになってしまう可能性は十分にあります。したがって、レートが下側のトレンドラインを下回った場合はエグジットします（図2.21の③）。

レートが直近の安値を下回ったとき

　③で述べたように、レートが下側のトレンドラインを割り込んだ場合、トレンドが変化した可能性が高いですが、まだ下落トレンドに変わると決まったわけではありません。しかし、さらにレートが下落して直近の安値まで下回った場合、下落トレンド入りの可能性がより高くなったと言えます。したがって、この状態になったら、必ずエグジットしておくようにします（図2.21の④）。

■ 図2.21　上昇トレンドでのエグジットのタイミング

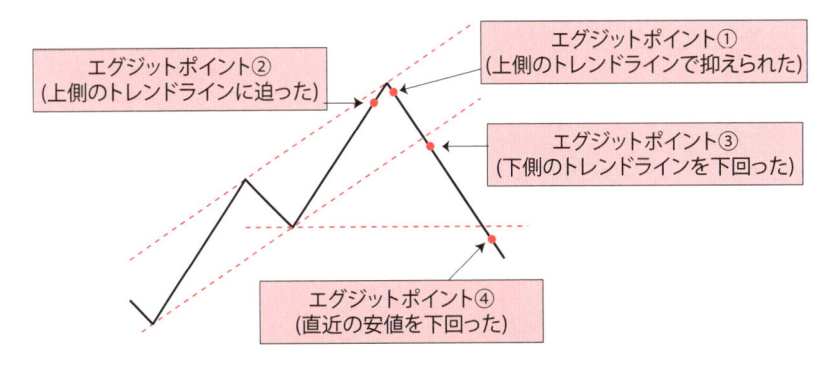

買いエントリー／エグジットのタイミングの判断例

　図2.22は、2018年10月26日〜11月1日のドル円の30分足にトレンドライン を入れて、エントリー／エグジットのタイミングを判断した例です。

■ 図2.22　トレンドラインでの売買タイミングの判断例（ドル円／2018年10月26日〜11月1日の30分足）

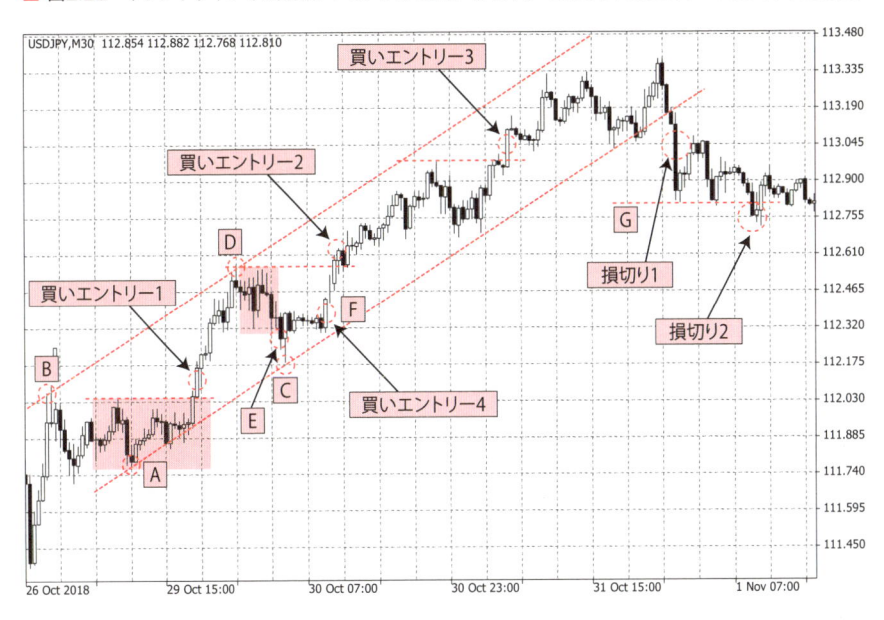

　図中の「レンジ」の値動き（網掛けの部分）を見て、このレンジを上に抜けた後の「買いエントリー1」のところで、エントリーしたとします。この後のエグジットのタイミングや、追加の買いエントリーのタイミングを、トレンドラインを使って判断します。

トレンドラインを引く

　まず、チャートにトレンドラインを引きます。

　チャートを見ると、Aで一時的な安値を付けた後、Cで再度安値を付けています。そこで、AとCの2つの安値を結び、その線を延長して、下側のトレンドラインとします。

　また、下側のトレンドラインとほぼ平行になるように、上側にもトレンドラインを引きます。B点とD点の高値を結んだラインを引くと、下側のトレンドラインとほぼ平行になります。そこで、BとDを結ぶラインを上側のトレンドラインに決めます。

買いエントリー1に対するエグジット

　買いエントリー1の後の値動きを見ると、D点で高値を付けた後レートがいったん下落し、その後は数時間にわたってレンジの動きになっています。このレンジの間にエグジットしておくのが良かったと言えます。遅くとも、レンジを割り込んだE点でエグジットしておくべきでした。

追加の買いエントリー

　図の「買いエントリー2」と「買いエントリー3」は、その近辺での直近の高値を抜いた箇所です。したがって、買いエントリーのタイミングと考えられます。

　また、図の「F」の箇所では、下側のトレンドライン近くで小動きになった後、反発して再度上昇し始めています。下側のトレンドラインで反発したと考えられますので、図の「買いエントリー4」のところも、エントリーのタイミングと言えます。

買いエントリー3に対する損切り

「買いエントリー3」で買っていた場合、その後レートが上昇したものの、大陰線が出たりして、トレンドから動きが離れだしています。

まず、「損切り1」の箇所では、レートが**下側のトレンドラインを割り込んでいる状態**で、反発することはあまり期待できなさそうです。したがって、このあたりで損切りしておくべきだったと言えるでしょう。

また、「損切り2」のところを見ると、G点での安値をも下回っています。ここまで下がってしまうと、その後にさらに下落する可能性が高いと考えられますので、このタイミングで確実に損切りしておくべきだったと言えます。

逆張りのエントリー

上昇トレンド時には、上側のトレンドライン付近までレートが上がると、反落することがよくあります。そこで、そこを狙って売りエントリーし、レートが下がったところでエグジットすることも考えられます（図2.23）。

ただし、このエントリーの方法は、**逆張り**にあたります。トレンドに逆らう手法ですので、基本的にはあまりお勧めしません。エントリーするにしても、深追いせずに、早めにエグジットして利益を確定すべきです。

また、思ったほどレートが下落せずに、短期間で上昇トレンドに戻ることもあります。そのようなときには、損切りして損失を拡大させないことが必要です。

■　図2.23　上昇トレンド中の反落を狙った売りエントリー

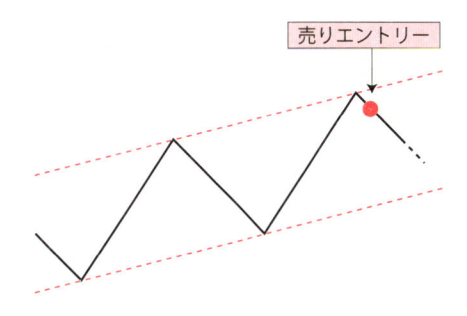

売りエントリー

Section 04 下落トレンドでの売買タイミングの判断

前のSectionに続いて、下落トレンドのときに、トレンドラインを使ってエントリー／エグジットのタイミングを判断する方法を解説します。

エントリーのタイミング

下落トレンドのときには、売りでエントリーし、その後にレートが下がった時点でエグジットするという形をとります。

エントリーのタイミングの考え方は、上昇トレンドの考え方を逆にします。具体的には、以下の2通りが考えられます。

①直近の安値を下回ったとき（図2.24のエントリーポイント①）。
②上側のトレンドライン付近まで戻った後、再度下落し始めたとき（図2.24のエントリーポイント②）。

①の方が、②よりも確実性は高いと考えられます。一方、②の方が利益の幅が大きくなる可能性がありますが、①に比べて後で上昇に転じる可能性が高く、失敗するリスクがあります。

下落トレンドが始まってまだあまりたっていない時期なら、②のタイミングでのエントリーも考えられます。しかし、下

■ 図2.24　下落トレンド時のエントリーのタイミング

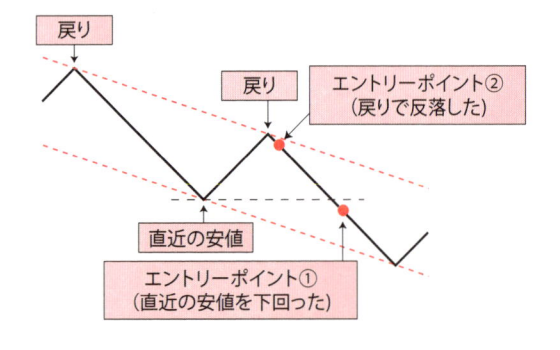

落トレンドが長く続いた後なら、その後に上昇に転じる可能性が高まっていますので、②のタイミングでのエントリーは控えた方が良いでしょう。

エグジットのタイミング

エグジットのタイミングも、上昇トレンド時のタイミングを逆にします。具体的には、以下の4通りが考えられます。

レートが下側のトレンドラインで反発したとき、迫ったとき

下側のトレンドラインは**サポートラインとして機能**しやすいので、レートが下側のトレンドラインで反発したら、エグジットします（図2.25のエグジットポイント①）。あるいはその前に、下側のトレンドライン付近まで迫ったら、早めに利益確定してエグジットします（図2.25のエグジットポイント②）。

レートが上側のトレンドラインを上回ったとき

上側のトレンドラインを上回った場合、それまでの下落トレンドが終わって、新しいトレンドに入った可能性があります。したがって、そのタイミングではエグジットしておきます（図2.25のエグジットポイント③）。

レートが直近の高値を上回ったとき

直近の高値も上回ってきた場合、上昇トレンド入りの可能性が高いです。したがって、必ずエグジットします（図2.25のエグジットポイント④）。

■ 図2.25　下落トレンド時のエグジットのタイミング

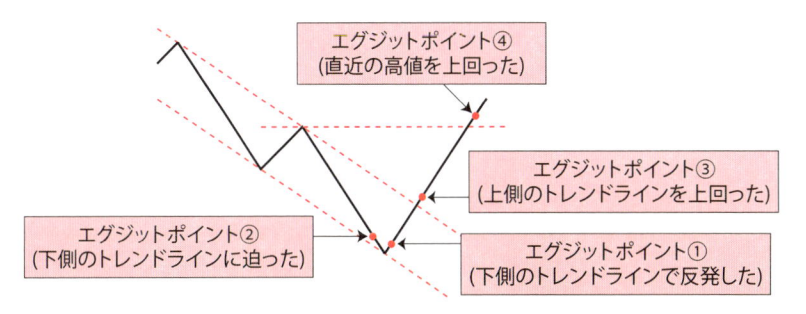

売りエントリー／エグジットのタイミングの判断例

　図2.26は2018年10月19日〜30日のポンド円の1時間足に、トレンドラインを引き、売りエントリーとエグジットのタイミングを判断した例です。

　10月22日から26日にかけて下落トレンドになっていて、図に示したようなトレンドラインを引くことができます。この下落トレンドの中で、安値をつけた後、その安値を下回ったタイミングで、売りエントリーしていきます。まず、図中の「売りエントリー1」で売りエントリーし、「売りエントリー2」でさらに売り増すような方法が考えられます。

　また、上側のトレンドライン付近まで上がってから、再度下落し始めたタイミングとして、図中の「売りエントリー3」のようなタイミングもあります。

　ただ、10月29日の夜にレートが上昇して、売りエントリー2の時点のレートを越えています。このような場合は、トレンドが変わる可能性があります

■ 図2.26　売りエントリーとエグジットのタイミングの判断例（ポンド円／2018年10月19日〜30日の1時間足）

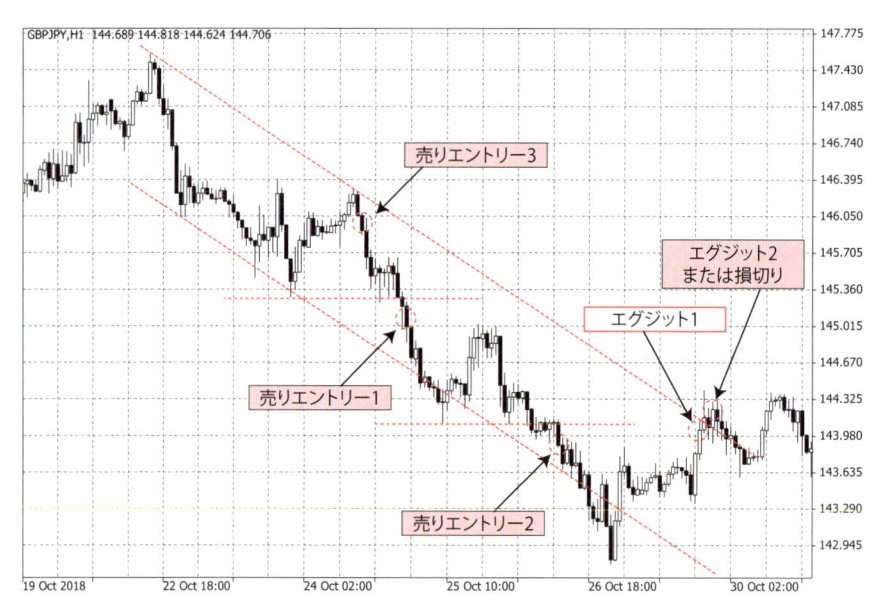

ので、「エグジット1」のあたりでエグジットを検討することも考えられます。

　また、10月29日の23時ごろにレートが上側のトレンドラインを上回り、下落トレンドが変化し始めています。そこで、図中の「エグジット2または損切り」の時点で、まだ売りポジションを持っていたならエグジットすべきです。

　「売りエントリー1」で入っていたなら、エグジットして利益確定となります。一方、「売りエントリー2」で入っていた場合は、エントリー時点よりレートが上がっていますので、損切りになります。

逆張りのエントリー

　下落トレンド時に、下側のトレンドライン付近で反発したタイミングを狙って買いエントリーし、レートが上がったところでエグジットすることも考えられます（図2.27）。

　ただし、この方法は、上昇トレンド中の一時的な下落を狙うのと同じく（65ページ参照）、**逆張り**にあたります。レートが思ったほど上昇せずに、再度下落トレンドに戻ることもあります。

　したがって、図2.27のようなタイミングでエントリーする場合は、早めに利益確定してエグジットするようにし、また失敗したときには確実に損切りすることが必要です。

■ 図2.27　下落トレンド中の反発を狙った買いエントリー

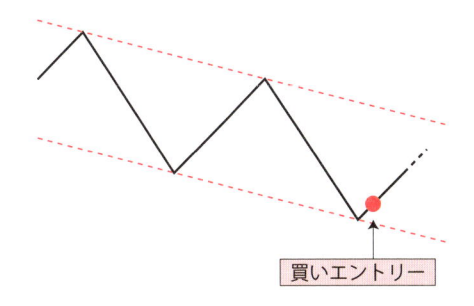

買いエントリー

05 レンジでの 売買タイミングの判断

トレンドラインでのエントリー／エグジットのタイミング判断の3つ目として、レートがレンジで推移している場合の判断方法を解説します。

「レンジブレイク」が基本

レートがレンジ（ボックス）の中でしばらく動いた後、そのレンジの上か下のどちらかに抜けると、レンジが終わって新しいトレンドが発生することが多いです。そのときに、新たなトレンドに乗ってエントリーするのが、基本的なエントリー方法になります。

レンジを上に抜けたら、レンジから上昇トレンドに変わった可能性が高いと見て、買いでエントリーします。一方、レンジを下に抜けたら、下落トレンドに変わった可能性が高いと見て、売りでエントリーします（図2.28の②）。

図2.28のようにレンジ（レンジ）から離れるタイミングのことを、「レンジを抜ける」ことから、**レンジブレイク**（Range Break）と呼びます。

ただし、レンジブレイクでエントリーする場合、一見ブレイクしてトレンドが変わったように見えて、その後に元のレンジに戻ってしまうこともあります。この場合はダマシになり、

■ 図2.28 レンジを抜けたタイミングでエントリーする

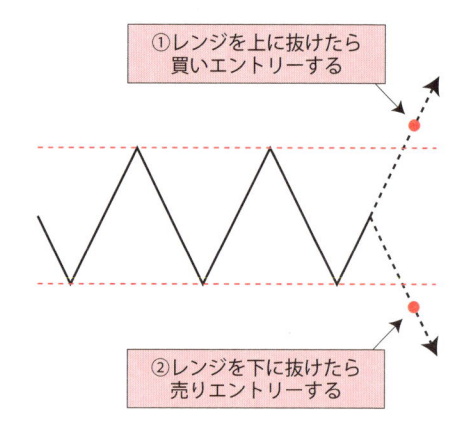

①レンジを上に抜けたら 買いエントリーする

②レンジを下に抜けたら 売りエントリーする

損切りすることが必要です。

また、単純にレンジブレイクしたことだけでエントリーを判断せずに、他のテクニカル指標を組み合わせる方法もあります。この実際の例は、後の「ボリンジャーバンド」のところで紹介します（119ページ参照）。

なお、レンジブレイクでは、エントリーのタイミングしか判断できません。その後のエグジットのタイミングの判断は、他の手法で行います。

レンジブレイクでエントリーする例

図2.29は、レンジブレイクによるエントリーの例です。2018年10月18日～19日のドル円の5分足のチャートを取り上げています。

18日の間は、レンジ内でレートが上下する動きになっています。しかし、18日の23時台後半になるとレートが下がり始め、日が変わって19日になるとレンジブレイクしています。この場合だと、図中の「売りエントリー」で示したあたりのタイミングで、売りエントリーします。

■ 図2.29　レンジブレイクでエントリーする例（ドル円／ 2018年10月18日～ 19日の5分足）

レンジ内でこまめに売買を繰り返す

　レートの動きがレンジの状態になっている間は、以下のパターンを繰り返す方法も考えられます（図2.30）。

①レンジの下限付近で反発したら買いエントリーし、上限付近まで上がったらエグジットする（図2.30）。

②レンジの上限付近で反落したら売りエントリーし、下限付近まで下がったらエグジットする（図2.30）。

③エントリー後に思惑が外れて、レートがレンジの外に出たら、そのときは即座に損切りする（図2.30）。

　また、レートがレンジの外に出た場合は、70ページの「レンジブレイク」の方法で、新たにエントリーをやり直すかどうかを検討するようにします。さらに、エントリー後に思惑通りに動き、**勢いよくレンジブレイクしそうな気配のときは、エグジットせずにそのままポジションを持ち続ける**判断もあります。

　なお、「ボリンジャーバンド」という指標も組み合わせて、エントリーするかどうかを判断することも考えられます。その方法については、後の119ページで解説します。

■ 図2.30　レンジ内でエントリーとエグジットを繰り返す

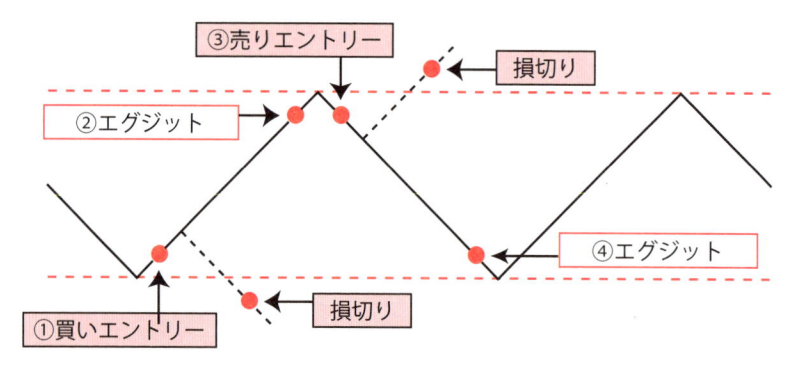

Section 06 長期的なチャートポイントを見つける

チャートを見る上で、節目となる「チャートポイント」があります。特に、長期で見た場合のチャートポイントは重要です。この点について解説します。

「チャートポイント」とは？

ある程度の期間のチャートを見ていると、値動きの節目になるようなレートが見えてくることがあります。このような節目のことを、「チャートポイント」と呼びます。

チャートポイントになるようなポイントは、多くの投資家が注目しています。そのため、レートがチャートポイントに近付くと、その点を意識した動きが出やすくなります。そして、一度チャートポイントになったところは、後々もチャートポイントとして機能しやすい傾向があります。

基本的なチャートポイントとしては、先に解説した**直近の高値や安値**などがあります。それ以外の例としては、「過去に付けた高値／安値」や「キリのよいレート」があげられます。例えば、「ドル円のチャートで、ドル高円安が進んで100円を超えたときに、さらに円安が加速した」といった現象が見られることがあります。この例のように、チャートポイントを突破すると、超えた方向への動きに弾みがつくことがよくあります（図2.31）。

逆に、チャートポイント付近でレートの動きが踏みとどまると、そこから急反発することもよくあります。

■ 図2.31　チャートポイントを超えると弾みがつきやすい

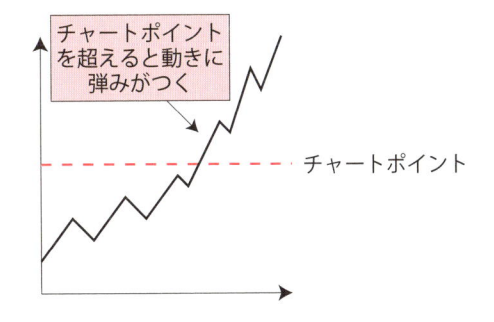

チャートポイントを超えると動きに弾みがつく

チャートポイント

長期的なチャートポイントに注目

チャートポイントはいろいろな状況でできますが、中でも特に注目すべきチャートポイントとして、「長期的なチャートポイント」があげられます。過去数年程度の高値や安値が、これになりやすいと言えます。

長期的なチャートポイントは、強いサポートライン／レジスタンスラインになりやすい傾向があります。しかし、そこを超えると、超えた方向に一気に値動きが起こりやすくなります。

長期的なチャートポイントの例

ドル円の歴史を振り返ると、1ドル＝360円の時代の後は、長期的に円高傾向が続いてきました。そして、その円高のピークになったのが、1995年4月19日につけた**1ドル＝79.75円**でした。

その後は、日本経済の低迷に伴って円安気味に推移しましたが、サブプライムローン問題後はドル安が激しくなり、1ドル＝80円台が当たり前になりました。しかし、80円ぎりぎりまで円高になっても、80円を超えるところまではなかなか至りませんでした（図2.32）。それぐらい、79.75円のチャートポイントは、多くの投資家に強く意識されてきたと言えます。

ところが、2011年3月11日に東日本大震災が発生したときには、「日本企業が円を必要としてドル資産を売る」という見方が強まり、円高が進みました。その結果、3月17日に79.75円の壁を超えると、猛烈に円高が進んで76円台まで動きました（図2.33）。その後、10月31日には75.54円の史上最高値をつけています。また、1999年11月から12月にかけて、101.2円付近で底をつけて反発しています（図2.32の「A」）。この後、2004年〜2005年にかけて、ほぼ同じレートで再度底をつけています（図2.32の「B」）。一方、2008年3月や2008年11月には、Aの壁を超えると、急激に円高が進んでいます（図2.32の「C」と「D」）。このポイントも、長期的なチャートポイントと言えます。

このように、チャートポイントは強く意識される一方、そこを超えると激しい値動きになりやすいので、過去のチャートを遡ってよく注意しておく必要があります。

■ 図2.32　79.75円は最も強いポイントだった（ドル円／1993年〜2014年の月足）

■ 図2.33　79.75円の壁を超えると円急騰（ドル円／2011年3月15日〜19日の1時間足）

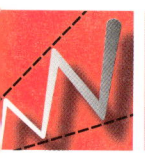

07 天井／底を示唆するパターン

　レートが天井や底を付けるときには、レートの動きが特定のパターンになることもあります。このSectionでは、天井／底を示唆するパターンで、エントリー／エグジットのタイミングを判断する方法を解説します。

天井で出るパターン

　レートが天井を打って下落する際には、「ダブルトップ」や「ヘッドアンドショルダー」いったパターンが出ることがあります。

ダブルトップ型

　ダブルトップとは、一度レートが天井をつけていったん下落した後、再度ほぼ同じ位置まで上昇して二回目の天井をつけて、下落に転じる形です。**天井（トップ）が2つできる**ことから、「ダブルトップ型」と呼びます。

　多くの投資家が、「前回の天井に近づいて、上昇が終わりそうだから、そろそろエグジットして利益を確定しよう」と考えるために、ダブルトップ型が生じるものと考えられます。

　ダブルトップ型では、1つ目の天井と2つ目の天井の間に押し目ができます。その押し目の安値の位置に引いた線のことを、**ネックライン**と呼びます。

　レートがネックラインを割り込むと、下落トレンドに変わることがよくあります。したがって、もし買いポジションを持っているのであれば、レートがネックラインを割り込んだ時点で、そのポジションをエグジットすることが必要です（図2.34）。

　また、レートがネックラインを割り込んだ時点で、その後の下落を見越して売りエントリーすることも考えられます（図2.35の「売りエントリー①」）。ただし、レートがネックラインを割った後、そのまま一気に下落することも

ありますが、いったんネックライン付近まで戻ってから再度下落することも見られます。また、ネックラインを超えて再度上昇することもあります。

そこで、より確実にいきたい場合は、ネックラインを割った直後に売りエントリーするのではなく、ネックライン後の安値を下回って、より下落の形がはっきりしてから売りエントリーするようにします（図2.35の「売りエントリー②」）。

■ 図2.34　ダブルトップ型が出たら買いポジションをエグジットする

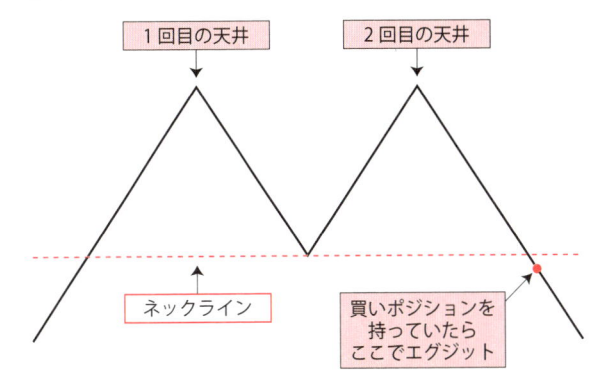

■ 図2.35　ダブルトップ型が出た後の売りエントリー

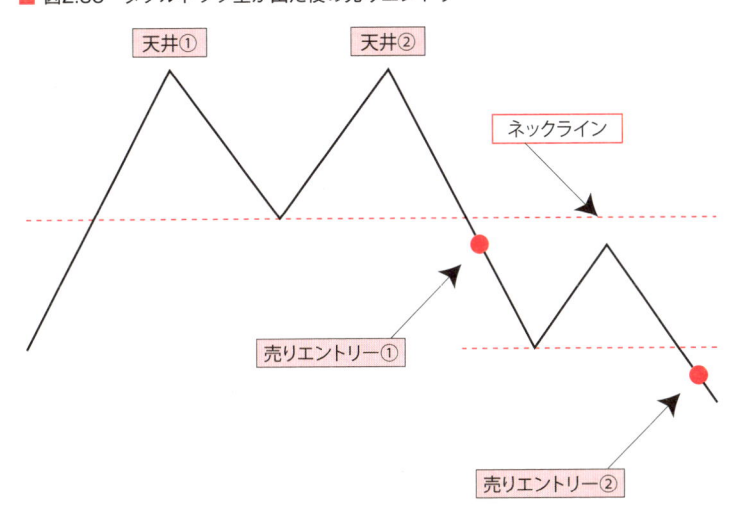

ヘッドアンドショルダー型

ヘッドアンドショルダー型は、**天井が3つできる**形です。「頭」（ヘッド）と「両肩」（ショルダー）のように、真ん中の天井が高く、その両脇の天井はやや低い形になります。

両脇の天井の高さはほぼ同じになることがよくあります。投資家の間で1つ目の高値が意識されて、そのあたりでエグジットする人が多くなることが、ヘッドアンドショルダー型ができる原因だと考えられます。

■ 図2.36　ヘッドアンドショルダー型が出たら買いポジションをエグジットする

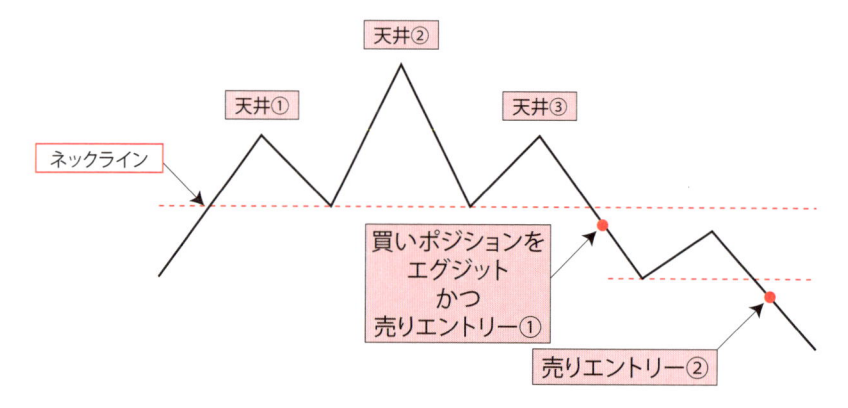

1つ目／2つ目の天井の間と、2つ目／3つ目の天井の間に押し目ができます。それらの位置も、ほぼ同じあたりになることがよくあります。2つの押し目の安値を結ぶ線を、「ネックライン」と呼びます。

エントリー／エグジットの判断も、ダブルトップ型と同じように考えます。買いポジションを持っている場合、ヘッドアンドショルダー型のネックラインをレートが割り込んだら、下落トレンドに変化する可能性がありますので、エグジットするようにします（図2.36の①）。

また、ヘッドアンドショルダー型ができたことを見て売りエントリーする場合も、ダブルトップ型と同様に、以下の方法が考えられます。

①レートがネックラインを割ったところで売りエントリーする（図2.36の「売

りエントリー①」）。

②**ネックライン後に安値を付けた後で、その安値を割ったところで売りエント**
リーする（図2.36の「売りエントリー②」）。

エグジット／売りエントリーの例

　天井でのパターンでエグジット／売りエントリーする例として、ユーロ円の2018年6月7日〜8日の5分足チャートを取り上げます（図2.37）。

　このチャートを見ると、6月7日の21時15分頃に天井をつけ、6月7日の16時45分頃と6月8日の0時ちょうど頃に同じぐらいのレートまで上昇していて、ヘッドアンドショルダー型になっています。また、これらの天井の間に一時的な底があります。

　したがって、一時的な底の位置にネックラインを引き、そのネックラインを割り込んだときには、買いポジションをエグジットするようにします（図中の「エグジット」の箇所）。

■ 図2.37　ヘッドアンドショルダー型で判断する例（ドル円／ 2018年6月7日〜 8日の5分足）

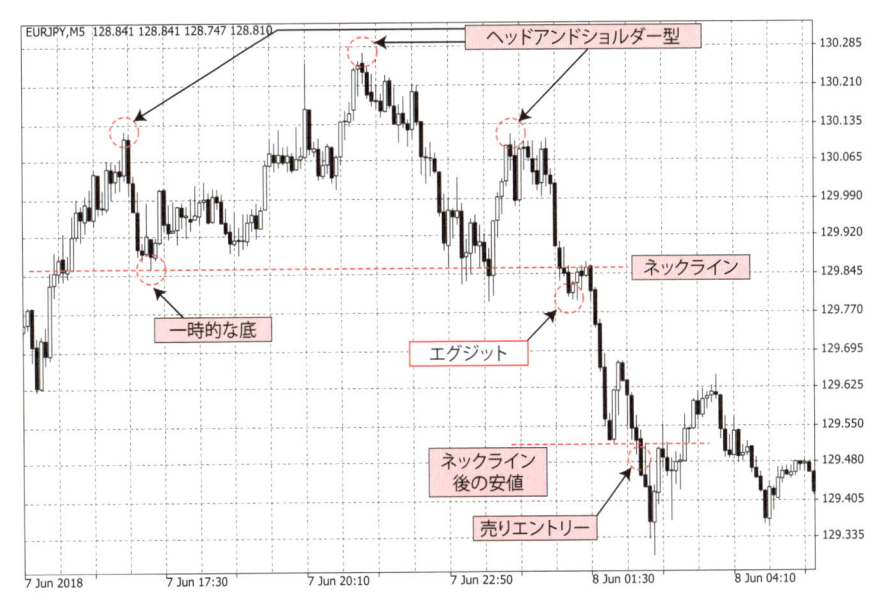

　さらに、ヘッドアンドショルダー型が形成されたことで、以下のように売りエントリーすることも考えられます。

①図中の「エグジット」の箇所で、買いポジションをエグジットするとともに、売りエントリーする。
②ネックライン後の安値をいったん確認して、その安値を割り込んだ時点で売りエントリーする（図中の「売りエントリー」の箇所）。

　図2.37の例だと、ネックラインを割り込んだ後は、ネックラインをほとんど上回ることなく下落しています。しかし、ネックラインを割り込んだ後でレートが戻って、いったんネックラインを上回ってから下落に転じることも少なくありません。
　このように、ネックラインを割り込んだ段階で売りエントリーすると、確実性が落ちます。その点は頭に入れておく必要があります。

底で出るパターン

　底で出るパターンとしては、「ダブルボトム型」と「逆ヘッドアンドショルダー型」があります。
　ダブルボトム型は、ダブルトップ型の上下を逆にした形で、**2回の底の後にレートが反転上昇するパターン**です。2回の底はほぼ同じ水準になることがよくあります。また、底と底の間の戻りの高値の位置に引いた線を、「**ネックライン**」と呼びます。
　また、**逆ヘッドアンドショルダー型**は、ヘッドアンドショルダー型を逆にした形です。**3回の底の後に反転上昇するパターン**で、中央の底は左右の底よりも深くなり、左右の底はほぼ同じ位置になりやすいです。また、2回の戻りの高値を結ぶ線をネックラインとします。
　レートがネックラインを超えると、その後は上昇になる可能性が高いと考えられます。したがって、これらの形が出た時点で売りポジションを持っていた場合は、ネックラインを超えた時点でそのポジションをエグジットしま

す（図2.38および図2.39の「売りポジションをエグジット」）。

　また、レートがネックラインを超えた時点で、その後の上昇を見越して、買いでエントリーすることも考えられます（図2.38および図2.39の「買いエントリー①」）。

　ただし、ネックラインをいったん超えたものの、その後に再度下落することもあります。そこで、より確実にいきたい場合は、ネックラインを超えた後の高値を超えた時点で、買いエントリーするようにします（図2.38および図2.39の「買いエントリー②」）。

■ 図2.38　ダブルボトム型とエントリー／エグジットのタイミング

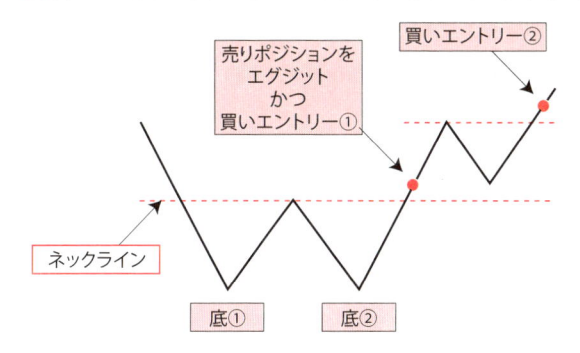

■ 図2.39　逆ヘッドアンドショルダー型のエントリー／エグジットのタイミング

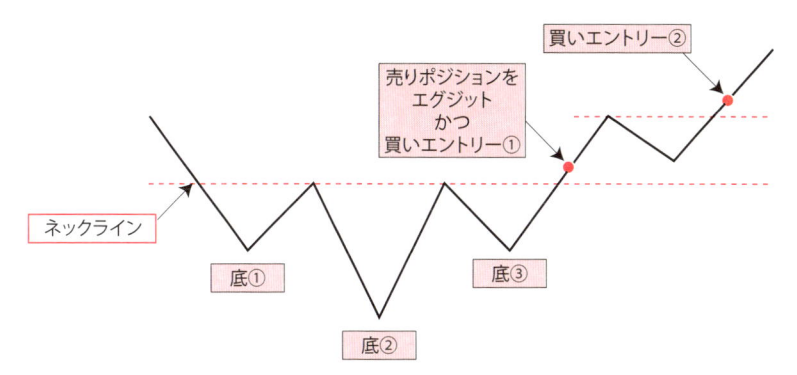

エグジット／買いエントリーの例

　底でのパターンでエグジット／買いエントリーする例として、ポンド円の2018年7月23日〜25日の15分足を取り上げます（図2.40）。

　7月24日の10時過ぎまでレートが下落した後、10時15分頃と16時頃に2回の底をつけて、ダブルボトム型ができています。そして、ネックラインを越えた後には、レートは上昇に転じています。

　もし、ダブルボトムに入る前に売りポジションを持っていたのであれば、図の「エグジット」の箇所でエグジットしておくべきだったと言えます。

　また、ネックライン後の高値でいったん下落した後、再度上昇してその高値を上回ったところで、買いエントリーすることもできます（図の「買いエントリー」）の箇所。なお、図の「エグジット」のところで、売りポジションをエグジットするとともに、買いエントリーも同時に行うことも考えられます。

■ 図2.40　ダブルボトム型で判断する例（ポンド円／ 2018年7月23日〜 25日の15分足）

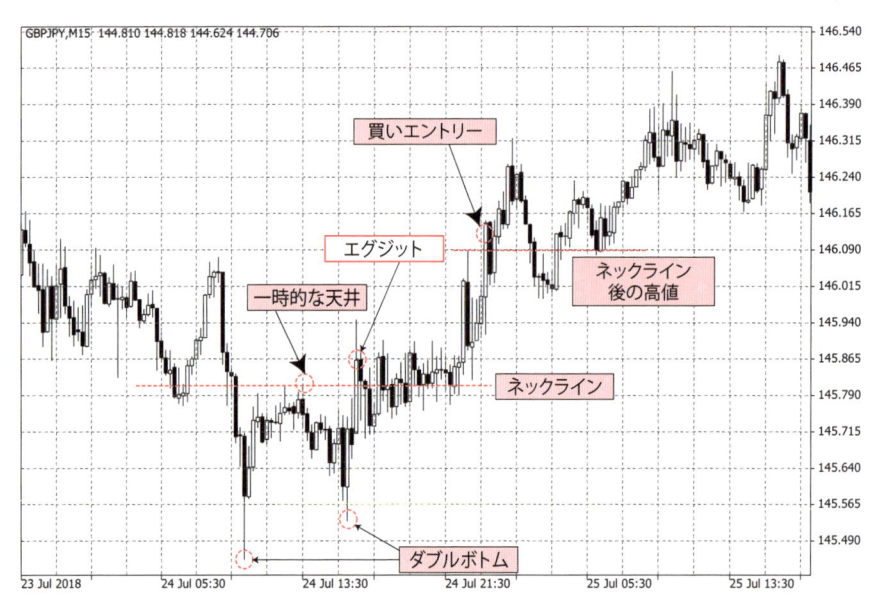

Section 08 その他のパターン

　ここまでで解説したパターンのほかに、ときには特徴的なパターンが出ることもあります。それらについて簡単に解説しておきます。

レートの動きが収束するパターンがある

　レートの波に沿ってトレンドラインを引くと、上下のラインは平行になることが多いです。しかし、ときには**上下のラインが平行にならず、徐々に収束していく形**になることがあります。

　ペナント型（図2.41）／ウェッジ型（図2.42）／三角形型（図2.43）などのパターンがあります。**ペナント型**は、上のトレンドラインが下がる一方、下のトレンドラインが上がっていく形です。**ウェッジ型**は、上下どちらのトレンドラインも同じ方向を向いているものの、徐々に間隔が狭くなる形です。そして**三角形型**は、上下どちらかが平行で、もう片方が他方に迫っていく形です。

　FXのチャートでは、このようなパターンが出ることは、あまり多くはありません。ただ、売買が膠着してもみ合いの状況になると、このようなパターンが出ることもあります。

■ 図2.41　ペナント型

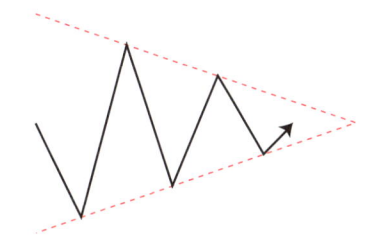

■ 図2.42 ウェッジ型

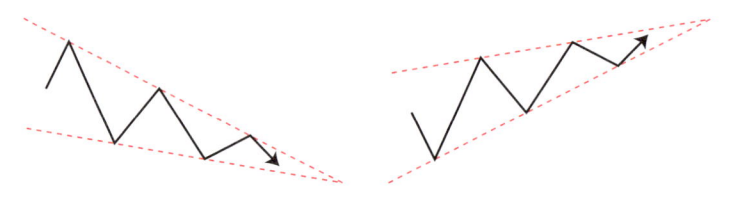

■ 図2.43 三角形型

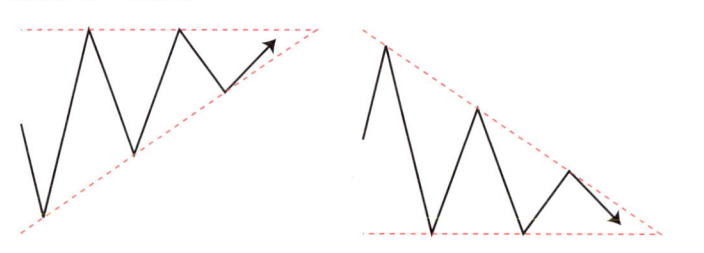

収束型のパターンでのエントリーのタイミングの判断

　ペナント型などの収束型のパターンが出た場合、上下のトレンドラインが収束して近づいていくと、上下どちらかの方向にレートが動いてパターンから脱出することが多いとされています。そして、脱出した方向へトレンドができやすいとされています。

　したがって、レートがパターンの上に抜けた場合は、買いでエントリーします。一方、パターンの下に抜けた場合は、売りでエントリーします。例えば、ペナント型の場合だと、図2.44のようにエントリーを判断します。

■ 図2.44 ペナント型が出たときのエントリーのタイミング

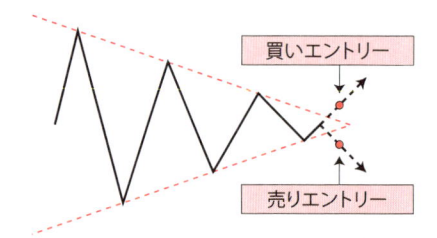

買いエントリー

売りエントリー

Chapter.3

トレンド系テクニカル
指標の読み方と使い方

テクニカル分析の手法は多数ありますが、大きく分けると
トレンドを判断する「トレンド系」と、レートの細かな動き
を分析する「オシレータ系」の2つに分かれます。
Chapter.3では、トレンド系のテクニカル指標から、移
動平均線などの主要な手法を取り上げます。

移動平均線の基本

　テクニカル分析には多くの手法がありますが、その中で最も基本的でよく使われているのが、「移動平均線」です。移動平均線の基本について解説します。

移動平均線は最もポピュラーな指標

　「移動平均」とは、大まかに言うと、「**直近の一定期間のレートの平均**」のことを指します。言葉の響きからは難しそうなイメージを受けるかも知れませんが、実際には単純な指標です。

■ 図3.1　移動平均線の例（ポンド円／ 2018年10月30日〜 11月17日の4時間足）

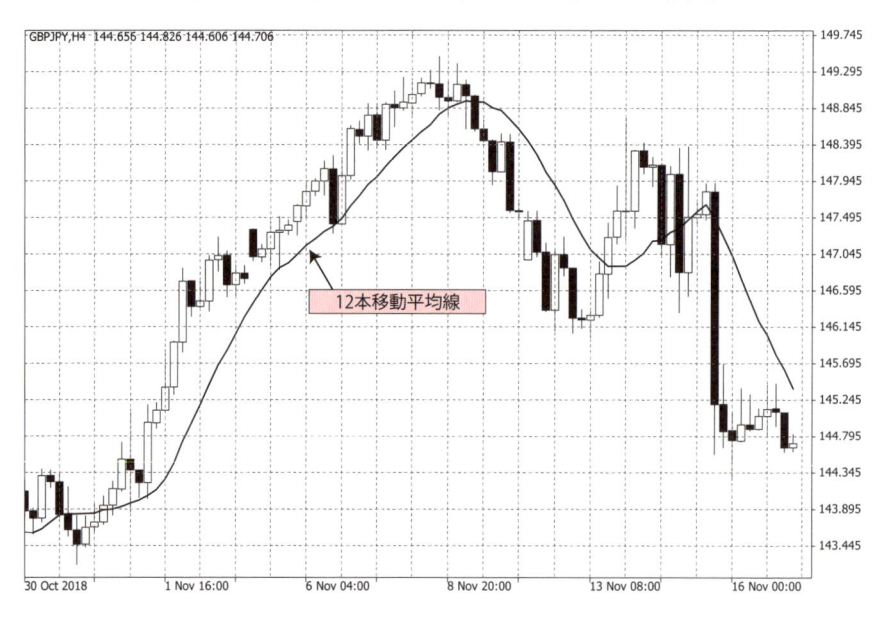

例えば、「10日間移動平均」という移動平均は、今日を含む直近10日間のレートを平均した値のことを指します。

また、「○○本移動平均」という呼び方をすることもあります。これは、直近○○本のローソク足のレートを元に、移動平均を計算することを意味します。例えば、「25本移動平均」は、直近25本のローソク足を元に、移動平均を計算することを意味します。

ここまでで述べた手順で、新しいローソク足ができるごとにそれに対応する移動平均を求め、それらの値を折れ線で結ぶと、移動平均線ができます。例えば、図3.1は、2018年10月30日～11月17日の4時間足に、12本移動平均線を入れたものです。

なお、一般に、移動平均は**終値**を使って計算します。ただ、終値ではなく始値を使ったり、**高値と安値の平均**を使ったりすることもあります。

移動平均線の特徴

移動平均線には、以下のような特徴があります。

動きが滑らか

ローソク足のチャートは、上がったり下がったりが頻繁に起こって、ジグザグしたものになります。一方、移動平均線のチャートは、値動きを平均化することでジグザグが抑えられて、動きが滑らかになります。

ただし、平均するローソク足の本数が少ないと、元の値動きに近づいてしまって、十分な滑らかさを得ることができません。ある程度の本数のローソク足を平均することが必要です。

トレンドを表す

移動平均線は、**値動きのトレンドを表す**傾向があります。

レートが**上昇傾向**になっているときは、**移動平均線はローソク足の下**に位置し、サポートラインのような動きをします。一方、レートが**下落傾向**になると、**移動平均線はローソク足の上**に位置し、レジスタンスラインのような

動きをします（図3.2）。

Chapter.2でトレンドラインを解説しましたが、移動平均線を使うと、トレンドラインをある程度代用することができます。ただし、レートがレンジ内で動くときには、移動平均線は細かく上下して、傾向的には横ばいの動きになりやすいです。

また、移動平均線はレンジの底と天井の中間あたりに位置し、レートと移動平均線が頻繁にクロスします。

■ 図3.2　移動平均線がトレンドラインのように動く

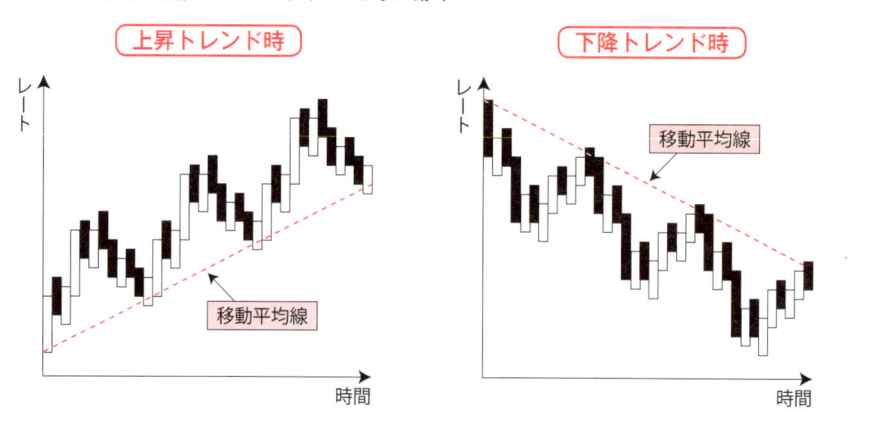

図3.3は、2018年4月26日〜5月29日頃のドル円の4時間足のチャートに、12本移動平均線を入れた例です。

右約4分の1の下落トレンドの部分では、移動平均線がローソク足の上にあって、レートの動きを抑える形になっていることがわかります。また、中央から右寄りの上昇トレンドの部分では、移動平均線がローソク足の下にあって、レートの動きを支える形になっています。

一方、中央からやや左のレンジの部分では、移動平均線もあまりはっきりしない動きになっています。

また、移動平均線はレンジの天井と底のほぼ中間のあたりに位置し、移動平均線とレートが頻繁にクロスしていることがわかります。

■ 図3.3　移動平均線がトレンドラインとして動く例（ドル円／2018年4月26日〜5月29日の4時間足）

ローソク足の後を追って動く

　移動平均は過去のある程度の期間のレートを平均するため、レートが上昇し始めてすぐの頃は、移動平均の計算対象には、上昇に転じる前の下落傾向

■ 図3.4　移動平均線はローソク足の後を追って動く

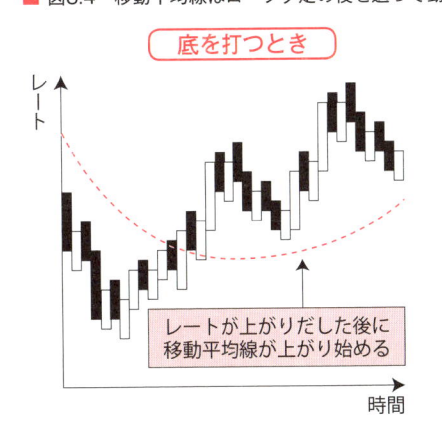

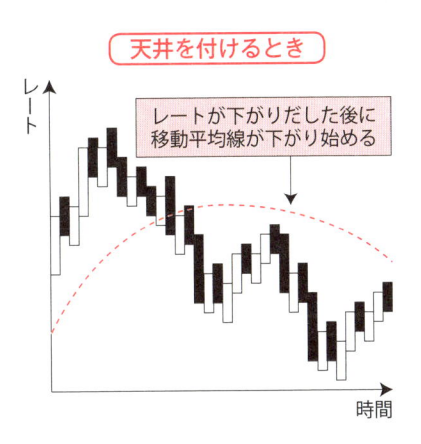

のレートが多く含まれます。そのため、レートが上昇し始めても、すぐには移動平均は上昇しません。レートが底打ちしてしばらくしてから、移動平均線も上昇に転じます。その結果、**移動平均線の動きがレートの動きから遅れる**ことになります。

　同様に、レートが天井を打って下落に転じると、それからしばらく遅れて、移動平均線が下向きに変わります（図3.4）。

為替ポジションの平均取得コストを表す

　移動平均線は、大まかに言うと、その平均期間での全投資家の平均取得コストを表します。

　例えば、ドル円のチャートで、今日の25日移動平均が100円だったとします。この場合、直近25日間でドルを売買した投資家は、平均100円でドルを売買したことになります※。

　移動平均よりもローソク足の方が上であれば、買い方は平均的に利が乗っている状態であることになります。例えば、ドル円の移動平均が100円で、現在のドル円が1ドル＝101円であれば、買い方は平均して1ドルあたり1円の利が乗っている状態です。逆に、売り方は含み損を抱えている状態です。

　一方、移動平均よりもローソク足が下にあれば、売り方は平均的に利が乗っていて、買い方は含み損を抱えている状態です。

　このことから、ローソク足が移動平均線より上にある間は、買い方は含み益があるため、精神的に有利な状態であると言えます。逆に、ローソク足が移動平均線より下にある間は、売り方に含み益があるため、精神的に有利です。

　そして、ローソク足が移動平均線とクロスすると、買い方／売り方の有利／不利が転換します。その結果、エグジットやエントリーが誘発されて、レートに動きが出やすくなると考えられます。

※厳密に平均取得コストを計算するには、単純な移動平均ではなく、出来高を加味した移動平均（出来高加重移動平均）を求めることが必要です。ただ、出来高がよほど急激に変化しない限りは、通常の移動平均と出来高移動平均はほぼ同じになりますので、通常の移動平均を平均取得コストの近似値とみなすことができます。

グランビルの法則

Section 02

　移動平均線を使って、エントリーとエグジットのタイミングを判断する方法として、「グランビルの法則」がよく知られています。

グランビルの法則の概要

　グランビルの法則は、アメリカの投資関係のジャーナリストであったジョセフ＝グランビル氏によって提唱された法則です。もともとは、株式のチャートで売買タイミングを判断するために考えられた法則ですが、FXのチャートにも応用することができます。

　グランビルの法則では、移動平均線とローソク足の位置関係から、エントリー／エグジットのタイミングを判断します。買い／売りそれぞれに4通りの法則があります。

4つの買い法則

　まず、買い法則から解説します。買い法則は4種類あります。

買い法則1

　向きが下落から上昇に変わりつつある移動平均線を、ローソク足が下から上に抜いたら、買いと判断します（図3.5）。

　移動平均線の向きが下落から上昇に変わるのは、レートが底を打って上がり始めた後になります。また、ローソク足が移動平均線より上に出ると、買い方にとって有利になりま

■ 図3.5　買い法則1

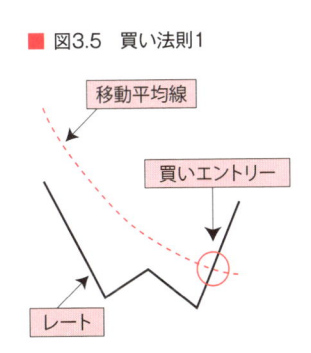

す（90ページ参照）。したがって、買い法則1のタイミングは、買いを入れるのに適していると考えられます。

買い法則2

移動平均線が上昇中に、ローソク足がいったん移動平均線の下まで下落した後、再度移動平均線を上に抜いてきたら、買いと判断します（図3.6）。

この状況では、ローソク足がいったん下がって反発していますので、押し目を付けた後にあたります。また、ローソク足が移動平均線の上にありますので、買い方に有利な状況です。これらのことから、買い法則2は押し目のタイミングで買いエントリーするのに適していると考えられます。

また、すでに買いポジションを持っているなら、**買い乗せするタイミング**として使うことも考えられます。

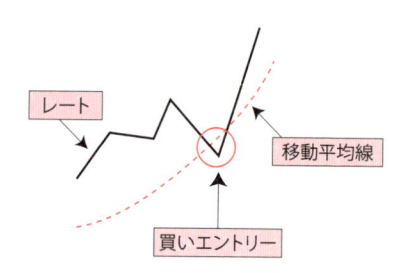

■ 図3.6 買い法則2

買い法則3

買い法則3は**移動平均線が上昇中のときに、ローソク足が移動平均線の近くまで下落した後、反発した形**です（図3.7）。この形も、押し目の後に反発した形ですので、買いエントリーに適しています。

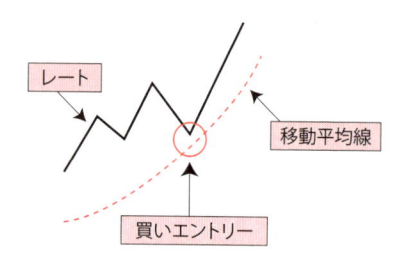

■ 図3.7 買い法則3

買い法則4

最後の買い法則4は、**移動平均線が下落中のときに、ローソク足が移動平均線から大幅に下に離れてから反発しだしたら買う**、というものです。リバウンドによる上昇を取ることを想定しています（図3.8）。

買い法則1〜買い法則3は、上昇トレンドのときに、買いエントリーのタ

イミングを判断する法則で、**順張り用**でした。一方、買い法則4は下落トレンドのときに使う法則なので、**逆張り用**です。

買い法則4は、うまくいけば短期間で大きな利益を得られる可能性がありますが、その反面、反発が一時的に終わり、再度大幅に下落してしまって、大きく損失になってしまう恐れもあります。

なお、先ほど「大幅に下に離れてから」と述べましたが、「大幅」が具体的にどの程度であるかということは、明示されていません。これについては、「乖離（かいり）率」という別の指標を組み合わせて判断します。乖離率については、後の146ページで解説します。

■ 図3.8　買い法則4

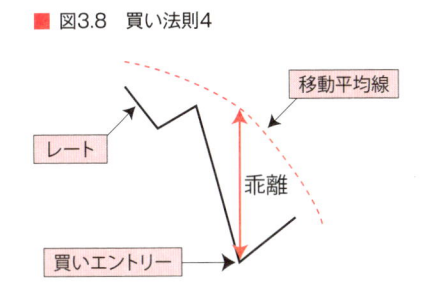

買い法則4をエグジットのタイミングの判断に使う

買い法則4は、売りでエントリーしていて、下がりすぎによる反発を警戒して、売りポジションをエグジットするために使うことも考えられます。

買い法則でエントリーする例

グランビルの法則でエントリーのタイミングを判断する事例として、ドル円の2018年11月7日〜9日の15分足チャートに、12本移動平均線を入れた例を取り上げます（図3.9）。図中の「①買い法則1」〜「⑥買い法則2」が、買い法則が出た箇所です。

①の箇所（11月7日の21時頃）は、移動平均線が下落からやや上向きに変わり、その移動平均線をレートが上に抜いた箇所で、買い法則1の形です。その後しばらくはレートは上昇傾向で、この時点から、11月8日のレンジの部分まで、約0.5円の上昇になっています。

②の箇所（11月8日の5時頃）は、ローソク足が移動平均線をいったん下回った後、再度移動平均線の上に抜けたところで、買い法則2の形です。移動平

均線を大きめに割り込んで急反発し、その後もしばらく上昇しています。

③の箇所（11月8日0時過ぎ）と④の箇所（同日11時頃）では、移動平均線に向かってローソク足がいったん下落した後、反発して上昇していて、買い法則3が出ています。③／④とも、その後一時的にレートが上昇しています。

⑤の箇所（11月7日の10時頃）は、下落トレンドの中でレートが一時的に大きく下がり、移動平均線から下に乖離したところで、買い法則4の形です。その後短時間でレートが急反発しています。また、この時点で売りポジションを持っていたなら、それをエグジットしておいた方が良かったこともわかります。

なお、⑥の箇所も（11月8日の14時頃）、買い法則②の形が出ています。しかし、その後はレートはレンジ気味に推移しています。また、その後には売り法則1（後述）も出ています。したがって、ここで買っていたなら損切りすべき状況であり、この買い法則2はダマシだと言えます。

■ 図3.9　買い法則でエントリーする例（ドル円／2018年11月7日〜9日の15分足）

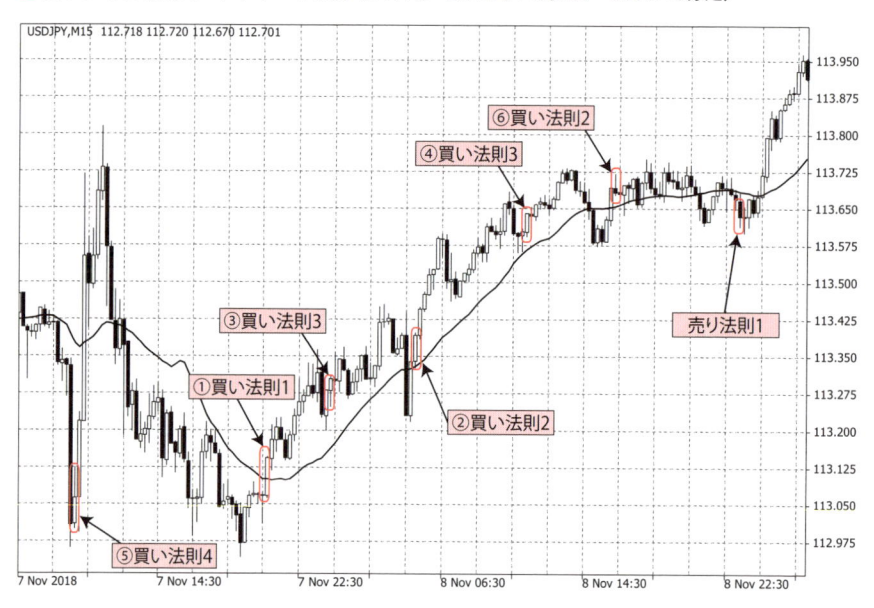

4つの売り法則

　買い法則と同様に、売り法則も4種類あります。売り法則は買い法則をちょうど逆にした形になります。

売り法則1

　向きが上昇から下落に変わりつつある移動平均線を、ローソク足が上から下に抜いたら、売りと判断します（図3.10）。

　買い法則1の逆で、レートが天井を付けて下がりだしたことを確認して、売りエントリーする形になります。

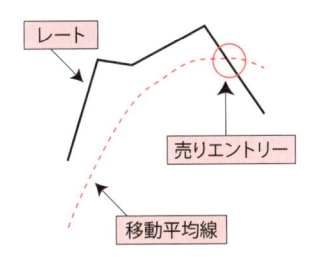

■ 図3.10　売り法則1

売り法則2

　移動平均線が下落中に、ローソク足が移動平均線に向かっていったん上昇し、移動平均線を上に抜いた後、再度移動平均線を下に抜いたら、売りと判断します（図3.11）。

　買い法則2の逆で、一時的な戻り

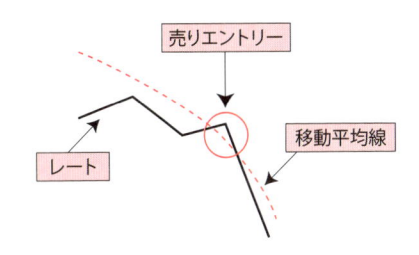

■ 図3.11　売り法則2

を確認して売りエントリーするタイミングとして使うことができます。また、すでに売りポジションを持っているなら、さらに売り増しするタイミングとしても使えます。

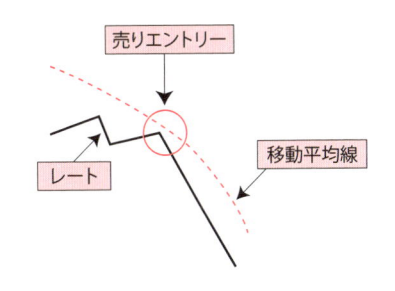

■ 図3.12　売り法則3

売り法則3

　売り法則2と似た形で、**移動平均線が下落中に、ローソク足が移動平均線に向かって上昇した後、移動平均線を越えずに再度下落したら、売り**と判断します。

この法則も、一時的な戻りを確認した後で売りエントリーする場合に、タイミングを判断するのに使うことができます。

売り法則4

売り法則4は、**移動平均線が上昇中のときに、ローソク足が移動平均線から大幅に上に離れて、その後に下がりだしたら売る**、という判断をします（図3.13）。

売り法則1 〜 売り法則3は、下落トレンド時に売りエントリーするための法則で、順張りに使います。一方の売り法則4は、上昇トレンド時に、一時的に上がり過ぎたことを判断して売るためのもので、**逆張り用**と言えます。

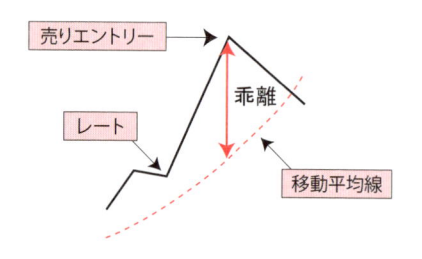

■ 図3.13 売り法則4

ただ、買い法則4と同様に、成功すれば大きなリターンを得られる可能性があるものの、失敗したときのリスクも大きいです。

売り法則4をエグジットのタイミングの判断に使う

買い法則4と同様に、売りの法則4もエグジットのタイミングを判断するのに使うことができます。

買いポジションを持っている状態で、レートが急騰して、ローソク足が移動平均線から大幅に上に離れたときに、この法則でエグジットのタイミングを考えることができます。

売り法則でエントリーする例

グランビルの法則で売りエントリーのタイミングを判断する事例として、ポンド円の2018年11月8日 〜 11月13日の30分足チャートに、24本移動平均線を入れた例を取り上げます（図3.14）。図中の「①売り法則1」〜「⑥売り法則4」が売り法則が出た箇所です。

　①の箇所（11月9日の4時頃）では、移動平均線が下向きに変わり、またローソク足が移動平均線を上から下に抜いていて、売り法則①の形になっています。この後はしばらくレートが下落トレンドになり、底打ちするまでに約2.8円下がっています。

　②（11月10日0時30分頃／③（11月12日13時頃）／④（11月13日0時頃）では、レートがいったん移動平均線の上まで戻った後、再度移動平均線を割り込んでいて、売り法則2の形になっています。いずれもその後はレートは下落しています。特に、③の後は約6時間で1円を超える下落になっています。

　⑤（11月9日15時30分頃）では、レートが若干移動平均線に向けて上がった後で下落していて、法則3に近い形になっています。また、①のシグナルをさらに強化する形になっています。

　最後の⑥（11月14日1時30分頃）は、レートが急騰して移動平均線から上に大きく乖離した後、反落し始めたポイントで、売り法則4の形になってい

■ 図3.14　売り法則でエントリーする例（ポンド円／ 2018年11月8日〜 11月13日の30分足）

ます。この後はレートが短時間で急落していて、ここまでの急騰の前に買いポジションを持っていたなら、このタイミングでエグジットしておくべきだったことがわかります。

移動平均線の角度も考慮する

グランビルの法則でエントリー／エグジットのタイミングを判断する際に、「移動平均線が上向き（下向き）」という条件だけでなく、移動平均線の角度も考慮に入れるとより良いでしょう。

レートの**上昇／下落の勢いが強いほど、移動平均線の角度も急**になります。逆に、レートが**レンジに近い動きになると、移動平均線の角度は緩やか**になります。

レートがある程度上昇（または下落）した後で、移動平均線の角度が緩やかになってきたら、動きに勢いがなくなっていて、トレンドが変化する兆しだと考えられます。そのような状況が見えたら、グランビルの法則の2番や3番を満たしたとしても、その後の上昇（下落）はあまり見込めないと思われます。したがって、エントリーを見送るか、あるいはエントリーしても早めにエグジットする方が良いでしょう。

例えば、94ページの買い法則の判断例（図3.9）で、最後の⑥の箇所がダマシになっていました。図3.15は、このときのチャートを拡大したものです。このチャートを見ると、⑥の買い法則2と②の買い法則2とで、移動平均線の角度にだいぶ差があることがわかります。②の箇所では移動平均線の勢いが良くて角度が急ですが、⑥では移動平均線が横ばいになりかかっています。

■ 図3.15　移動平均線の角度が緩やかになるとダマシになりやすい

ゴールデンクロスとデッドクロス

移動平均線を使ったエントリー／エグジットのタイミングの判断方法として、「ゴールデンクロス」と「デッドクロス」もよく知られています。

長短2本の移動平均線を引く

移動平均線は、平均期間の取り方を変えることで、何本でも引くことができます。また、87ページで述べたように、平均期間の長短によって、移動平均線の動きには異なる特徴が出ます。

そこで、平均期間の長短で2本の移動平均線を引き、それらの特徴をうま

■ 図3.16　2本の移動平均線を引いた例（ドル円／ 2018年9月20日〜 10月23日の4時間足）

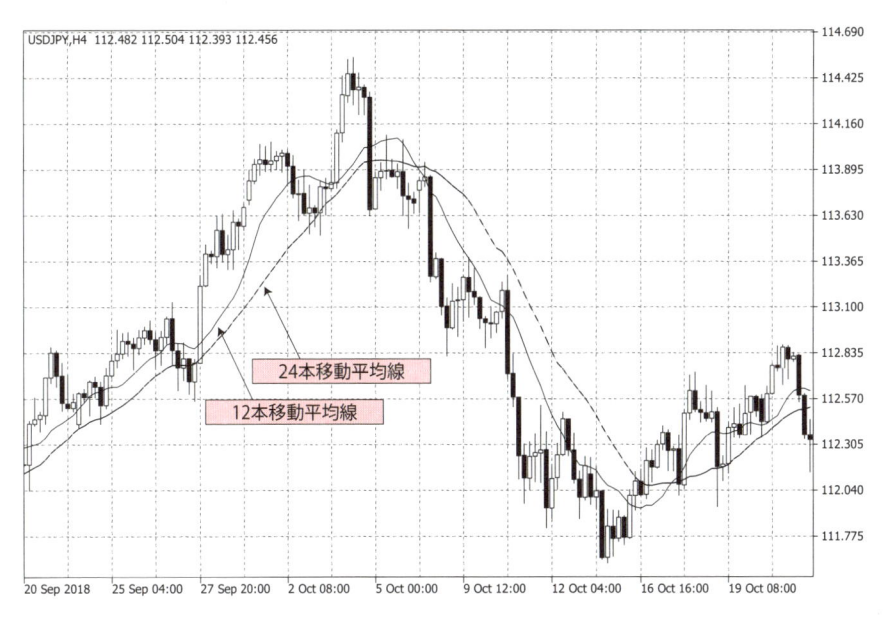

く組み合わせることが考えられます。長期の移動平均線で中期的な値動きの傾向を見つつ、短期の移動平均線で短期的な動向を探る、といったことができきます。

図3.16は、2018年9月20日～10月23日のドル円の4時間足チャートに、2本の移動平均線を引いた例です。短期／長期の平均期間は、それぞれ12本／24本にしています。

長短2本の移動平均線を引いた場合、**上昇トレンド時**には、チャート上では**上からローソク足→短期移動平均線→長期移動平均線**の順に並びます。逆に、**下落トレンド時**には、上から**長期移動平均線→短期移動平均線→ローソク足**の順に並びます。

長短の移動平均線のクロスで売買タイミングを判断する

ゴールデンクロス（Golden Cross）とデッドクロス（Dead Cross）は、長短2本の移動平均線がクロスしたタイミングを、エントリー／エグジットのタイミングとする手法です。

ゴールデンクロスは、**短期移動平均線が長期移動平均線を下から上に抜いたタイミング**です（図3.17）。移動平均線はローソク足の後を追って動きま

■ 図3.17　ゴールデンクロス／デッドクロス

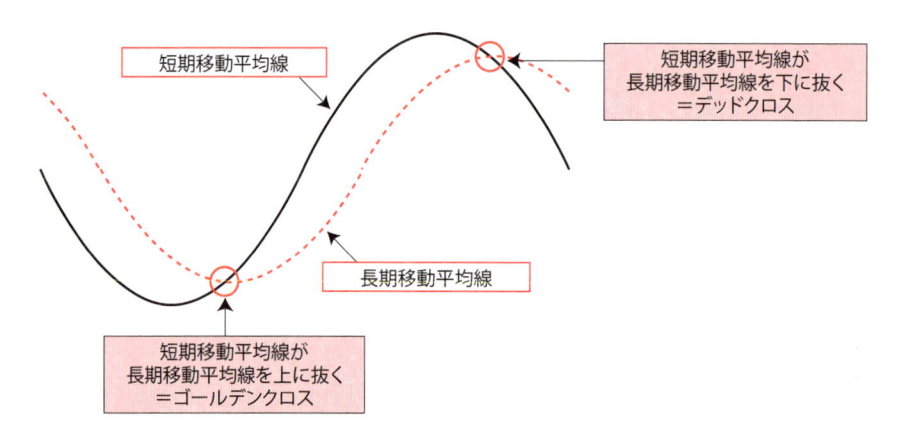

短期移動平均線

短期移動平均線が
長期移動平均線を下に抜く
＝デッドクロス

長期移動平均線

短期移動平均線が
長期移動平均線を上に抜く
＝ゴールデンクロス

すので、短期移動平均線が長期移動平均線を上に抜いた時点では、すでにローソク足は上昇トレンドになっていることが多いと考えられます。

したがって、ゴールデンクロスは、買いエントリーに適しているタイミングです。また、売りのポジションを持っているのであれば、エグジットするべきタイミングでもあります。

一方のデッドクロスは、ゴールデンクロスの逆で、**短期移動平均線が長期移動平均線を上から下に抜いた**タイミングです（図3.17）。売りエントリーに適しており、また買いポジションを持っているなら、エグジットするべきタイミングでもあります。

実際にはタイミングが遅れやすい

ゴールデンクロス／デッドクロスは、よく使われています。ただ、これらを単純に使うだけだと、売買のタイミングが遅れやすい傾向があります。

レートが下落トレンドの間は、レートの上に短期移動平均線が位置し、その上に長期移動平均線が位置します。そして、トレンドが下落から上昇に変わると、レートの後を追って短期移動平均線も上昇し始めるため、上昇トレンドがある程度はっきりしてから、ゴールデンクロスが起こります。デッドクロスも同様で、下落トレンドがある程度はっきりしてから起こります。

タイミングが遅れると、利益が少なくなるばかりか、ダマシになってしまうこともあります。特に、レートがレンジ気味に推移すると、ダマシが多くなりがちです。これらの点が、**ゴールデンクロス／デッドクロスの欠点**です。

ゴールデンクロス／デッドクロスの例

図3.18は、2018年6月28日～8月8日のドル円の4時間足に、12本／24本移動平均線を引いた例です。図中の「GC」「DC」が、それぞれゴールデンクロスとデッドクロスを表します。

③番のゴールデンクロスから⑤番のゴールデンクロスまでは、レートが比較的はっきりとしたトレンドを示して、エントリー／エグジットのタイミングとしてうまく機能しています。しかし、①番のゴールデンクロスから③番

のゴールデンクロスまでは、レートが比較的短期間で上下を繰り返す動きになっています。そのため、ゴールデンクロス／デッドクロスではエントリー／エグジットのタイミングとしては遅く、十分に機能していない状態になっています。

■ 図3.18　GC ／ DCによるタイミングの判断例（ユーロ円／ 2018年6月28日〜 8月8日の4時間足）

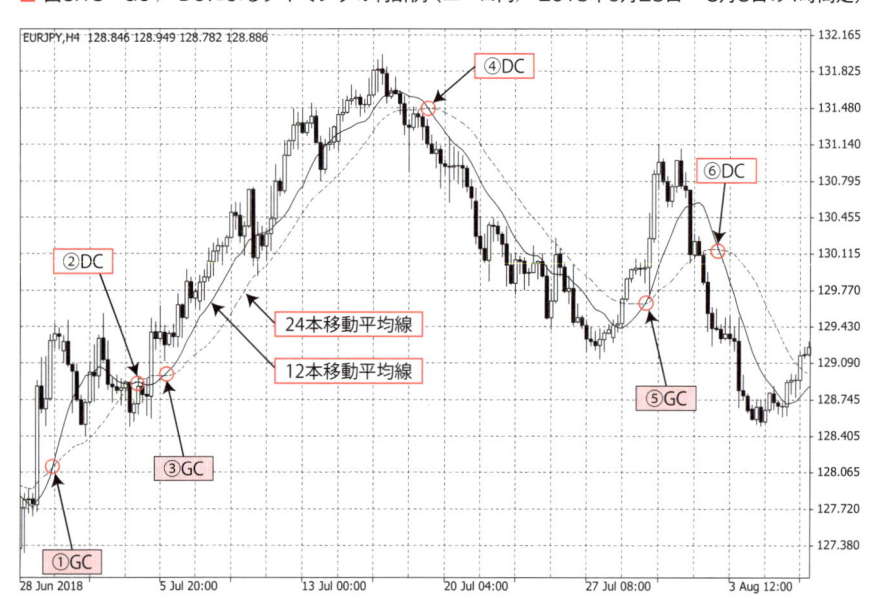

ゴールデンクロス／デッドクロスの使い道

　ここまでで述べたように、ゴールデンクロス／デッドクロスは、はっきりとしたトレンドが長く続くときには、エントリー／エグジットのタイミングを見極める上で役立ちます。しかし、トレンドがはっきりしないときには、ダマシが多くなってしまいます。

　そのため、ゴールデンクロスで買いエントリーし、デッドクロスで売りエントリーするという単純な方法は、あまりお勧めすることができません。他

の活用法を考えた方が良いと思います。

他の指標の補助として使う

　ゴールデンクロス／デッドクロスの1つの使い方は、「他の指標での判断を補助する」というものです。

　例えば、下落トレンドから上昇トレンドに変わったと思われる初期のころに、グランビルの法則の買い法則1が出て、買いエントリーしたとします。その時点では、上昇トレンドがまだあまりはっきりしていませんので、買いエントリーが正しいのかどうかを見極めづらいです。

　しかし、その後しばらく時間が経過して、レートも上昇して、ゴールデンクロスが発生したとします。この状況までくれば、上昇トレンドが一段とはっきりとしているはずです。したがって、「買いで持っているポジションは、そのまま持続する」という判断を下すことができます。

ダマシの多さでトレンドを判断する

　ゴールデンクロス／デッドクロスでダマシが多くなる時期は、トレンドがはっきりしていない時期だと考えられます。

　トレンドがはっきりしない時期は、トレンド系指標はエントリー／エグジットの判断には向きません。Chapter.4で解説するオシレータ系指標を使うなどして、別の方法で判断するようにします。

Section 04 複数の移動平均線を組み合わせる

　ゴールデンクロス／デッドクロスでは長短2本の移動平均線を組み合わせましたが、さらに多くの本数を組み合わせることも考えられます。

移動平均線を複数引くこともできる

　チャートに移動平均線を引く場合、1本か2本引くことが多いです。ただ、1本か2本でなければならないという決まりはなく、何本引くかは自由です。

　87ページで述べたように、移動平均線は平均する期間によって性質が変わってきます。そこで、チャートに複数の移動平均線を引いてみて、総合的に判断を下すこともあり得ます。

■ 図3.19　複数の移動平均線を引く例（ドル円／ 2018年11月12日〜 22日の1時間足）

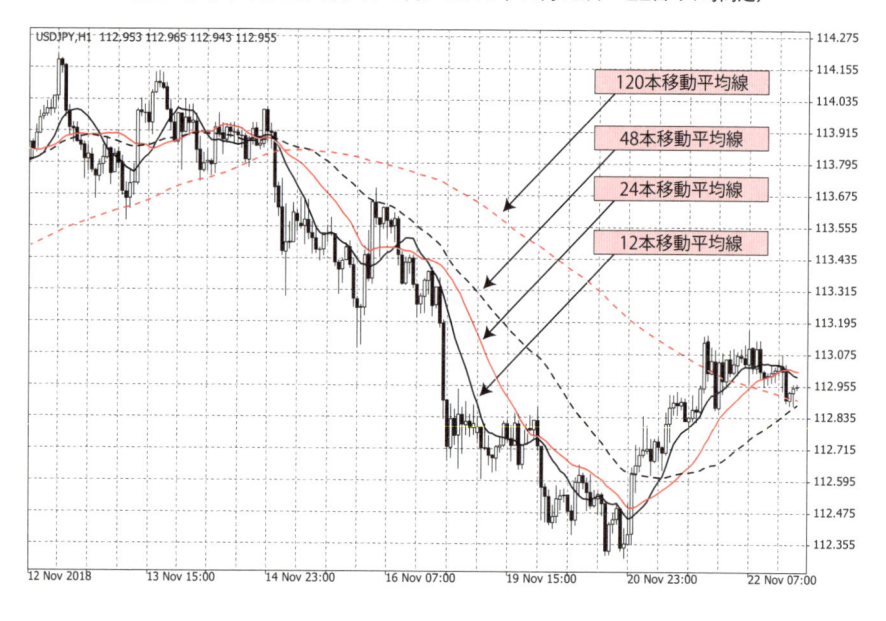

　図3.19は、ドル円の2018年11月12日〜22日の1時間足チャートに、12本／24本／48本／120本の移動平均線を引いた例です。平均する本数が多くなるほど、移動平均線の動きはなめらかになりますが、レートの動きからは遅れていくことがよくわかります。

複数の移動平均線でトレンドを多角的に判断する

　87ページで述べたように、移動平均線はトレンドラインに近い性質を持ちます。ただ、トレンドは1つではなく、短期的なトレンドから、長期的なトレンドまで複数のトレンドを考えることができます。

　そこで、移動平均線を複数引いてそれらを組み合わせ、複合的にトレンドを把握して、それに応じて売買方法を検討するという手法が考えられます。

移動平均線の向きが揃っている場合

　複数の移動平均線の向きが揃っているときは、トレンドが強いと考えられます。したがって、そのトレンドに沿ってエントリーし、しばらく保有して、エグジットするのが良いでしょう。

　例えば、短期〜長期まで5本の移動平均線を引いたときに、そのすべてが上向きになっている場合は、短期〜長期のすべてで上昇トレンドになっている状況です。この場合は、トレンドに沿って買いでエントリーし、トレンドが変わりそうになるまで保持するという方法が考えられます。

移動平均線の向きが違う場合

　一方、複数の移動平均線の向きに違いがある場合は、以下のどちらかであることが考えられます。

①トレンドの中での一時的な変化（上昇トレンドなら押し目、下落トレンドなら戻り）
②トレンドが変化する手前

　例えば、短期的に見てレートが下落していて、短期の移動平均線は下落トレンドになっていても、中期や長期の移動平均線では上昇トレンドが続いているとします。この場合、この下落は**中長期的な上昇の中での一時的な下落であるか、中長期的な上昇トレンドが終わって次のトレンドに変わる手前**であると考えられます。

　短期的に見て下落なので、売りでエントリーすることが考えられます。しかし、中長期的な上昇の中での一時的な下落の可能性もありますので、売りでエントリーしたとしても、深追いせずに早めに切り上げてエグジットすべき局面だと言えるでしょう。

複数の移動平均線の位置関係で判断する

　チャートに複数の移動平均線を引く場合、それぞれの移動平均線の位置関係を、売買タイミングの判断に使うことも考えられます。

　上昇トレンドが続くと、チャートの一番下に期間の長い移動平均線が来て、その上に期間が短い移動平均線、そして一番上にレートという順に並びます。一方、下落トレンドが続くと、チャートの一番下にレートが来て、その上に期間の短い順に移動平均線が並びます。

　また、上昇トレンドから下落トレンドに変わるときや、下落トレンドから

■ 図3.20　レートと移動平均線の位置関係

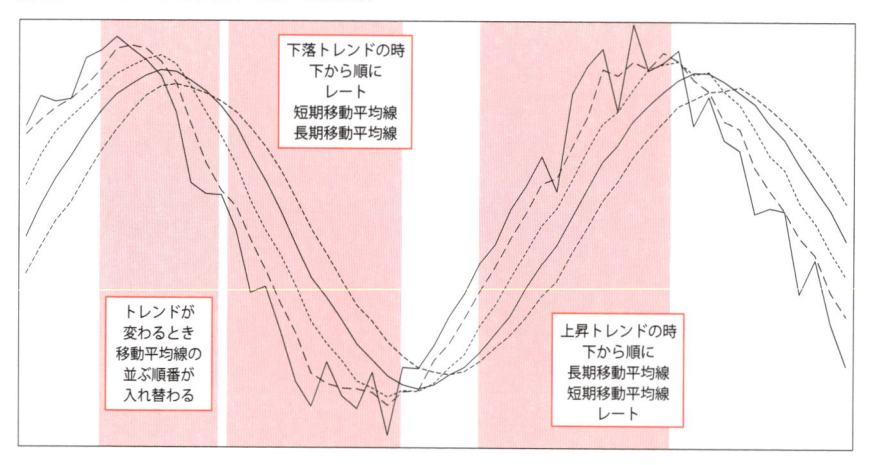

下落トレンドの時
下から順に
レート
短期移動平均線
長期移動平均線

トレンドが
変わるとき
移動平均線の
並ぶ順番が
入れ替わる

上昇トレンドの時
下から順に
長期移動平均線
短期移動平均線
レート

上昇トレンドに変わるときには、移動平均線の並ぶ順序が入れ替わっていきます（図3.20）。さらに、レートがレンジで推移している状態では、移動平均線の順番は入り乱れがちになります。

　逆に言うと、移動平均線が短期→長期の順に正しく並んでいるときは、トレンドがはっきりしている時期だと言えます。したがって、トレンドに沿ってエントリー／エグジットすべきです。

　一方、移動平均線の順序が入れ替わっているときは、トレンドがはっきりしない時期だと言えます。したがって、エントリーは慎重に行うべきと言えます。また、トレンドに沿ってすでにエントリーしていたなら、そのポジションをエグジットしておくべきだと考えられます。

平均する期間も検討する

　移動平均線を使う場合、「**平均する期間をどのぐらいにするか**」という点も重要です。一般的には、よく使われている期間に合わせることをお勧めします。よく使われているということは、多くの人が売買時の指標としているということであり、指標として機能しやすいのではないかと考えられます。

　複数の移動平均線を使う場合も同様で、よく使われている期間の移動平均線を組み合わせると良いでしょう。

　例えば、日足チャートに移動平均線を引く場合、**5日／ 10日／ 25日／ 75日／ 200日**の移動平均線がよく使われています。5日は土日を除く一週間にあたります。また、25日は約1か月、75日は約3か月にあたります。

　一方、平均する期間を「切りの良い数字」にすることも多いです。例えば5分足チャートの場合、平均する本数を12本にすると、5分×12＝60分＝1時間になります。そこで、5分足チャートに複数の移動平均線を引く場合だと、12本（1時間）／24本（2時間）／36本（3時間）／72本（6時間）などを組み合わせることが考えられます。

　ちなみに、104ページの図3.19では、1時間足に12本／24本／48本／120本の移動平均線を引きました。これはそれぞれ半日／1日／2日／5日にあたる本数です。

平均足の基本

ローソク足を改良して、トレンドがよりわかりやすくなるようにした
チャートとして、「平均足」があります。

平均足の描き方

チャートの基本としてローソク足がありますが、ローソク足ではトレンド
がややつかみにくいです。この点を改良するチャートとして、「平均足」が
あります。日本で考案された指標で、海外でも「Heikinashi」の名前のまま
で使われています。

平均足では、個々のローソク足の四本値として、実際のレートをそのまま
使うのではなく、手を加えた値を使います。通常のローソク足の始値／高値
／安値／終値をそれぞれ**CO ／ CH ／ CL ／ CC**で表すとし、平均足の始値
／高値／安値／終値をそれぞれ**HO ／ HH ／ HL ／ HC**で表すとすると、
以下のように計算します。

HO＝（1本前のHO＋1本前のHC）÷2　（1本前のHO ／ HCの平均）
HC＝（CO＋CH＋CL＋CC）÷4　（ローソク足の四本値の平均）
HH＝CH
HL＝CL

ただし、データの先頭の行では、1本前のデータがないのでHOは計算でき
ず、2行目から計算します。また、2行目のHOでは、1本前のHOが決まって
いないので、上の計算式の代わりに、1本前のローソク足のCO ／ CH ／ CL
／ CCの合計を4で割った値にします。

個々のローソク足に対応する平均足の四本値を求めたら、それらの値を元
にして、ローソク足と同じ方法でチャートを描きます。

平均足の計算例

例えば、ある3本のローソク足の四本値が、表3.1の始値〜終値の列のようになったとします。このデータをもとに、平均足を計算してみます。

まず、1行目の平均足の終値（HC）を計算します（なお、上で述べたように、1行目では始値は計算できません）。終値は（CO＋CH＋CL＋CC）÷4なので、以下の通り計算できます。

1本目のHC＝（82.02＋82.14＋81.46＋81.64）÷4＝81.82

2行目では、前述したように、1本前のローソク足の四本値の平均を、平均足の始値とします。これは、上で求めた1本目の平均足の終値（HC）と同じで、81.82になります。また終値は、2行目のレートをもとに（CO＋CH＋CL＋CC）÷4で計算します。

2行目のHHは、2行目のCHを使います。この値は、81.90なので、81.90がHHとなります。

また、2行目のHLは、2行目のCLを使います。この値は、81.30なので、81.30がHLになります。

3行目以降は、通常の計算式で平均足の始値と終値を求めます。例えば3行目の始値を求めると、以下のようになります。

3行目の平均足の始値＝（2行目のHO＋2行目のHC）÷2
＝81.70

■ 表3.1　平均足の計算例

ローソク足				平均足			
始値(CO)	高値(CH)	安値(CL)	終値(CC)	始値(HO)	高値(HH)	安値(HL)	終値(HC)
82.02	82.14	81.46	81.64	－	－	－	81.82
81.68	81.90	81.30	81.46	81.82	81.90	81.30	81.59
81.47	81.85	81.44	81.72	81.70	81.85	81.44	81.62

平均足はトレンドをつかみやすい

通常のローソク足のチャートは、陽線と陰線が入り乱れた形になるため、トレンドをすぐにつかむのはやや難しいです。一方、平均足のチャートは、**陽線（または陰線）が連続しやすいという特徴があり、トレンドを判断しやすい**です。上昇トレンドでは陽線が続き、下落トレンドでは陰線が続きます。

図3.21と図3.22は、ユーロ円の2018年7月31日～8月31日の4時間足チャートで、通常のローソク足と平均足を見比べた例です。通常のローソク足では、陽線と陰線が入り乱れているのに対し、平均足では陽線／陰線が連続する傾向があることがわかります。

■ 図3.21　ユーロ円／2018年7月31日～8月31日の4時間足チャート

■ 図3.22　ユーロ円／2018年7月31日～8月31日の4時間足チャート（平均足）

06 平均足を使った売買戦術

　平均足も、エントリー／エグジットのタイミングを判断する上で非常に役立ちます。その方法を紹介します。

陽線／陰線が変化するたびに売買を繰り返す

　前述したように、平均足では陽線（または陰線）が続きやすい傾向があります。この性質を利用して、以下のようにエントリー／エグジットすることが考えられます（図3.23）。

①陰線から陽線に変わったら、買いでエントリーし、またそれまで持っていた売りポジションはエグジットする。

②陽線から陰線に変わったら、売りでエントリーし、またそれまで持っていた買いポジションはエグジットする。

　ただ、これだけだと判断方法が単純で、十分な成果を得ることができません。平均足では陽線／陰線が続きやすいとは言え、押し目や戻りで一時的に陽線／陰線が切り替わることもあります。そのため、ダマシがある程度出ます。

　また、レートがレンジで推移すると、平均足であっても、陽線／陰線が頻繁に切り替わりやすくなります。そのような状況で、陽線／陰線が変わるたびにエントリー／エグジットを繰り返していると、ダマシがかなり多くなってしまい、損失が増えてしまいます。

　後で再度述べますが、上昇トレンド／下落トレンドがはっきりしているときに限定してエントリーし、レンジのときにはエントリーを避けるようにして、ダマシを減らすことが必要になります。

■ 図3.23　陽線／陰線が変化するたびにエントリー／エグジットを繰り返す

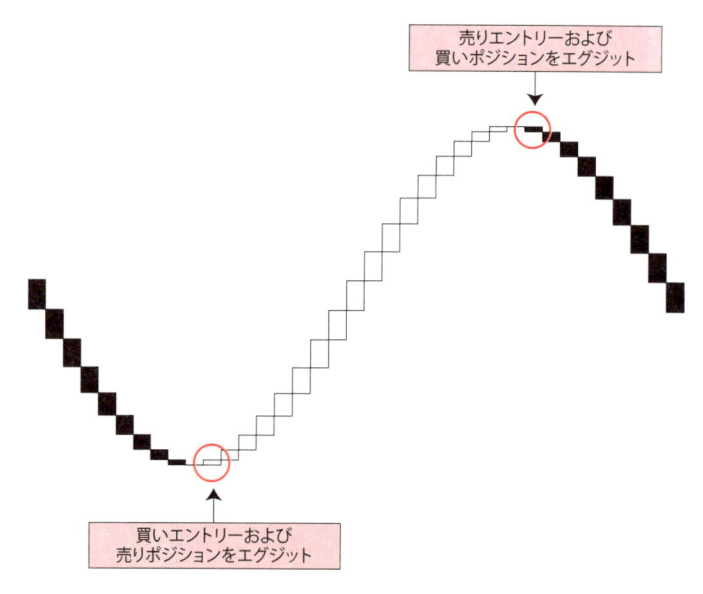

売りエントリーおよび
買いポジションをエグジット

買いエントリーおよび
売りポジションをエグジット

平均足によるエントリー／エグジットの例

　図3.24は、2018年7月31日〜8月31日のユーロ円の4時間足について、上記の方法に沿ってエントリー／エグジットのタイミングを示したものです。陽線／陰線が切り替わったら、その次のローソク足の始値でエントリー／エグジットするものとしています。

　なお、実際のレートと平均足のレートは異なります（114ページ参照）。エントリー／エグジットの判断は平均足で行いますが、そのポイントは実際のローソク足のチャートに記しています。

　「買」は、買いでエントリーし、また売りポジションをエグジットするポイントです。一方の「売」は、売りでエントリーし、買いポジションをエグジットするポイントです。

　このチャートを見ると、AやCの部分では、レートが一方向に動いたため、大きく利益を得ることができています。一方、それ以外のレンジの部分では、売買のタイミングが遅れてダマシになり、少しずつ損失が出ています。

■ 図3.24　陽線／陰線が変化するたびにエントリー／エグジットを繰り返す例

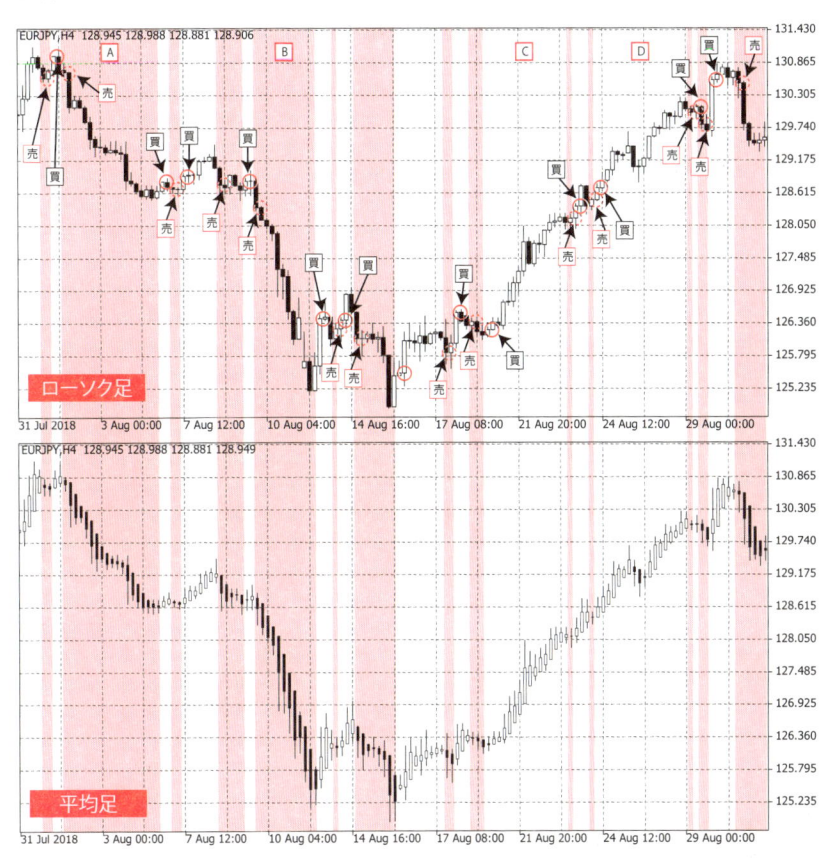

他の指標と組み合わせる

　前述したように、単純に平均足の陽線／陰線が変化するたびにエントリー／エグジットを繰り返すと、レートが大きく動かないときにはダマシが発生しやすいという難点があります。

　また、平均足の陽線／陰線の変化でエグジットを判断すると、エグジットが遅れてしまうこともあります。そこで、他の指標と組み合わせて、タイミングの取り方を工夫することが考えられます。

　例えば、以下のような方法でエントリーすることが考えられます（図3.25）。

①**移動平均線が上昇中なら、平均足が陽線に変わったら買いエントリーする。また、陰線に変わったら買いポジションをエグジットし、売りエントリーはしない。**

②**移動平均線が下落中なら、平均足が陰線に変わったら売りエントリーする。また、陽線に変わったら売りポジションをエグジットし、買いエントリーはしない。**

　この例では平均足と移動平均線を組み合わせましたが、他の指標との組み合わせもいろいろと考えられます。例えば、平均足と、Chapter.4で解説するオシレータ系指標を組み合わせることも考えられます。

■ 図3.25　平均足とローソク足を組み合わせたエントリー／エグジットの判断方法

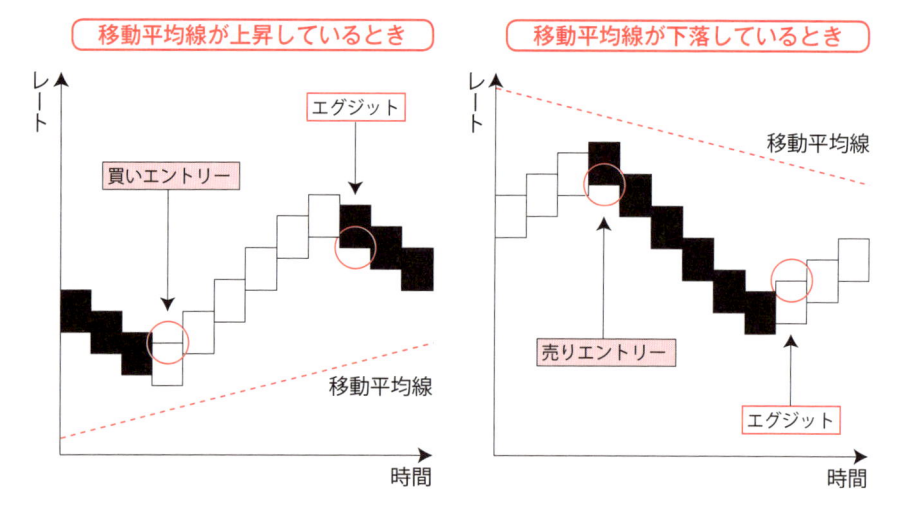

平均足とローソク足のレートの違いに注意

　平均足とローソク足とでは、四本値が異なります。このことには注意する必要があります。

　上昇トレンド時には、実際のレートは平均足よりも高い位置にあります。一方、**下落トレンド時には、実際のレートは平均足よりも低い位置**にありま

す。例えば、113ページの図3.24で、実際のレートと平均足とで始値の動きを比較してみると、図3.26のようになります。

　例えば、図3.26のAの部分は上昇トレンドになっています。この部分を見ると、平均足が実際のレートより低い位置にあることがわかります。一方、図3.26のBの部分（下落トレンド）を見ると、平均足が実際のレートより高い位置にあります。

　上昇トレンド時に平均足を使ってエントリーを判断する場合、状況によっては、実際のレートが平均足よりも大幅に高くなっていることもあります。そのため、平均足が陰線から陽線に変わった時点であっても、買いエントリーするにはあまり適さない水準までレートが上がってしまっていることがあります。

　同様に、下落トレンド時には平均足で売りエントリーを判断する場合、エントリーにあまり適さない水準までレートが下がってしまっていることがあります。

　平均足だけでなく、ローソク足のチャートも見た上で、エントリーするかどうかを判断する必要があります。

■ 図3.26　実際のレートと平均足とで始値の動きを比較した例（ユーロ円／2018年7月31日〜8月31日の4時間足）

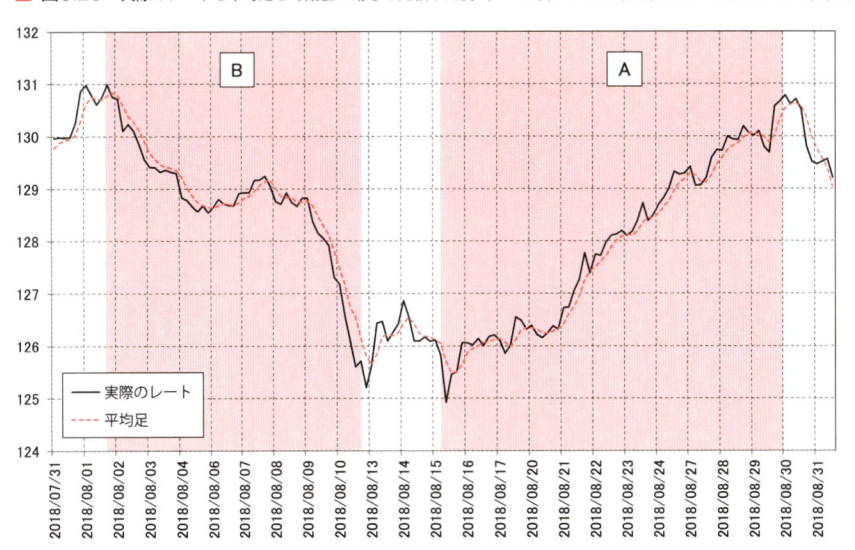

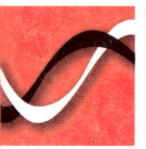

07 ボリンジャーバンドの基本

　ボリンジャーバンドは、アメリカのジョン・ボリンジャー氏が考案したテクニカル指標です。ボリンジャーバンドの考え方や引き方などの基本を解説します。

標準偏差と正規分布

　ボリンジャーバンドは、「標準偏差」と「正規分布」という統計的手法を取り入れていることが大きな特徴です。これらについても概要を説明しておきます。

　例えば「20歳男性の身長」や「りんご1個の重さ」を計った場合など、平均値を中心にして、ある程度の範囲に分布するデータの集まりは、自然界ではいろいろなところで見られます。標準偏差は、このようなデータ群の集まりの特徴を表す値の1つで、「データの散らばり具合」を表します。標準偏差は、通常は「σ」（シグマ）という記号で表します。

正規分布

　たくさんのデータがあるときに、データの分布を調べてグラフにすると、平均に近いデータが多く、平均から放れるほどデータの数が少なくなり、図3.27のように平均値を挟んで左右対称の釣り鐘型の分布になることが知られています。このようなデータの分布の理想的な形のことを正規分布といいます。

　そして、データ群が正規分布に従っている場合、平均値$-\sigma$〜平均値$+\sigma$の範囲に、データ全体の約68%が入り、平均値-2σ〜平均値$+2\sigma$の範囲に、データ全体の約95%が入ることが知られています（図3.27）。

　例えば、20歳男性の多数の人を調べた結果、身長の平均が170cmで、標準

偏差が10cmになったとします。この場合、20歳男性のうちの約68%の人が、身長160cm（＝170cm－10cm）～ 180cm（＝170cm＋10cm）の間に入ります。また、約95％の人が、身長150cm（＝170cm－2×10cm）～ 190cm（＝170cm＋2×10cm）の間に入ります。

■ 図3.27　標準偏差と正規分布の意味

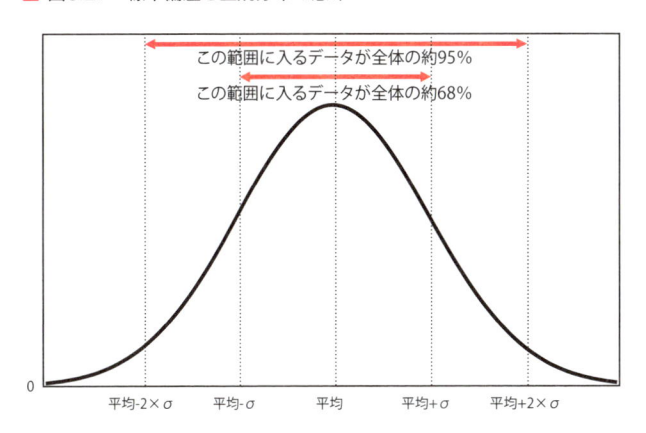

標準偏差の求め方

標準偏差を求めるには、以下のような計算を行います。

$$標準偏差 = \sqrt{\frac{\left[\left(各データ - 平均\right)^2\right]の合計}{データの数 - 1}}$$

例えば、3、5、6、8、10の5つのデータがあるとします。これらの標準偏差を求めるには、まず以下のように5つのデータの平均を求めます。

$$平均 = \frac{3+5+6+8+10}{5} = 6.4$$

次に、平均と各データを上の式に当てはめて、以下のように標準偏差を計算します。

$$標準偏差 = \sqrt{\frac{(3-6.4)^2+(5-6.4)^2+(6-6.4)^2+(8-6.4)^2+(10-6.4)^2}{5-1}}$$
$$= 27$$

移動平均線を中心にボリンジャーバンドを描く

ボリンジャーバンドは、移動平均に標準偏差を組み合わせた手法です。

まず、移動平均と同じ期間のデータをもとに標準偏差を求めます。例えば、25日移動平均を使う場合だと、それぞれの日で、その日を含めて過去の25日間のレートをもとに、その期間の移動平均と標準偏差を求めます。

そして、日々の移動平均を線で結ぶとともに、**日々の移動平均－σ／移動平均＋σ／移動平均－2σ／移動平均＋2σ**のそれぞれの値も線で結びます。この結果、移動平均線を中心に、上下に2本ずつの線を引くことになります。これらの線を総称して、ボリンジャーバンドと呼びます。

図3.28は、ドル円の2018年10月15日～11月3日の4時間足のチャートに、ボリンジャーバンドを追加した例です。チャート上に5本の線がありますが、これらがボリンジャーバンドです。

■ 図3.28　ボリンジャーバンドの例（ドル円／2018年10月15日～11月3日の4時間足）

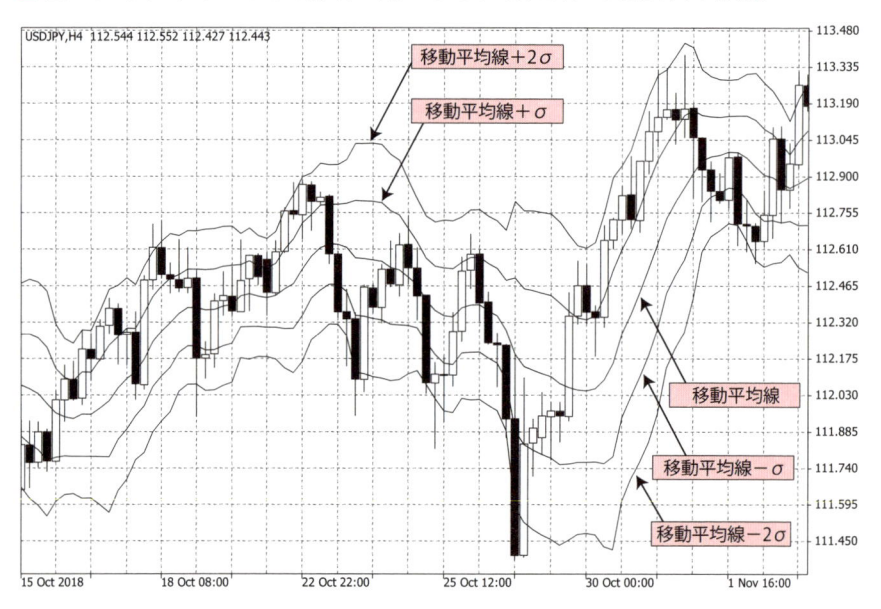

Section 08 ボリンジャーバンドを使った売買戦術

　ボリンジャーバンドは、逆張りでエントリーしたり、エグジットのタイミングを判断するときなどにもよく使われています。

バンドの幅が急拡大したときを狙う

　エントリー／エグジットの1つの方法として、バンド幅の急拡大を利用する方法があります（図3.29）。

■ 図3.29　ボリンジャーバンドの幅が急拡大したときにエントリーする

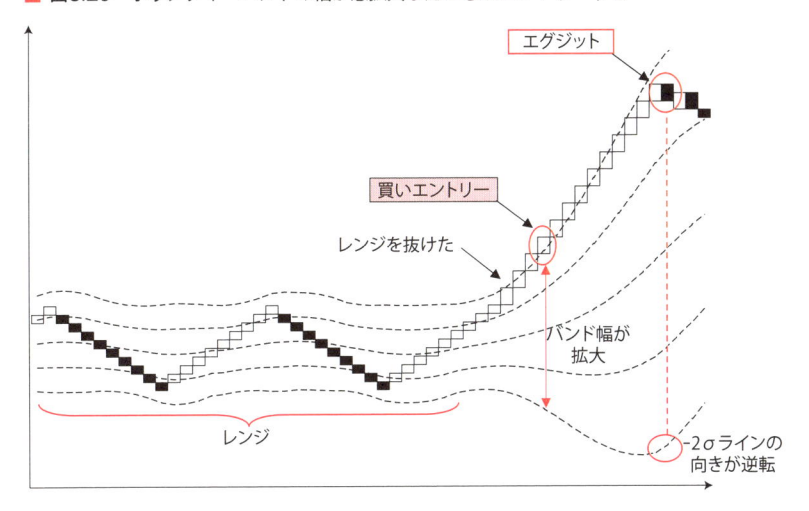

エントリーのタイミング

　FXでは、短期的にはボックスの動きになることが多いです。そのような状況では、レートの値動きの幅が小さいので、ボリンジャーバンドも間隔が狭くなります。

　ところが、ボックスから抜けて、上昇または下落の動きに変化すると、それまでと比べて値動きの幅が大きくなります。そのため、ボリンジャーバンドの幅も急激に拡大します。

　このような状況が見られたら、トレンドが発生した方向にエントリーするようにします。上昇トレンドが発生したなら買いエントリーし、下落トレンドが発生したなら売りエントリーします。

買いエントリー後のエグジット

　ボックスから抜けて上昇トレンドが発生すると、その後しばらくはボリンジャーバンドの上側のラインは上昇し、下側のラインは下落して、バンドの幅が広がっていきます。また、レートが$+2\sigma$のラインに沿って動く傾向も見られます。

　しかし、トレンドが発生してしばらくすると、いったん天井を付けて、押し目に向かい始めます。すると、それまでに比べてレートの動きが小さくなります。その結果、$+2\sigma$のラインはそのままの上昇が続くものの、-2σのラインの向きが逆転して、ボリンジャーバンドの幅が狭くなり始める、という現象が起こります。このような状況が見えたら、買いポジションをエグジットして、利益を確定するようにします。

売りエントリー後のエグジット

　ボックスから抜けた後に下落トレンドになって、売りエントリーしたときも、買いエントリー後と同様の考え方をします。

　下落トレンドが発生してしばらくの間は、ボリンジャーバンドの幅が広がり、レートは-2σのラインに沿って動く傾向が出ます。そして、しばらくしてレートが底を打ち、戻りに向かい始めます。すると、-2σのラインは下がり続ける一方、$+2\sigma$のラインが反転して下落し始めます。このような状況が見えたら、売りポジションをエグジットします。

ボリンジャーバンドによるエントリー／エグジットの例

　ここまでの話に基づいたエントリー／エグジットの事例として、ドル円の

2018年11月19日〜20日の5分足チャートにボリンジャーバンドを加えた例を見てみます（図3.30）。なお、移動平均の平均本数は25本にしています。

　19日の間ごろまでは、レートは狭い範囲で上下しつつ、23時30分ごろからゆるやかに下落トレンドになっています。しかし、日付が変わる前あたりから下落がきつくなり、それまでのレンジに近い動きが崩れています。そして、ボリンジャーバンドの幅も拡大しています。このタイミングに売りエントリーしておくべきでした。

　その後、レートが一気に下落した後、20日の0時20分ごろからレートの動きが落ち着き始め、0時20分ごろから1時ごろにかけて反転上昇しています。そのときのボリンジャーバンドの動きを見ると、**レートが落ち着きだしたあたりで、レートと反対側（＋2σ）のボリンジャーバンドの動きが逆転**しています。したがって、このタイミングで売りポジションをエグジットしておくべきでした。

■ 図3.30　ボリンジャーバンドの幅が急拡大した時のエントリーとエグジットの例

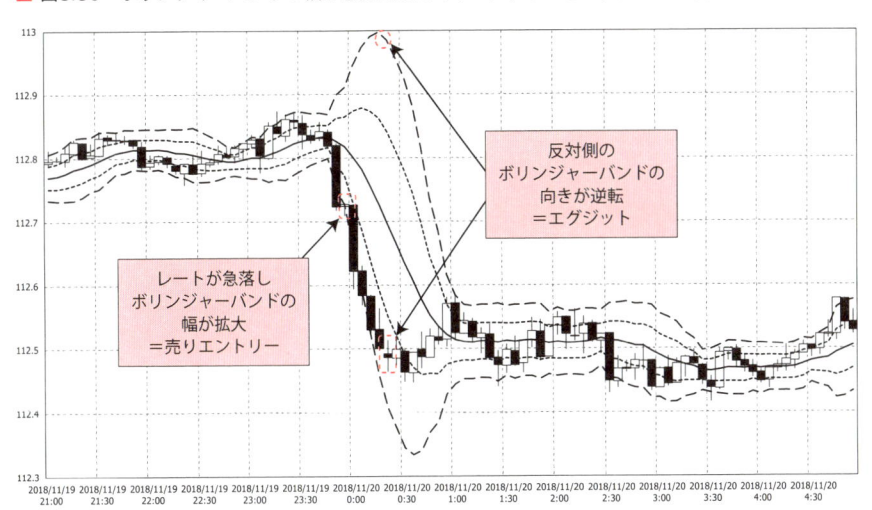

緩やかな上昇／下落トレンドのとき

　レートが緩やかに上昇しているときには、レートはおおむね移動平均線の上で推移します。そして、グランビルの法則で示したように、ときどき移動平均線近くまで下落したり、移動平均線を割って反発したりして、押し目をつけます。

　したがって、レートが緩やかに上昇トレンドになっているときには、以下のようなエントリー／エグジットの方法を取ることが考えられます（図3.31の左半分）。

①レートが移動平均線付近まで下落し、押し目をつけて移動平均線を上回ったら買いエントリーする。

②レートが反発し、＋2σライン近くまで上がったらエグジットする。

③レートが上昇せず、−σラインまで下がったら損切りする。

　同様に、レートが緩やかに下落しているときには、レートはおおむね移動平均線の下で推移します。そして、グランビルの法則で示したように、時々移動平均線付近まで上がって戻りをつけた後、再度下落することがよくあります。

　そこで、以下のようなエントリー／エグジットの方法を取ることが考えられます（図3.31の右半分）。

①レートが移動平均線付近まで上昇し、戻りをつけて移動平均線を下回ったら売りエントリーする。

②レートが反落し、−2σライン近くまで下がったらエグジットする。

③レートが下落せず、＋σラインまで上がったら損切りする。

■ 図3.31　緩やかな上昇／下落トレンド時のエントリーとエグジットの判断方法

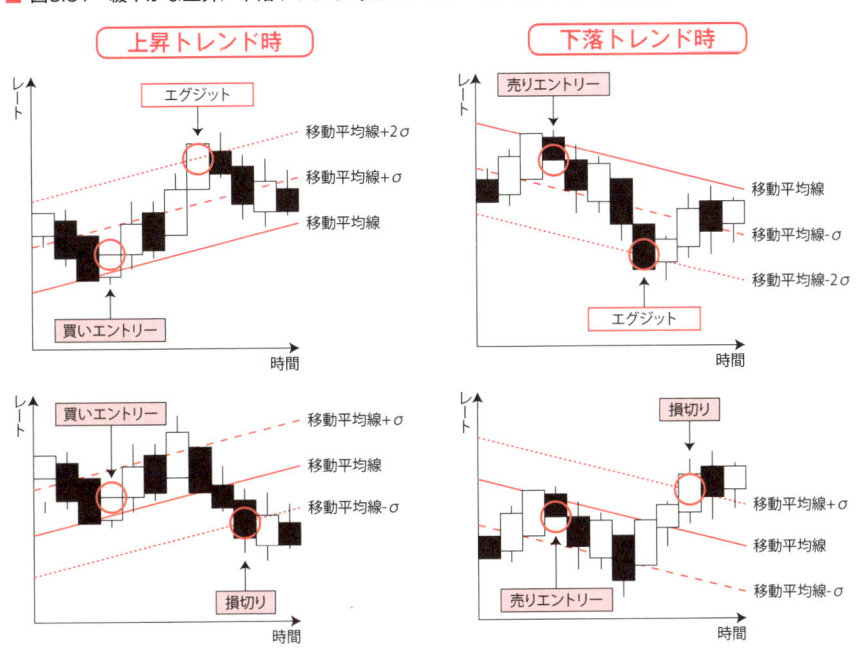

エントリー／エグジットの例

　図3.32は、2018年11月5日〜9日のユーロ円の1時間足に、ボリンジャーバンドを入れた例です。移動平均の平均本数は24本にしています。

　チャートの期間はゆるやかな上昇トレンドが続いていて、その間に3回の買いエントリーのポイントがあります（図中の「①買いエントリー」〜「③買いエントリー」）。いずれも買いエントリー後にレートが上昇して＋2σのラインにタッチし、利益を得ることができています。特に、「②買いエントリー」から「②エグジット」まででは、4時間ほどで約50pipsの利益を得ることができています。

　なお、このチャートでは3回の買いエントリーがすべて成功していますが、買いエントリー後にレートがあまり上がらなくて＋2σのラインにタッチせず、損切りしてエグジットする形になることもあります。

■ 図3.32 緩やかな上昇トレンドでのエントリーの例（ユーロ円／2018年11月5日〜9日の1時間足）

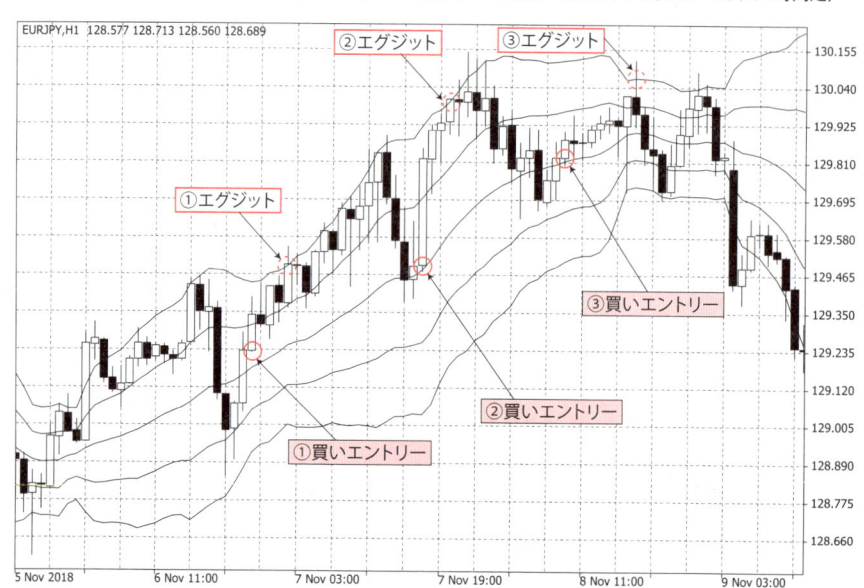

レンジで推移しているとき

　一般に、トレンド系のテクニカル指標は、トレンドが発生しているときのエントリー／エグジットの判断に向いています。一方、レンジ状態のときにトレンド系指標でエントリー／エグジットを判断すると、ダマシが発生しやすくなってしまうというデメリットがあります。

　ボリンジャーバンドもトレンド系指標の1つですが、他のトレンド系指標とは異なり、レンジ相場のときにも使えるという特徴があります。

　116ページで述べたように、多数のデータの分布を見ると、その95％が平均-2σ〜平均$+2\sigma$範囲に収まることが知られています。したがって、レートがレンジ状態のときに、-2σ近辺まで下がったり、$+2\sigma$近辺まで上がったりすることは、ほとんどないことだと言えます。

　逆に言えば、レンジ状態のときにレートが-2σ近辺まで下がったり、$+2$

σ近辺まで上がったときには、言わば「行き過ぎ」が発生している状態です。

　そこで、レンジ状態を利用して、下がりすぎのときに買い、上がりすぎのときに売るという方法があります。例えば、買いのエントリーとエグジットは、以下のようにすることが考えられます（図3.33の左半分）。

①レートがいったん−2σを割り込んで下がった後、反発して−2σを超えてきたら買いエントリーする。

②①でエントリーした後、ある水準（例えば移動平均線）まで戻ったらエグジットする。

③①でエントリーした後、レートが再度下落して−3σに達したら損切り。

■ 図3.33　レンジ状態のときのエントリーとエグジットの考え方の例

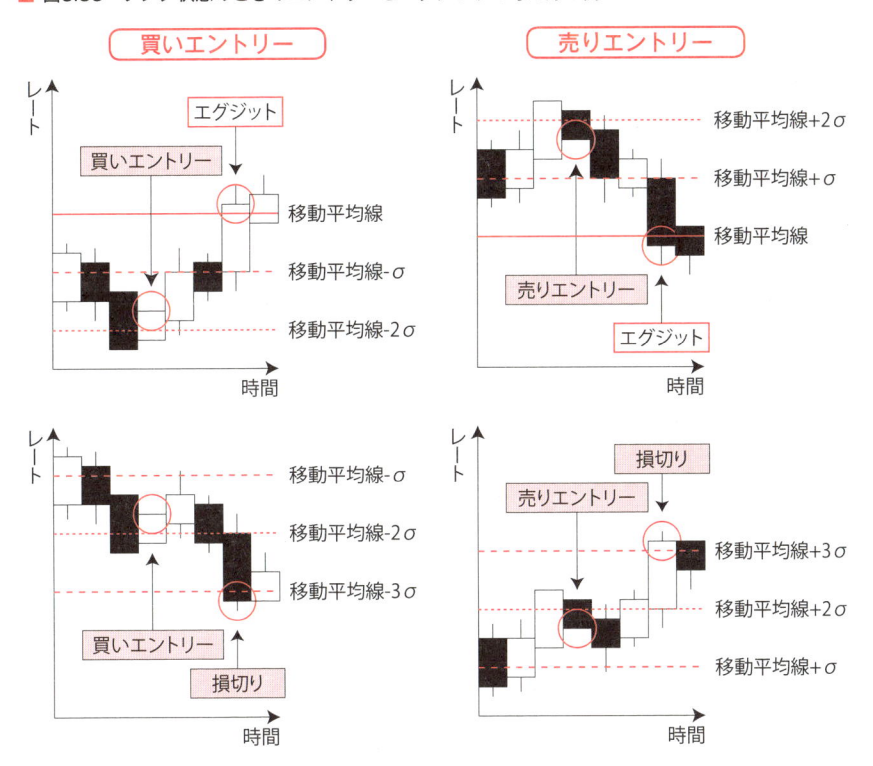

　同様に、売りのエントリーとエグジットは、以下のようにすることが考えられます（図3.33の右半分）。

①**レートがいったん＋2σを超えて上がった後、反落して＋2σを割ってきたら売りエントリーする。**

②**①でエントリーした後、ある水準（例えば移動平均線）まで下がったらエグジットする。**

③**①でエントリーした後、レートが再度上昇して＋3σに達したら損切り。**

レンジ状態でのエントリー／エグジットの例

　図3.34は、2018年11月14日〜16日のユーロ円の1時間足チャートに、ボリンジャーバンドを入れた例です。移動平均の平均期間は24本にしています。

　この期間はレートの動きがレンジ気味に推移しているので、ここまでで述

■ 図3.34　レンジ状態の例（ユーロ円／ 2018年11月14日〜 16日の1時間足）

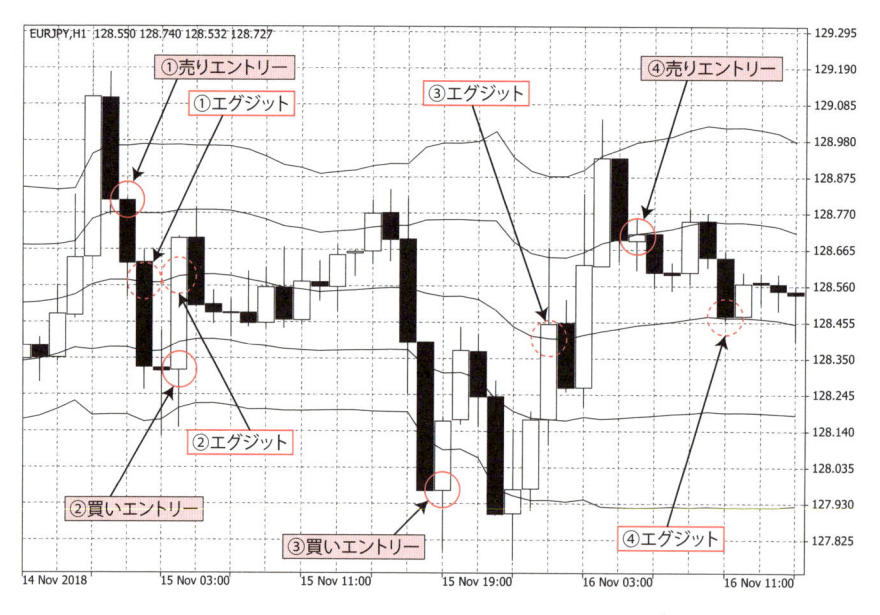

べた方法でエントリー／エグジットのタイミングを判断してみます。なお、エントリーの判断は、ローソク足の終値が+2σ（または−2σ）を割ったら、次以降のローソク足で行うようにしました。

　すると、図中に示したように、エントリーからエグジットまでの流れが4回ありました。それぞれで20〜50pips程度の利益を得ることができています。ただ、エントリー後に逆方向にレートが大きく動いている場面もあり（例：③買いエントリー後にレートが一時下落）、安定性は今ひとつです。

2σを大幅に超えているときはどうする？

　時として、レートが大幅に急騰（急落）して、+2σ（−2σ）のラインを大幅に突破することもあります。

　単純に統計的に考えると、+2σ（−2σ）のラインを超えることは、きわめてまれなことです。例えば、+3σ（−3σ）を超える確率は、統計的には約0.03％しかありません。

　このことから、「+3σのラインを超えるほど上がることは通常ありえないから、これは売りエントリーだ」と逆張りを考えることもできなくはありません。ただ、このような大幅な急騰（急落）は、何らかの異常事態のときに起こることが多いのです。

　そのようなときには、平常なら起こらないようなことでも、あっさりと起こるものです。+2σ（−2σ）を超えたままの状態がしばらく続き、猛烈な急騰（急落）が起こることも、ないとは言えません。

　このように、レートが+2σ（−2σ）のラインを大幅に突破した場合は、逆張りでエントリーするのはリスクが大きすぎます。何が起こるかわからないときには、エントリーせずに静観しておき、嵐が過ぎるのを待つことをお勧めします。

Section 09 パラボリックの基本

パラボリックは、さまざまなテクニカル分析手法を編み出している、アメリカのJ.W.ワイルダー氏が考案したトレンド系指標です。

パラボリックとは？

パラボリックは、「**SAR**」（「Stop And Reverse」の略）という指標を基にして、エントリー／エグジットのタイミングを計る手法です。

「パラボリック」（Parabolic）とは、英語で「放物線状の」という意味です。その言葉の通り、SARの動きが放物線（物を投げたときの軌跡）のようになるのが特徴です。

SARの計算の仕方

SARは、「EP」と「AF」という2つの値を元に計算します。

EPは「Extreme Point」の略で、日本語では「極大値」と呼びます。EPは、レートが上昇中のときには、直近の期間内での最高値を表します。一方、レートが下落中のときには、直近の期間内での最安値を表します。最高値（最安値）が更新されるごとに、EPを更新します。

また、AFは「Acceleration Factor」の略で、日本語では「加速因子」と呼びます。AFは、最初の時点では、一般には0.02にします。そして、EPが更新されるたびに、AFの値を0.02ずつ増やしていきます。ただし、AFの上限は0.2にします。

そして、EP／AFと、1本前のローソク足に対応するSARから、現在のローソク足に対応するSARを以下のように求めます。

SAR＝（EP－1本前のSAR)×AF＋1本前のSAR

このようにしてSARを計算し、チャート上に描画します。一般には、それぞれのローソク足に対応するSARは、点で表すことが多いです。

そして、SARとローソク足がぶつかったら、トレンドが転換したと判断して、EPおよびAFをリセットします。

チャートにパラボリックを入れた例

前述したように、SARはローソク足のチャートに点で描くことが多いです。レートが上昇傾向のときには、SARはローソク足の下に位置します。一方、レートが下落傾向のときには、SARはローソク足の上に位置します。

図3.35は、2018年11月16日～21日のドル円の1時間足チャートに、SARを入れた例です。ローソク足の上や下に「●」のマークがありますが、これがSARを表します。

■ 図3.35　パラボリックの例（ドル円／2018年11月16日～21日の1時間足）

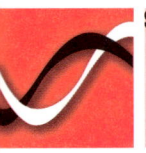

10 パラボリックを使った売買戦術

　この節では、パラボリックを使ってエントリー／エグジットのタイミングを判断する方法を解説します。

SARとローソク足がぶつかるたびに売買する

　パラボリックでは、SARとローソク足の上下の位置関係から、エントリー／エグジットのタイミングを判断します。基本的な判断方法は、以下のようなごくシンプルなものです。

　SARとローソク足がぶつかるたびに、それまで持っていたポジションをエグジットし、逆の方向にエントリーします（買いポジションを持っていたなら売りポジションに変え、売りポジションを持っていたなら買いポジションに変えます）。そして、**SARとローソク足の上下の位置関係が変わらない間は、ポジションを持続**します。

　前ページで述べたように、レートが上昇傾向のときは、SARはローソク足の下に位置します。そして、レートが上昇から下落に転じると、下から上がってきたSARに向かってローソク足が下落し、最終的にSARにローソク足がぶつかります。このタイミングで、持っていた買いポジションをエグジットし、そして新たに売りでエントリーしてポジションを持ちます（図3.36の左半分）。

　同様に、レートが下落傾向のときには、売りのポジションを持っておきます。そして、下落してくるSARに向かって、ローソク足が上昇していき、両者がぶつかったところで、売りのポジションをエグジットし、新たに買いでエントリーします（図3.36の右半分）。

■ 図3.36 パラボリックによるエントリーとエグジットのタイミングの判断方法

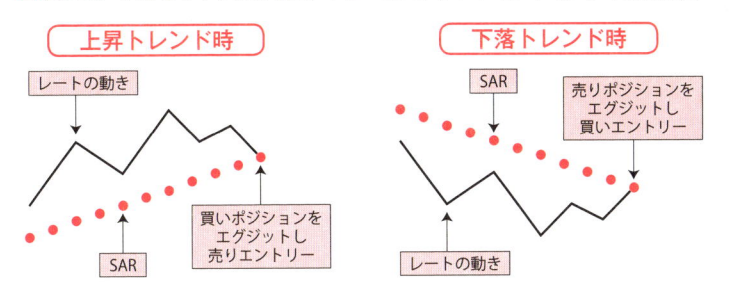

ダマシが多くなりがち

基本的な判断の方法をそのまま使うと、ダマシが多くなりがちな傾向があります。上昇／下落のトレンドがはっきりしているときは良いですが、そうでないときにダマシが出やすいです。

図3.37は、2018年8月20日～24日のドル円の30分足チャートにパラボリックを入れて、売買のタイミングを示した例です。「買」は、買いエントリー

■ 図3.37 パラボリックによるエントリー／エグジットの例

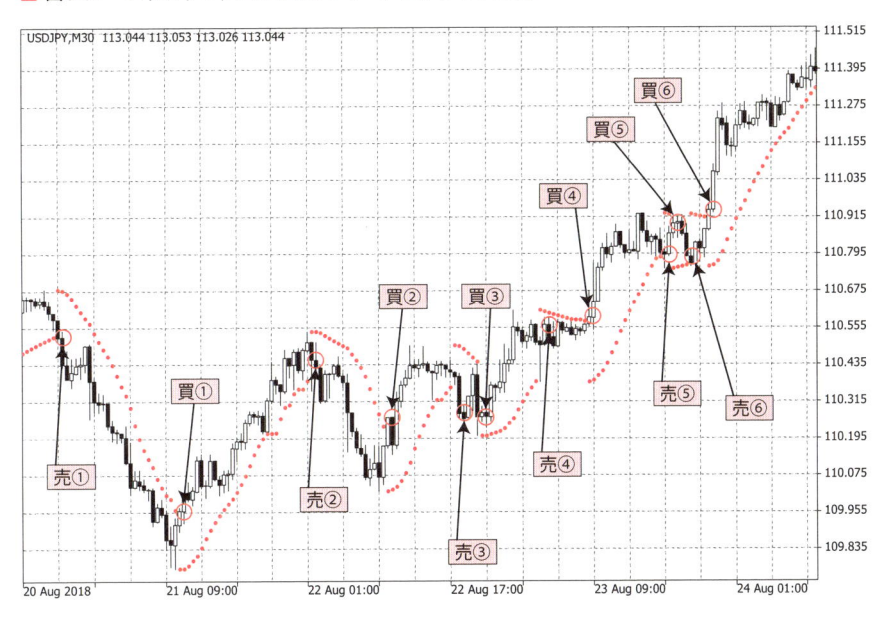

および売りポジションをエグジットする箇所を示します。また、「売」は、売りエントリーおよび買いポジションをエグジットする箇所を示します。いずれも、SARの向きが変わった後の、次のローソク足の始値をエントリー／エグジットのポイントにしています。

　チャートの左寄りのように、トレンドがはっきりしているところでは、良い結果が得られています（「売①」でのエントリー→「買①」でのエグジットなど）。しかし、トレンドがはっきりしなくなってくると、ダマシが増えます。特に、「売⑤」～「買⑥」の部分のように、レンジになると買いと売りのタイミングが逆になることもあります。

AFの初期値と増やし方を変える

　SARの計算の際には、一般にはAFの初期値と増やし方を0.02にします。ただ、前述の事例で見たように、0.02だとトレンドがなくなってくると売買

■ 図3.38　AFの初期値と増やし方を変えた例

のシグナルが頻繁に発生して、ダマシが多くなる傾向が見られます。

　AFの初期値と増やし方を調節することで、シグナルの発生頻度を抑えることができます。しかし、タイミングが遅れてしまうという問題が起こります。

　例えば、前述の例でAFの初期値と増やし方を0.005にすると、売買のタイミングは図3.38のようになります。図3.37と比べると、シグナルの発生が少なくなり、最後にあったダマシを回避することができています。しかし、タイミングが遅れていて、それによってダマシが発生している箇所もあります（例：「売②」→「買②」）。

パラボリックでグランビルの法則のような判断をする

　前述したように、パラボリックでは、ローソク足がSARとクロスするたびに買いと売りを繰り返すのが基本です。ただ、前述したように、AFの初期値を大きくするとダマシが多くなり、小さくするとタイミングが遅れてしまう傾向があります。

　そこで、単純にエントリーするのではなく、エントリー／エグジットの仕方を工夫することが考えられます。例えば、グランビルの法則と似た考え方をとって、SARとローソク足の位置関係から、エントリー／エグジットのタイミングを決める方法があります。SARが上昇中の場合は、以下のように判断することができます。

①ローソク足がSARに向かって下落し、SARにぶつからずに反発したら買いエントリーする（図3.39の左上）。

②ローソク足がSARから大幅に上に離れたときには、反落のリスクが高いので、買いポジションをエグジットする（図3.39の左下）。

③SARが買い方向に変わった時点で、ローソク足がSARから大きく上に離れている場合は、すでに上がりすぎている可能性があるので、エントリーを見送る。

■ 図3.39 パラボリックでグランビルの法則のような判断をする

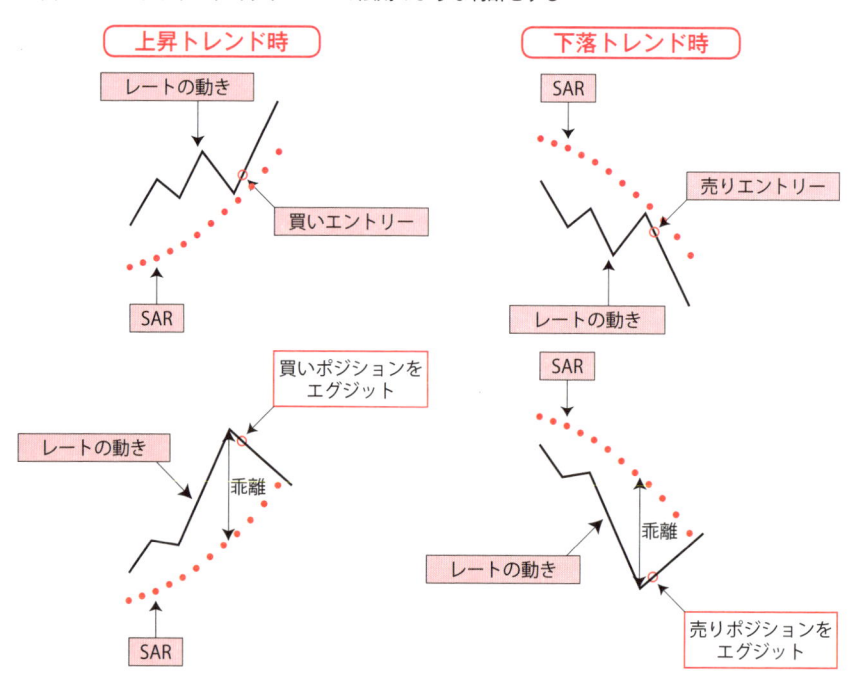

　また、SARが下落中のときには、上記の条件を逆にして、以下のように判断します。

①ローソク足がSARに向かって上昇し、SARにぶつからずに反落したら、売りエントリーする（図3.39の右上）。

②ローソク足がSARから大幅に下に離れたときには、反発のリスクが高いので、売りポジションをエグジットする（図3.39の右下）。

③SARが売り方向に変わった時点で、ローソク足がSARから大きく下に離れている場合は、すでに下がりすぎている可能性があるので、エントリーを見送る。

　さらに、レートがパラボリックから大きく離れたときに、リバウンドを狙って逆張りでエントリーすることも考えられます。上に離れたら売りエント

リーし、下に離れたら買いエントリーします（ただし、これまでと同様に、逆張りはあまり推奨はしません）。

エントリーのタイミングの例

　図3.40は、ドル円の2018年11月2日〜5日の30分足に、パラボリックを入れた例です。

　図中の「買①」のところで、レートが上昇してSARがローソク足とぶつかり、買いのサインが出ています。ただ、この時点ではSARはローソク足から大きく上に離れていて、その後に反落する可能性があります。

　そこで、このタイミングでのエントリーは見送って、ローソク足がSAR近くまで下がるのを待ってから、エントリーするようにします。図中の「買②」や「買③」のように、ローソク足がSAR近くまで下がった後、反発して上がりだしたタイミングでエントリーします。

■ 図3.40　SARがローソク足に近付くのを待ってからエントリーする

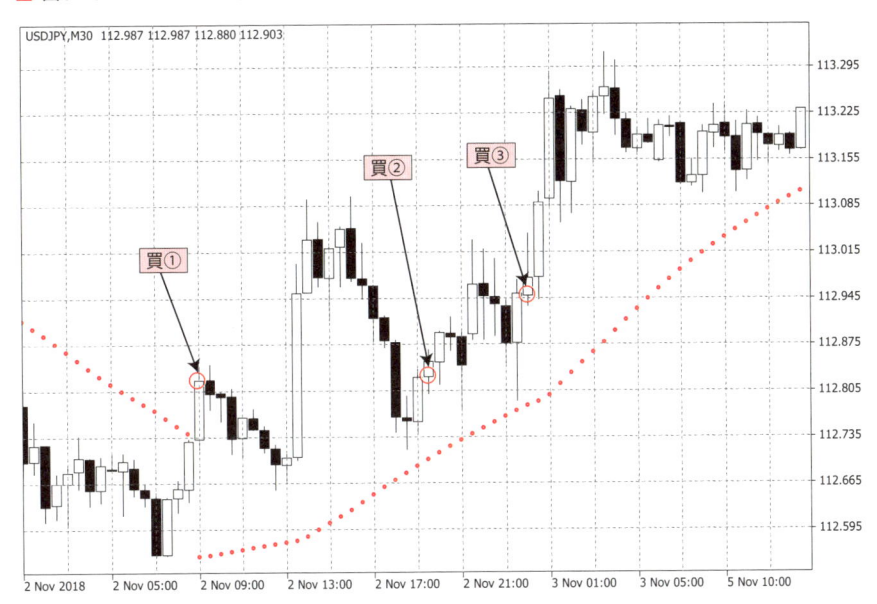

Section 11 その他のトレンド系 テクニカル指標

　ここまでで紹介した以外にも、トレンド系のテクニカル指標はいくつかあります。その中で主なものとして、一目均衡表とポイントアンドフィギュアを紹介します。

一目均衡表

　一目均衡表は、日本の故一目山人（細田悟一）氏によって考案されたテクニカル指標です。非常に幅の広い分析手法で、原著は7冊もの大著になっています（詳しくは、**一目均衡表公式HP** http://www.ichimokukinkouhyou. jp/を参照）。

　元々は株式のチャート分析のために考案されましたが、FXで一目均衡表を使う人も増えています。トレンド系の分析に使える指標として、表3.2の5種類があります。

　ただし、一目均衡表は、元々は日足チャート用の分析に使うものであり、デイトレード等にはあまり向いていません。また、使いこなすには訓練が必要です。現在のレートの傾向を判断する際に、補助的に使うのが良いでしょう。

■ 表3.2　一目均衡表の5つの指標

指標	計算方法
転換線	当日を含む過去9日間の最高値と最安値の平均値
基準線	当日を含む過去26日間の最高値と最安値の平均値
先行スパン1	基準線と転換線の平均値を、当日を含めて26日先行させた（チャートの右方向にずらした）もの
先行スパン2	当日を含む過去52日間の最高値と最安値の平均値を、当日を含めて26日先行させたもの
遅行スパン	当日の終値を当日を含めて26日前に遅行（チャートの左方向にずらした）させたもの

基準線と転換線

　移動平均線と似た性質をもった指標です。基準線の向き（上昇／下落）が、レートの動く方向を表します。

　また、基準線と転換線のクロスによって、以下のようにエントリー／エグジットの判断を行うこともできます。

①**転換線が基準線を下から上に抜いたら「好転」で、買いエントリーし、売りポジションはエグジットする。**
②**転換線が基準線を上から下に抜いたら「逆転」で、売りエントリーし、買いポジションはエグジットする。**

　図3.41は、2017年12月18日〜2018年7月16日のドル円の日足チャートに、基準線と転換線を入れて、好転と逆転のタイミングを示した例です。

　逆転1→好転1や、好転1→逆転2のように、レートが上昇／下落のどちらか

■ 図3.41　基準線と転換線の例（ドル円／2018年12月18日〜2018年7月16日の日足）

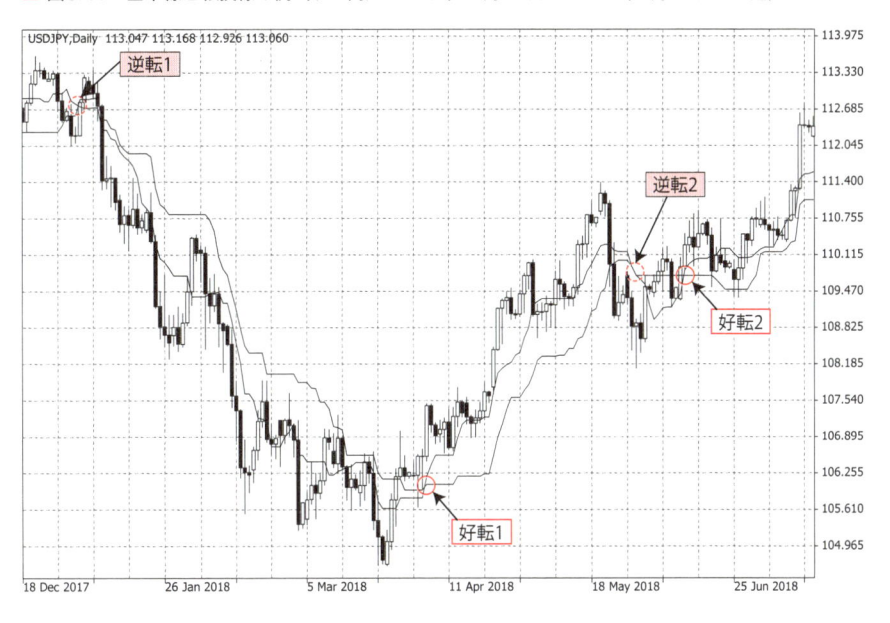

のトレンドでしばらく動くと、良い結果が得られることがあります。一方で、逆転2→好転2のように、レートがレンジで推移すると、好転／逆転が頻繁に起こり、ダマシが発生します。

先行スパン

先行スパン1と先行スパン2の間の部分のことを、「雲」（または「帯」）と呼びます。雲は、上昇トレンド時にはサポートライン的に働き、下落トレンド時にはレジスタンスライン的に働く傾向があると言われています。

また、先行スパンは、現在のレートを元に、現在の26本先まで計算します。そのため、先行きを予測する上でも役立ちます。

ただ、FXのチャートでは、株式のチャートと比べると先行スパンがサポートライン／レジスタンスラインとしてそれほど機能しない傾向が見られます。

図3.42は、2016年9月26日～2017年4月7日のドル円の日足チャートに、先

■ 図3.42　先行スパンによる雲の例（ドル円／ 2016年9月26日～ 2017年4月7日の日足）

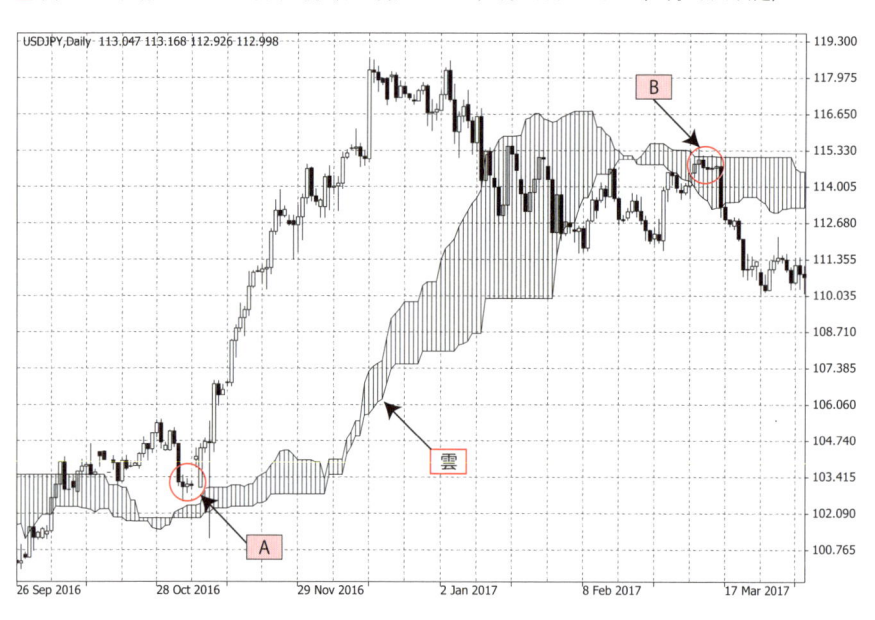

行スパンによる雲を追加した例です。おおむね、レートが上昇傾向のときにはローソク足が雲の上にあり、下落トレンドのときにはローソク足が雲の下にあることがわかります。

また、Aは押し目の箇所で、これらでは雲がサポートライン的に働いています。一方、Bは戻りの箇所で、雲がレジスタンスライン的に働いています。

遅行スパン

遅行スパンは、現在のレート（終値）を26日前にずらした線です。

遅行スパンと現在のレートの位置関係や、遅行スパンと雲の位置関係から、現在のトレンドを確認するのに使うことができます。

上昇トレンドのときには、遅行スパンは現在のレートや雲よりも上に位置します。逆に、下落トレンドのときには、遅行スパンは現在のレートや雲よりも下に位置します。また、レートがレンジで推移すると、遅行スパンがレートと頻繁にクロスします。

図3.43は、2017年11月20日〜2018年11月6日のドル円の日足チャートに、遅行スパンと雲を追加した例です。

図中のAの箇所を見ると、遅行スパンがレートを上に抜いていて、上昇トレンド入りを示唆する状態になっています。このときの遅行スパンの値は、図中のA'のレートを遅行したもので、実際にその後はレートがしばらく上昇しています。

また、図中のBの箇所では、遅行スパンが雲近くまで下がった後、反発する動きになっています。このときの実際のレートの動きは、図中のB'の位置に対応します。実際、この後はしばらくレートが上昇しています。

最後のCの箇所では、遅行スパンがレートを下に抜いています。実際のレートはC'の位置で、雲を下に抜こうとしているところであり、レートの下落を示唆しています。実際、その後はレートはしばらく下落しています。

なお、ここまでのチャートでは、基準線／転換線／先行スパン／遅行スパンを別々に表示していました。しかし、通常はこれらの線を1つのチャートに表示して、総合的に判断するようにします。

■ 図3.43 遅行スパンの見方の例（ドル円／2017年11月20日〜2018年11月6日の日足）

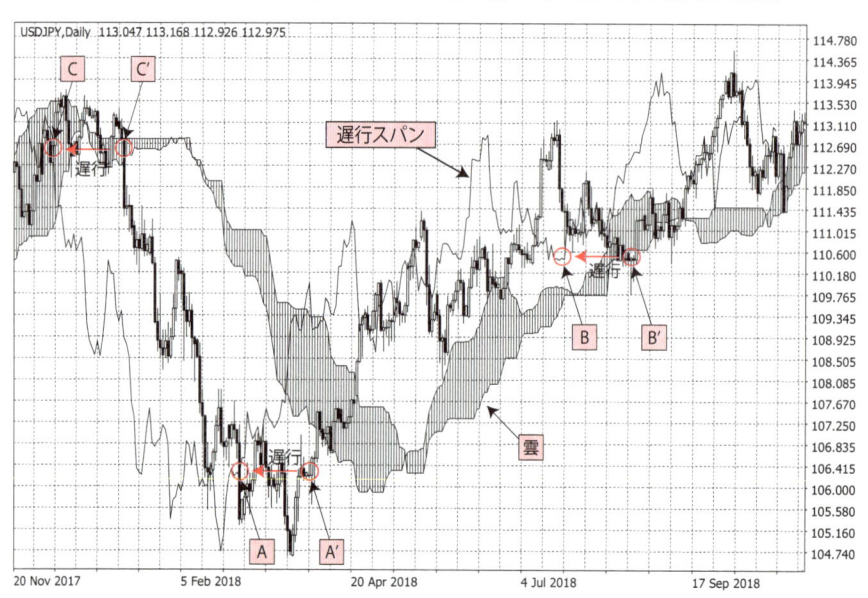

波動論／時間論／値幅観測論

　一目均衡表では、基準線等の指標の他に、「波動論」「時間論」「値幅観測論」という3つの理論も組み合わせて、エントリー／エグジットのタイミングを考えます。

　波動論は、レートの動きを「N波動」などの波に類型化して、分析する手法です。Chapter.2で解説したパターンと似たような考え方です。

　時間論は、ある節目から次の節目までの日数に、「基本数値」と呼ばれる規則性が現れるとする考え方です。基本数値としては、9、17、26、33、42……などがあげられます。

　また、値幅観測論は、N波動が完成する際の到達点のレートを、図3.44の4つの計算方法で推測する手法です。

　ただ、筆者の個人的な意見ですが、時間論や値幅観測論は、FXでは株式ほどには当てはまらない傾向が見られます。

■ 図3.44　値幅観測論の計算方法

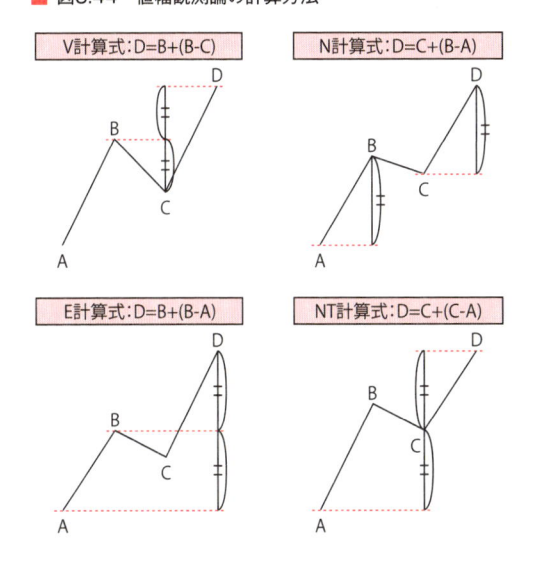

| V計算式：D=B+(B-C) | N計算式：D=C+(B-A) |

| E計算式：D=B+(B-A) | NT計算式：D=C+(C-A) |

ポイントアンドフィギュア

　一般的なテクニカル分析では、一定時間ごとに指標をチャートに追加していきます。一方、「非時系列チャート」と言って、レートがある程度動いたときだけ、チャートに指標等を追加していくタイプの分析手法もあります。

　ポイントアンドフィギュア（Point And Figure）は、非時系列チャートの代表的な存在です。

ポイントアンドフィギュアの基本

　ポイントアンドフィギュアでは、レートが一定の値幅動いた時だけ、チャートを追加していきます。通常は、レートの上昇／下落を、それぞれ「×」と「○」の記号で表します。

　動きの方向が変わる（「×」→「○」か「○」→「×」）のは、通常は「×」「○」を3つ以上描けるだけの値動きがあった時だけにします。そのため、ノイズ的な細かな値動きがある程度消去され、レートの大まかなトレンドをつかむことができます。

　ポイントアンドフィギュアを使った判断方法は、いろいろあります。基本的には、**直近の高値を上に抜けば買い、下に抜けたら売る**という判断をします。また、ポイントアンドフィギュアにトレンドラインを引いたり、パターンを探したりすることもあります。

ポイントアンドフィギュアの例

　図3.45は、2015年5月頃～2018年11月頃のドル円の日足を元に、ポイントアンドフィギュアを作図した例です。「○」および「×」1つは22.5pips（＝0.225円）に対応しています。

　図中の「①下落トレンド」「②上昇トレンド」「③ペナント型」のように、ポイントアンドフィギュアにトレンドラインを引いて、レートの動く傾向を見ることができます。また、「④強気信号型」のように、ポイントアンドフィギュアにパターンが現れることもあります。

■ 図3.45　ポイントアンドフィギュアの例（ドル円／ 2015年5月頃～ 2018年11月頃の日足より）

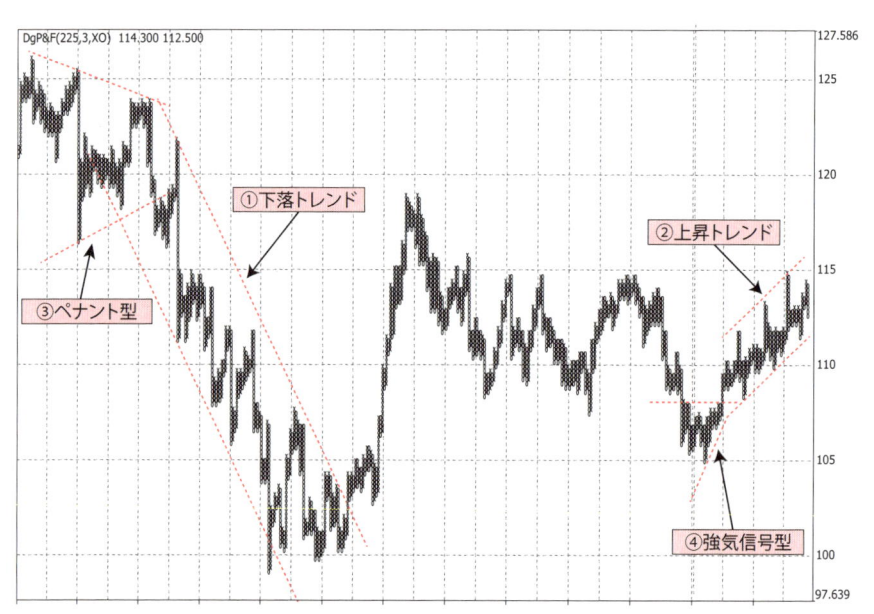

Chapter.4

オシレータ系テクニカル
指標の読み方と使い方

Chapter.3では、トレンドを判断する際に便利なトレンド
系指標を取り上げました。一方、レートの細かな振動をと
らえるための指標として、「オシレータ系指標」と呼ばれ
るものがあります。Chapter.4では、オシレータ系指標
の中で、重要なものを取り上げて解説します。

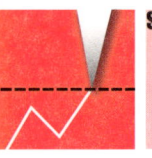

オシレータ系指標の概要

Chapter.4の最初として、オシレータ系指標の全体的な特徴や、主な使い道など、オシレータ系指標の概要から話を始めます。

レートの振動を細かくとらえる

「オシレータ」（Oscillator）は、日本語では「振動する物」というような意味の言葉です。その言葉の通り、オシレータ系指標は、**レートの振動の強弱を表す指標**です。テクニカル分析の専門家によって、さまざまなオシレータ系指標が考案されていて、種類が非常に多いです。Chapter.4では、それらの中でFXに特に適している指標を取り上げます。

オシレータ系指標の全体的な特徴として、レートの振動に合わせて、オシレータ系指標も細かく上下する傾向があります（図4.1）。ただし、指標の種類や、計算の際のパラメータの決め方によって、レートへの追従の度合いは異なります。

また、**短期的なレートの天井／底の位置と、オシレータ系指標の天井／底の位置が一致する**ことがよく見られます。

トレンド系指標の弱点を補完する

トレンド系指標は、上昇／下落のトレンドがはっきりしているときに、エントリーのタイミングを判断するのに適しています。しかし、レンジ相場ではダマシが多くなったり、エントリー後のエグジットの判断にはあまり向かなかったりもします。

一方、オシレータ系指標は、トレンドがはっきりしているときのエントリーの判断にはあまり適していません。しかし、レンジ相場の際には威力を発揮

します。また、トレンドがはっきりしているときでも、エグジットのタイミングを判断するのに使うことができます。

　このように、オシレータ系指標には、トレンド系指標の弱点を補完するのに使えるという特徴があります。

トレンド変化に先行して指標が動くことがある

　オシレータ系指標の重要な特徴の1つとして、「**ダイバージェンス**」があります。ダイバージェンスは、**レートの動きとオシレータ系指標の動きが逆の方向になる現象で、トレンドの終わりを示唆**します。エグジットのタイミングを判断する上で、ダイバージェンスは重要です。

　なお、ダイバージェンスの詳細については、後の184ページで解説します。

■ 図4.1　レートの振動に合わせて、オシレータ系指標も細かく上下する

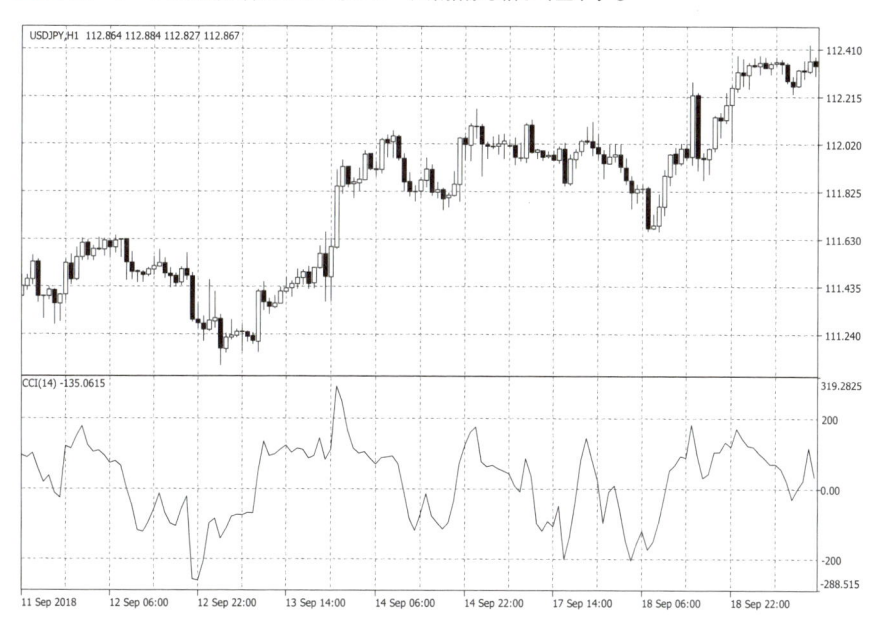

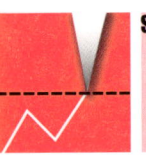

02 乖離率
移動平均線からの離れ具合を表す

　オシレータ系指標の中で、よく使われる指標の1つとして、「乖離（かいり）率」があります。乖離率の仕組みや見方について解説します。

乖離率の計算方法

　乖離率は、レートが移動平均線からどの程度離れているかを表す指標です。以下のようにして計算します。

$$乖離率 = \frac{レート - 移動平均}{移動平均} \times 100(\%)$$

　例えば、ある日のドル円のレート（終値）が81円だったとします。また、その日の25日移動平均が80円だったとします（図4.2）。この場合、乖離率は以下のように計算し、1.25％になります。

$$乖離率 = \frac{81円 - 80円}{80円} \times 100 = 1.25\%$$

■ 図4.2　ある日のドル円のレートと移動平均線の関係

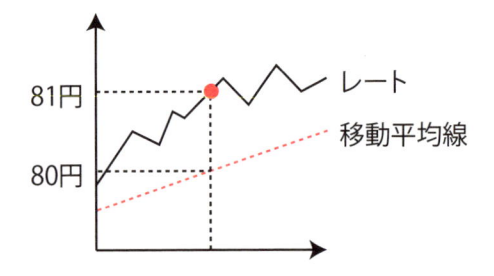

乖離率はレートの動きに連動しやすい

　オシレータ系指標は、レートの動きに連動して振動する傾向があります。乖離率もその傾向が強く、**レートが短期的な天井や底をつけるときに、乖離率も短期的な天井や底をつけることが多い**です。

　図4.3は、2018年5月26日〜7月5日のドル円の4時間足チャートに、24本移動平均線からの乖離率を入れた例です。レートが短期的な天井／底をつけるときと、乖離率の天井／底がほぼ一致している傾向があることがわかります。

　ただし、図中のAやBの箇所のように、レートが天井をつけるより前に、乖離率が天井をつけることもあります。このような状態については、ダイバージェンスのSectionで解説します（184ページ参照）。

■ 図4.3　レートの短期的な天井／底と乖離率の天井／底がほぼ一致（ドル円／ 2018年5月26日〜 7月5日の4時間足）

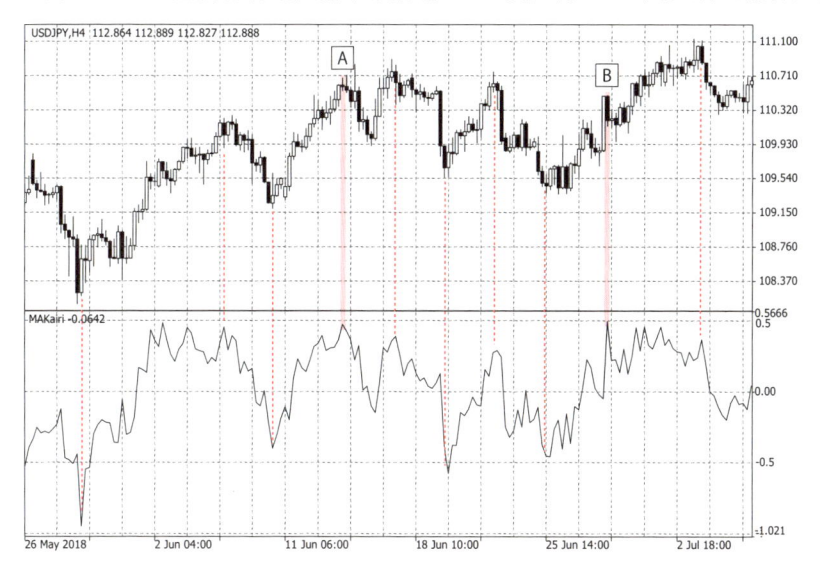

トレンドによって乖離率の取る値が異なる

　乖離率には、トレンドによって取る値が異なるという特徴もあります。
　上昇トレンド時には、レートは移動平均線より上にあることが多いです。

そのため、**乖離率はプラスの範囲で上下**しやすくなります。一方、**下落トレンド時**には、レートは移動平均線の下にあることが多く、**乖離率はマイナスの範囲で上下**しやすくなります。そして、**レンジ状態**になると、レートが移動平均線と頻繁にクロスするために、**乖離率は0%近辺**の値も取ります。

図4.4は、2018年10月31日〜11月21日のユーロ円の4時間足チャートに、24本移動平均線からの乖離率を入れた例です。11月2日〜8日の上昇時には、乖離率はプラスの値を取っています。一方、11月9日〜12日は下落トレンドになっていて、その間は乖離率もマイナスの値を取っています。

そして、11月13日以降のレンジ気味の時期には、乖離率は0%近辺で上下しています。

■ 図4.4　トレンドによって乖離率の取る値が異なる(ユーロ円／2018年10月31日〜11月21日の4時間足)

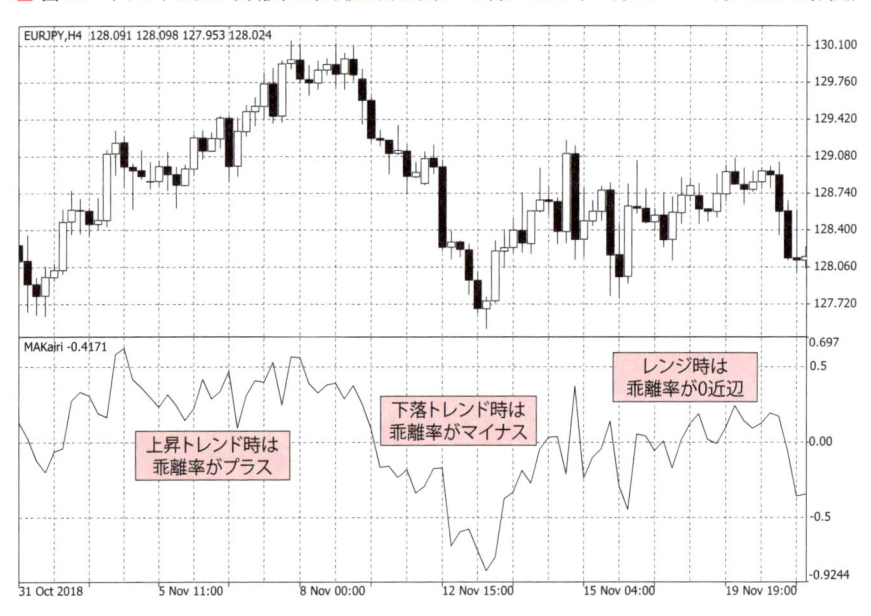

乖離率を使って売買タイミングを判断する

レートが移動平均線上にあれば、乖離率は0%になります。レートが移動

平均線から上に離れるほど、乖離率はプラスの大きな値になります。一方、レートが移動平均線から下に離れるほど、乖離率はマイナスの大きな値になります（図4.5）。

ただ、レートが移動平均線から極端に離れることは、めったになく、乖離率はある程度の範囲内で上下する傾向があります。逆に言えば、乖離率が極端な値をとったときには、レートが上がりすぎ（または下がりすぎ）であると考えられます。

Chapter.3のグランビルの法則のところで、「レートが移動平均線から極端に離れたら、ポジションを閉じる」ことを述べました。ただ、「極端に離れた」ということをどう判断するかについては、述べていませんでした。

この判断の際に、乖離率を使うことができます。過去の乖離率のデータを調べて、どの程度の範囲で上下するかを見ます。乖離率がその上限／下限に迫ったときが、レートが移動平均線から極端に離れたときだと判断することができます。

例えば、過去の乖離率の傾向を調べた結果、−5％〜＋5％の範囲で上下する傾向があったとします。

この場合、レートが上昇して移動平均線から上に大きく離れ、乖離率が＋5％近くまで上がったら、買いポジションをエグジットするようにします。逆に、レートが下落して移動平均線から下に大きく離れ、乖離率が−5％近くまで下がったら、売りポジションをエグジットします。

■ 図4.5　レートが移動平均線から大きく乖離すると乖離率が大きな値をとる

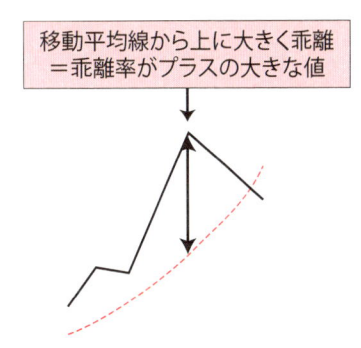
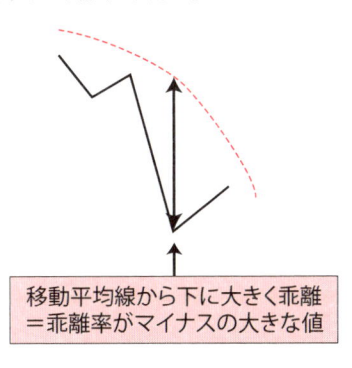

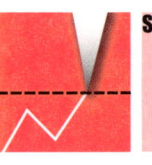

Section
03

RSI
上昇／下落方向の強さを判断する

　RSIは、オシレータ系指標の中では最もポピュラーなもので、非常によく使われています。レートのオーバーシュート（行き過ぎ）を判断するのに使います。

RSIの計算方法

　RSIは、J.W.ワイルダー氏によって考案されたテクニカル指標です。「Relative Strength Index」の略で、日本では直訳して「相対力指数」と呼ばれることもあります。

　一般には、RSIは以下のような方法で計算します[※]。

$$RSI = \frac{n本間の値上がり幅の合計}{n本間の値下がり幅の合計＋n本間の値上がり幅の合計} \times 100(\%)$$

　例えば、ある25本のローソク足をとったときに、上昇分の値上がり幅が150pipsで、下落分の値下がり幅が100pipsだったとします。この場合のRSIは以下のように計算します。

$$RSI = \frac{150}{150＋100} \times 100 = 60\%$$

　なお、計算元のローソク足の本数としては、**14本**を使うことが多いです。例えば、**日足なら14日間**のローソク足からRSIを計算します。

※**RSIの元々の計算方法**：J.W.ワイルダー氏の元々の計算方法では、n本間の値上がり幅／値下がり幅ではなく、n本間の「指数平滑移動平均」を使っています。ただ、この方法だと計算が複雑なので、一般には本文中にある方法で計算します。なお、指数平滑移動平均については、後の154ページを参照してください。

　ただ、FXでは14本だとやや多い傾向があります。10本前後でRSIを計算する方が良いようです。

RSIの特徴

　他のオシレータ系指標と同様に、レートが上昇するとRSIも上昇し、レートが下落するとRSIも下落する傾向があります。

　RSIは、計算式上は**0%～100%の範囲**を取りうる指標です。計算対象の期間中にレートが上昇し続けると、RSIは100%になります。一方、下落が続くとRSIは0%になります。ただ、上昇や下落がずっと続くことは、計算期間を短くしすぎない限りは、まず起こりません。そのため、RSIが0%や100%になることはほとんどなく、その中の範囲で上下します。

　図4.6は、ユーロ円の2018年10月16日～10月26日の1時間足とRSIの動きを比較した例です。RSIの計算期間は14本にしています。このチャートを見ると、レートとRSIが連動して上下している傾向があることがわかります。

■ 図4.6　1時間足とRSIの動きの比較（ユーロ円／2018年10月16日～10月26日の1時間足）

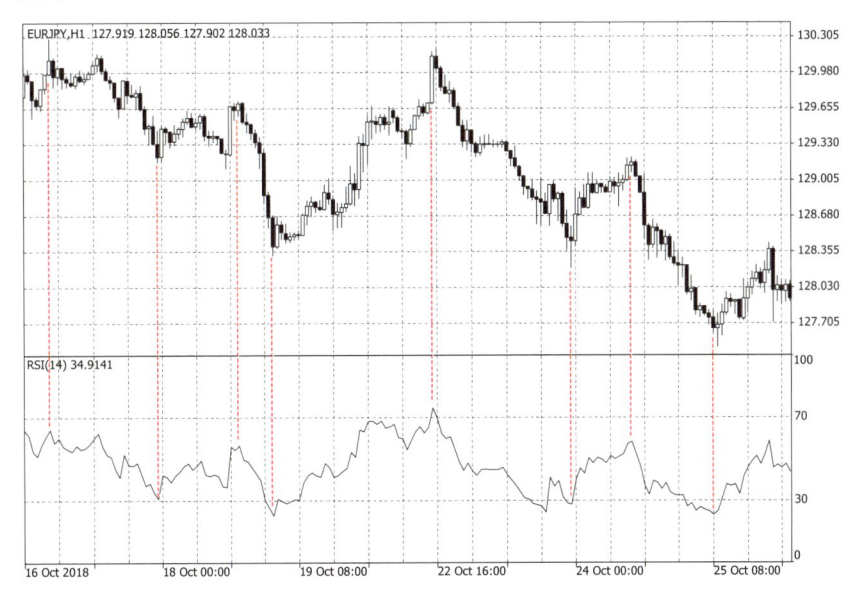

RSIを使って売買タイミングを判断する

　一般には、RSIが30％付近まで下がればレートが下がりすぎで、反発の可能性が高まっていると判断します。逆に、70％付近まで上がれば上がりすぎで、反落の可能性が高まっていると判断します。

　ただし、上昇トレンドのときには、RSIが高い値を取りやすくなり、上限は70 ～ 80％程度、下限は40 ～ 50％程度になる傾向があります。一方、下落トレンドのときには、RSIは低い値を取りやすくなり、下限は20 ～ 30％程度、上限は50 ～ 60％付近で上下しやすいです。このことから、RSIでのエグジットの判断は、以下のように考えられます（図4.7）。

①上昇トレンド時には、RSIが70％を超えたら、上がりすぎ感が強くなっていると考えて、買いポジションをエグジットする。

②上昇トレンド時にRSIが50％を割り込んだら、押し目の可能性があるので、レートの動き等を見て買いエントリーを検討する。

③下落トレンド時には、RSIが30％を割った後、下がりすぎ感が強くなってい

■ 図4.7　RSIによるエグジットのタイミングの判断方法

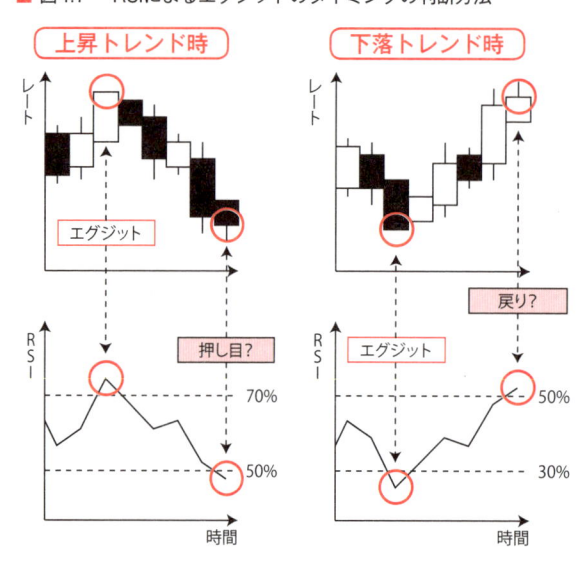

ると考えて、売りポジションをエグジットする。

④下落トレンド時にRSIが50％を超えたら、戻りの可能性があるので、レートの動き等を見て売りエントリーを検討する。

RSIによるエントリー／エグジットの例

　図4.8は、2018年11月8日〜11月13日のドル円の30分足チャートに、14本RSIを入れて、エントリー／エグジットのタイミングを判断した例です。RSIが50％をいったん割って、その後に50％を回復したら、次のローソク足の始値でエントリーしています。また、RSIが70％を超えたら、次のローソク足の始値でエグジットしています。

　この間に3回のエントリーがあり、いずれも利益を得ることができています。ただ、3番目のエントリーでは、その後にレートがいったん下がっていて、ダマシ気味になっています。

　また、場合によっては、エントリー後にエグジットの条件を満たさないこともありますので、損切りの条件も別途設定しておくことが必要です。

■ 図4.8　RSIを使ったエントリー／エグジットの例（ドル円／2018年11月8日〜11月13日の30分足）

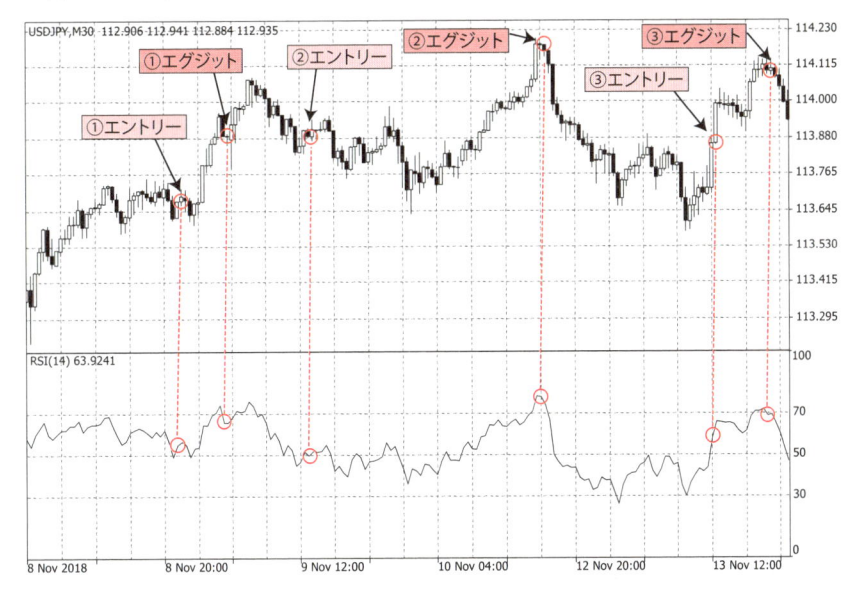

MACD
トレンド系の性質も持ち信頼性が高い

　MACDは、オシレータ系の指標でありながら、トレンド系の性質も併せ持つ指標です。エントリー／エグジットの判断によく使われています。

MACDの元となる指数平滑移動平均

　MACDは、「指数平滑移動平均」という指標を基にして求めます。そこで、MACDの話に入る前に、指数平滑移動平均について解説します。

指数平滑移動平均の計算方法

　将来のレートの動きは、過去からのレートの動きに影響されます。ただ、より現在に近いレートの方が、将来のレートの動きに強い影響を与えると考えられます。指数平滑移動平均は、この「過去よりも現在の方が影響が強い」という考え方を取り入れた移動平均です。

　Chapter.3で解説した「移動平均」は、直近の何本かの終値を単純に平均した値でした。一方の指数平滑移動平均は、現在に近いレートほど重みを付けて計算します。

　直近の終値をP、そこから求める指数平滑移動平均をE(t)、そして1本前の指数平滑移動平均をE(t-1)と表すとします。また、平均する期間をNとします。この場合、E(t)は以下のように計算します。

$$E(t) = E(t-1) + \frac{2}{N+1}(P - E(t-1))$$

　例えば、直近の終値（P）が82.6円、1本前の指数平滑移動平均（E(t-1)）が80円、平均する期間（N）が25本だとします。この場合、現在の指数平滑移動平均（E(t)）は、以下のように計算します。

$$E(t) = 80 + \frac{2}{25+1}(82.6-80)$$

$$= 80.2(円)$$

なお、Chapter.3で解説した移動平均を、指数平滑移動平均等の他の移動平均と区別して呼ぶ場合には、「単純移動平均」と呼びます。

指数平滑移動平均と単純移動平均の比較

指数平滑移動平均は、単純移動平均と比べて、現在に近いレートに重きを置いて計算します。そのため、**単純移動平均よりもレートの変動に対する感度が高く、レートにより追従しやすい**です。

図4.9は、2018年10月23日〜11月1日のドル円の1時間足に、単純移動平均（赤の点線）と指数平滑移動平均（実線）を入れた例です。指数平滑移動平均の方が、単純移動平均よりもローソク足からの遅れが少ないことがわかります。

■ 図4.9　単純移動平均と指数平滑移動平均の比較（ドル円／ 2018年10月23日〜 11月1日の1時間足）

MACDとシグナルの考え方

　MACDは、ジェラルド・アペル氏が開発したテクニカル指標です。「Moving Average Convergence Divergence」の略で、一般には「マックディー」と読むことが多く、日本語では直訳して「移動平均収束拡散法」と呼ばれます。

　MACDは、**短期と長期の2本の指数平滑移動平均の差**を指します（図4.10）。また、**シグナル**とは、MACDを移動平均した値のことです。短期／長期の指数平滑移動平均の平均期間としては、**12と26**を使うことが多いです。また、シグナルの平均期間には**9**を使うことが多いです。

　レートが上昇傾向になると、チャート上で短期指数平滑移動平均は長期指数平滑移動平均の上に位置します。したがって、両者の差であるMACDはプラスの値になります。逆に、レートが下落傾向になると、MACDはマイナスの値になります。

　また、長短の指数平滑移動平均がクロスするときには、両者の差であるMACDは0になります。つまり、MACDがマイナス圏から上昇してきて0に達した時点が、長短の指数平滑移動平均がゴールデンクロスしたときにあたります。同様に、MACDがプラス圏から下落して0に達した時点が、長短の指数平滑移動平均がデッドクロスしたときにあたります（図4.10）。

■ 図4.10　MACDの求め方

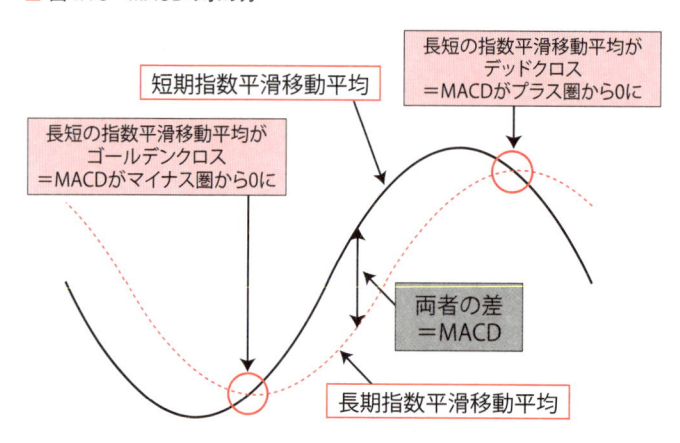

MACDを使って売買タイミングを判断する

　MACDの基本的な使い方は、「MACDとシグナルがクロスするたびに、エントリー／エグジットを行う」というものです。具体的には以下のようになります（図4.11）。

①MACDがシグナルを下から上に抜いたら、買いでエントリーし、また売りポジションはエグジットする。

②MACDがシグナルを上から下に抜いたら、売りでエントリーし、また買いポジションはエグジットする。

■ 図4.11　MACDを使ったエントリーとエグジットの判断方法

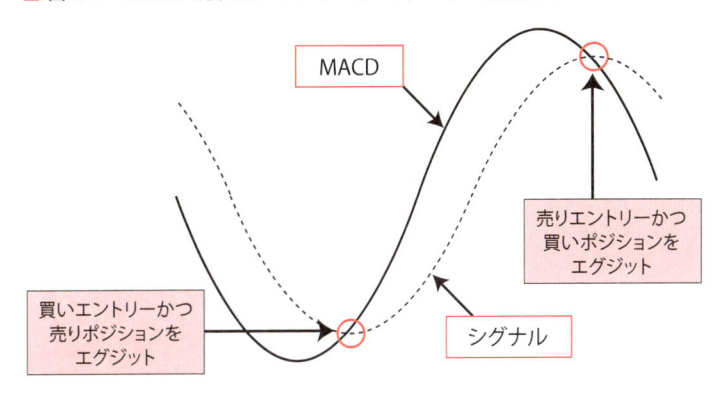

　図4.12は、ドル円の2018年10月22日～30日の1時間足に、MACDとシグナルを入れた例です。指数平滑移動平均の期間は12本／26本で、シグナルの平均期間は9本にしています。

　MACDとシグナルがクロスしたら、その次のローソク足の始値でエントリーするものとして、そのタイミングを図に入れました。例えば、「買①」は、買いでエントリーし、売りポジションはエグジットするタイミングです。

　売③→買③や、買③→売④のように、大きく利益を得られている箇所があります。一方で、売④→買④のように、ダマシになってしまう場合もあります。

　また、売③→買③は利益になっていますが、短期的な底からだいぶ上がった後でエグジットする形になっています。買②→売③も同様で、短期的な天井から下がった後でエグジットしています。早めにエグジットしていれば、より多くの利益を得ることができていました。

　このように、MACDのクロスでエントリー／エグジットを行う場合、**状況に応じてエグジットのシグナルが出る前に早めに利益確定したり、損切りしたりする方が良い**場面もあります。

■ 図4.12　MACDを使った例（ドル円／2018年10月22日～30日の1時間足）

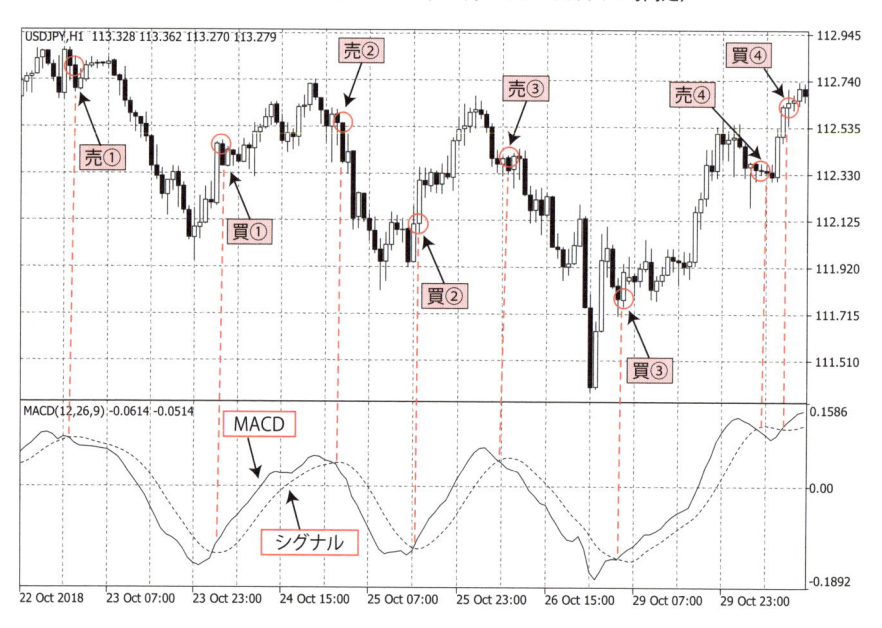

MACDが0ラインとクロスした時点でエントリー

　MACDでのエントリーの判断方法として、以下のような方法も知られています。

①MACDが0を超えてプラスになった時点で買いエントリーする。

②MACDが0を割ってマイナスになった時点で売りエントリーする。

　MACDが0を超えてプラスになるのは、長短の指数平滑移動平均線がゴールデンクロスするときです。一方、MACDが0を割ってマイナスになるのは、長短の指数平滑移動平均線がデッドクロスするときです。つまり、MACDが0を超える（割る）タイミングでのエントリーは、長短の指数平滑移動平均線のゴールデンクロス／デッドクロスを利用することを意味します。

　ただ、Chapter.3の101ページで述べたように、ゴールデンクロス／デッドクロスでのエントリーはタイミングが遅れがちです。個人的には、売買のエントリーのタイミングとして使うのではなく、**すでに持っているポジションを持続することを決めるタイミングとして使う**のが良いと思います。

MACDを補助する「OSCI」

　MACDでのタイミング判断の際に、「OSCI」という指標を使うこともあります。OSCIは、**MACDとシグナルの差から求める指標**です。

　レートが急騰すると、それにつられてMACDも上昇します。ただ、シグナルはMACDの移動平均なので、MACDより遅れて上昇します。その結果、MACDとシグナルの差が開き、両者の差であるOSCIの値が大きくなります。

　そして、急騰が収まると、MACDの動きが穏やかになり、シグナルとの差が縮んで、OSCIの値も小さくなります。

　このように、レートが急騰してからその動きが収まると、OSCIも天井を付けることがあります（図4.13）。同様に、レートが急落してからその動きが収まるときには、OSCIが底を付けることがあります。

　そこで、OSCIが天井を付けたときには、その付近でレートが天井を付けた可能性があります。同様に、OSCIが底を付けたときには、その付近でレートが底を付けた可能性があります。

　ただ、一時的にレートの動きが穏やかになって、再度同じ方向に動き始めることもあり、そのときにもOSCIが天井（または底）を付けます。そこで、

OSCIが天井（または底）を付けたときに、ポジションを半分エグジットし、残り半分で様子を見る、といった方法を取ることが考えられます。

■ 図4.13　レートの天井とOSCIの天井がほぼ一致することがある

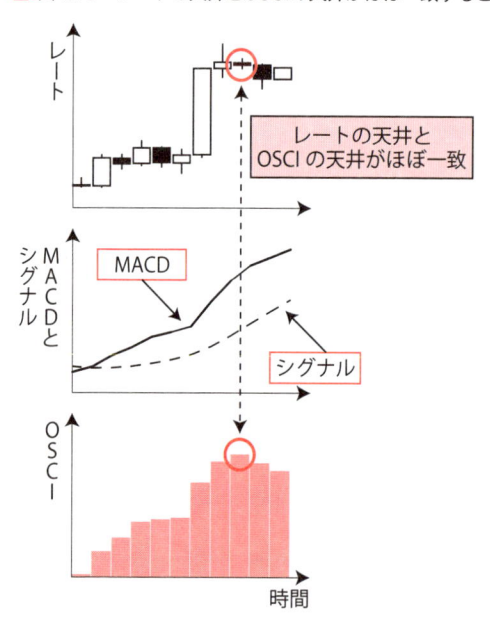

レートの天井と
OSCI の天井がほぼ一致

MACD

シグナル

OSCIによるエグジットの例

　図4.14は、158ページの図4.12と同じチャートにOSCIを追加して、OSCIでエグジットを判断する例です。OSCIの向きが反転したら、その次のローソク足の初値でエグジットしています（図中の「Ex①」等）。

　図4.12と比べると、売③→買④の間のEx③のように、利益が伸びている箇所があります。一方で、売⑤→買⑥の間のEx⑤のように、OSCIの向きが一時的に変わったために、利益が大きく減ってしまっている箇所もあります。この結果のように、OSCIでエグジットのタイミングを判断する場合は、一度にポジションをすべてエグジットするのではなく、**部分的にエグジットして、残りで様子を見ると良い**と思われます。

■ 図4.14　OSCIを使ったエグジットの例（ドル円／2018年10月22日〜30日の1時間足）

MACDのパラメータを調整する

MACDでは、以下の3つの項目によって、値の動き方が変化します。

①短期指数平滑移動平均の平均期間

②長期指数平滑移動平均の平均期間

③シグナルを求める際の平均期間

単純移動平均と同様に、それぞれの平均期間を短くするほどレートの動きに追従しやすくなりますが、ダマシが増えます。逆に、平均期間をある程度長くとればダマシが減りますが、タイミングが遅れるという問題があります。

156ページで述べたように、上記の①〜③の組み合わせとして、12／26／9がよく使われています。ただ、必ずしもこの組み合わせが最適というわけではありません。通貨ペアの種類や、チャートの周期、また投資する時期によって、最適な組み合わせは変化します。

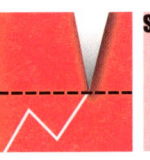

ストキャスティクス
逆張りでよく使われる短期売買向け指標

「ストキャスティクス」は、オシレータ系指標の中ではよく知られた存在で、特に逆張りで臨む場合によく使われています。

ストキャスティクスの概要

ストキャスティクス（Stochastics）は、ジョージ・レーンというテクニカル分析の研究家が考案した指標です。

「%K」「%D」「Slow%D」の3つの指標を組み合わせて、売買のタイミングを判断するのが特徴です。また、指標の計算には短期間のデータを用いることが多く、**短期売買向けの指標**と言えます。

%K ／ %D ／ Slow%Dの各指標は、以下の式で計算します。なお、式中のxには、**14**や**9**を使うことが多いです。また、式中のyとzには、3を使うことが多いです。

$$\%K = \frac{直近の終値 - 直近x本の安値}{直近x本の高値 - 直近x本の安値} \times 100(\%)$$

$$\%D = \frac{（直近の終値 - 直近x本の安値）の直近y本の合計}{（直近x本の高値 - 直近x本の安値）の直近y本の合計} \times 100(\%)$$

Slow%D＝%Dのz本間移動平均

%Kは、直近x本の高値と安値の間で、直近の終値がどのあたりに位置するかを表します（図4.15）。直近の終値が高値と同じなら100%、安値と同じなら0%になり、**終値の位置に応じて0%〜 100%の値**を取ります。

%Dは、%Kの移動平均のような値になります。そのため、%Kと比べて動きはやや遅れますが、指標のグラフの形は幾分なめらかになります。**%D**

も0%〜 100%の値を取ります。

また、Slow%Dは%Dの移動平均なので、%Dより一段と動きは遅れますが、指標のグラフの形はよりなめらかになります。**Slow%Dも0%〜 100%の値**を取ります。

■ 図4.15　%Kの意味

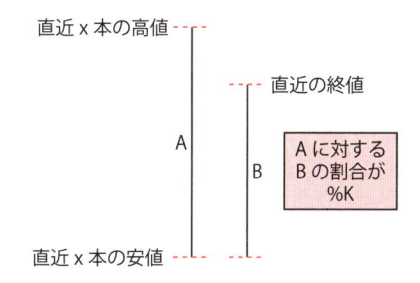

ストキャスティクスの計算例

　ストキャスティクスの実際の計算例として、表4.1のように日足でレートが動いたときの%K ／ %D ／ Slow%Dの計算方法を解説します。なお、前述の式のx ／ y ／ zは、ここでは5 ／ 3 ／ 3にすることにします。

　まず、xを5にするので、直近5日間の最高値と最安値を求めます。例えば、9月5日の最高値は、直近5日間（9月1日〜 9月5日）の高値の中で一番高い値なので、105.70円になります。

　次に、9月5日の%Kを求めます。前述の式に当てはめると、以下のようになります。同様の手順で、9月6日以降の%Kも求めることができます。

$$\%K = \frac{104.88 - 104.09}{105.70 - 104.09} \times 100 = 49.07\%$$

　次に%Dを求めます。yを3にしますので、最高値と最安値が3日分以上ある9月8日以降で、%Dを計算します。前述の式に当てはめて、9月8日の%Dを計算すると、以下のようになります。同様の手順で、9月9日以降の%Dも求めることができます。

$$\%D = \frac{(104.88-104.09)+(105.08-104.22)+(105.38-104.68)}{(105.70-104.09)+(105.70-104.22)+(105.70-104.68)} \times 100 = 57.18\%$$

最後に、Slow%Dを求めます。zを3にしますので、%Dが3日分以上ある9月10日以降で、Slow%Dを計算することができます。実際9月10日のSlow%Dを計算すると、以下のようになります。

$$\text{Slow}\%D = (57.18\% + 73.81\% + 86.86\%) \div 3 = 72.62\%$$

■ 表4.1　ストキャスティクスの計算例

日付	始値	高値	安値	終値	5日間の最高値	5日間の最安値	%K	%D	Slow%D
2014/9/1	104.16	104.30	104.09	104.24					
2014/9/2	104.23	105.21	104.22	105.13					
2014/9/3	105.12	105.30	104.86	104.92					
2014/9/4	104.93	105.18	104.73	105.10					
2014/9/5	105.09	105.70	104.68	104.88	105.70	104.09	49.07%		
2014/9/6	104.88	105.08	104.85	105.08	105.70	104.22	58.11%		
2014/9/8	104.97	105.47	104.97	105.38	105.70	104.68	68.63%	57.18%	
2014/9/9	105.37	106.38	105.37	106.22	106.38	104.68	90.59%	73.81%	
2014/9/10	106.21	106.83	106.03	106.67	106.83	104.68	92.56%	86.86%	72.62%
2014/9/11	106.66	107.19	106.61	106.81	107.19	104.85	83.76%	88.69%	83.12%

ストキャスティクスで売買タイミングを判断する

　ストキャスティクスでエントリー／エグジットを判断する方法として、「ファスト・ストキャスティクス」（Fast Stochastics）と「スロー・ストキャスティクス」（Slow Stochastics）がよく使われています。

ファスト・ストキャスティクス

　ファスト・ストキャスティクスは、**%Kと%Dがクロスするたびに売買を切り替える**方法です。具体的には以下のように判断します（図4.16）。

①%Kが%Dを下から上に抜いたら、買いエントリーし、売りポジションはエグジットする。

②%Kが%Dを上から下に抜いたら、売りエントリーし、買いポジションはエグジットする。

ただし、%Kはレートの動きに応じて細かく上下するため、%Kと%Dが頻繁にクロスし、ダマシが起こりやすいです。

■ 図4.16　ファスト・ストキャスティクスによるエントリー／エグジットの判断方法

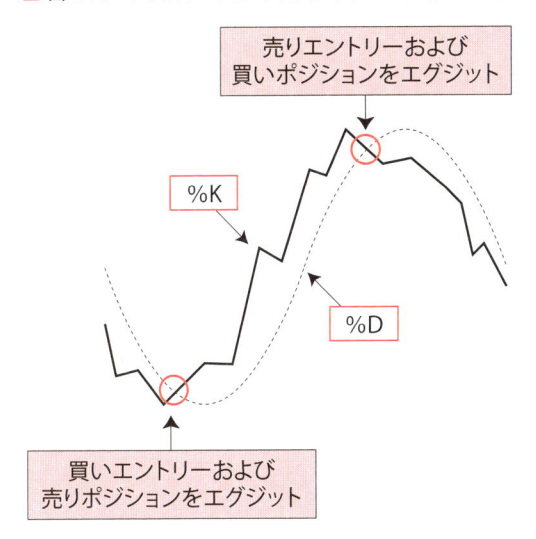

スロー・ストキャスティクス

スロー・ストキャスティクスは、**%DとSlow%Dのクロスで、売買を切り替える**方法です。具体的には以下のように判断します。

①%DがSlow%Dを下から上に抜いたら、買いエントリーし、売りポジションはエグジットする。

②%DがSlow%Dを上から下に抜いたら、売りエントリーし、買いポジションはエグジットする。

　「ファスト」と「スロー」の名前の通り、スロー・ストキャスティクスはファスト・ストキャスティクスに比べてエントリー／エグジットのタイミングが遅れます。その代り、ダマシになる確率は、前者の方が低いです。

　ただし、上昇トレンドが続くと、%D ／ Slow%Dともに高い値を保ったまま細かく上下して、頻繁にクロスすることがあります。そこで、%D ／ Slow%Dのクロスで買いエントリーするなら、**%D ／ Slow%Dがともに低いときに限定する**ようにします。同様に、**売りエントリーするなら、%D ／ Slow%Dがともに高いとき**にします。

スロー・ストキャスティクスを使った例

　図4.17は、2018年11月12日〜 15日のユーロ円の1時間足に、%DとSlow%Dを追加して、スロー・ストキャスティクスでのエントリー／エグジットのポイントを入れた例です。%DとSlow%Dがクロスしたら、その次のローソク足の始値でエントリー（エグジット）するようにしています。

■ 図4.17　スロー・ストキャスティクスを使った例（ユーロ円／ 2018年11月12日〜 15日の1時間足）

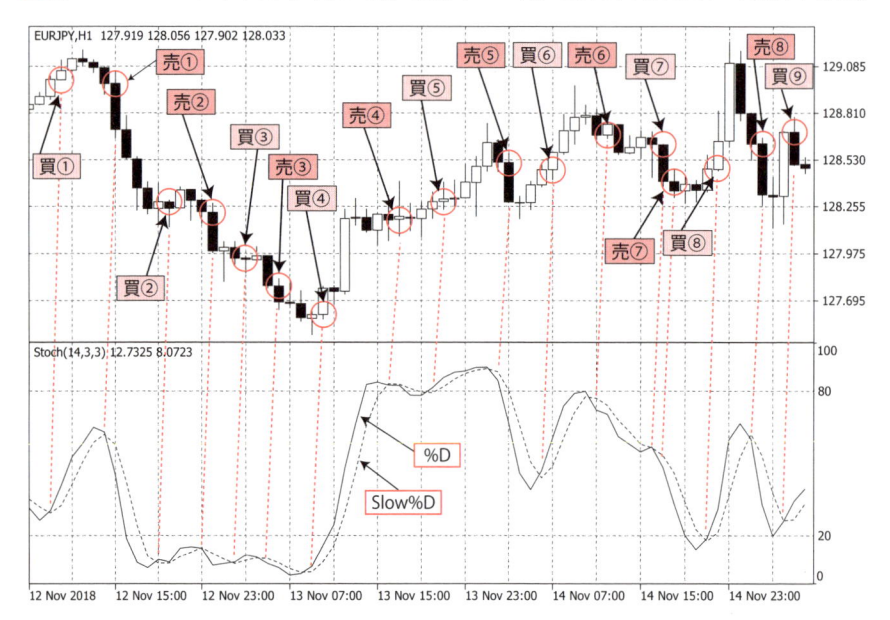

「買①」「買②」等は、買いでエントリーするとともに、売りポジションをエグジットするタイミングです。また、「売①」「売②」等は、売りでエントリーするとともに、買いポジションをエグジットするタイミングです。

売①→買②や買④→売④のように、レートが大きく変化するときには、スロー・ストキャスティクスは良い結果を出しています。ただ、買②→売②や売④→買⑤のように、レートが大きく動いた後に小動きになると、%DとSlow %Dが頻繁にクロスし、ダマシが多くなります。

ストキャスティクスの弱点を補うには？

ストキャスティクスの最大の弱点は、ダマシが多くなりがちなことです。ストキャスティクスを使う場合、ダマシをいかに抑えるかが重要なポイントになります。

計算期間を長めにする

ストキャスティクスでは、%K ／ %D ／ Slow%Dのそれぞれで、計算対象のデータの数を決めます。これらの数を小さくするほど、レートの動きに対する反応は良くなりますが、ダマシが増えます。一方、これらの数を大きくすれば、売買タイミングは遅れますが、ダマシを減らすことができます。

特に、5分足、1時間足といった周期が短いチャートを使うときには、計算対象のデータの数を多めにとった方が良いようです。

値動きが小さい時期には使わない

値動きが小さくなると、テクニカル指標での判断では、ダマシが増える傾向があります。ストキャスティクスは、特にこの傾向が見られます。したがって、値動きが小さくて、上下どちらに動くかはっきりしにくい時期には、ストキャスティクスは向きません。

Section 06
CCI
商品先物取引等で使われる指標

　CCIは、商品先物取引や株式取引で比較的よく使われているテクニカル指標です。FXでの利用も可能な、レートの変動に追従しやすいオシレータ系指標です。

CCIの基本

　CCIはドナルド・ランバート氏が考案したテクニカル指標です。「Commodity Channel Index」の略で、「Commodity」（商品）という言葉が含まれているように、商品先物取引等でよく使われています。

　CCIは移動平均からの乖離率を改良したような指標で、レートの変化を強調したような動き方をします。特に、レートの急変時には急上昇（急下降）して、尖った形になるのが特徴です。詳しくは後述しますが、レートの急変時に手持ちのポジションをエグジットしたり、逆張りでエントリーしたりするときに使うことができます。

　CCIは以下の手順で計算します。式中のnには14を使うことが多いです。また、式中の「｜中値－中値平均｜」は、中値と中値平均の差の絶対値※を表します。

中値＝（高値＋安値＋終値）÷3
中値平均＝中値のn本間の移動平均
平均偏差＝｜中値－中値平均｜のn本間の移動平均

$$CCI = \frac{1}{0.015} \times \frac{中値－中値平均}{平均偏差}$$

※絶対値：計算結果がマイナスになったら、マイナスをとってプラスにすることを意味します。

CCIの計算例

　表4.2は、CCIの計算の例です。前述の計算式で、nの値を3にしています。

　「中値」の列は、前述の式を使って、高値／安値／終値から求めた値です。例えば、2月1日の中値は、2月1日の高値／安値／終値から以下のように計算しています。

　　2月1日の中値＝（82.66＋81.77＋82.32）÷3＝82.250

　「中値平均」の列は、中値の3日移動平均です。例えば、2月3日の中値平均は、2月1日～3日の3日間の中値の移動平均なので、以下のように計算しています。

　　2月3日の中値平均＝（82.250＋82.813＋83.367）÷3＝82.810

　そして、それぞれの日で中値－中値平均を求めた後、それらの絶対値の3日移動平均から、平均偏差を求めます。例えば、2月5日の平均偏差は、以下のように計算します。

　　2月5日の平均偏差＝（0.557＋0.231＋0.039）÷3＝0.276

　最後にCCIを求めます。例えば、2月5日のCCIは、以下のように計算します。

$$2月5日のCCI = \frac{1}{0.015} \times \frac{-0.039}{0.276} = -9.41$$

■ 表4.2　CCIの計算例

日	高値	安値	終値	中値	中値平均	中値－中値平均	左列の絶対値	平均偏差	CCI
2/1	82.66	81.77	82.32	82.250					
2/2	83.15	82.19	83.1	82.813					
2/3	83.67	83.06	83.37	83.367	82.810	0.557	0.557		
2/4	83.6	83.29	83.42	83.437	83.206	0.231	0.231		
2/5	83.52	83.09	83.42	83.343	83.382	−0.039	0.039	0.276	−9.41

CCIを使って売買タイミングを判断する

CCIは、おおむね**−200 ～ ＋200ぐらいの範囲で上下**します。レートが上昇傾向になると、CCIの値もプラスの大きな値になります。一方、レートが下落傾向になると、CCIの値はマイナスの大きな値になります。

また、レートが急激に上昇（または下落）すると、CCIの値も急変して、＋200や−200を大きく外れることがあります。

上昇トレンド時には、CCIは0 ～ ＋200ぐらいの範囲で推移します。そして、レートが一時的な天井を付けて下がりだすと、CCIも連動して下がる傾向があります。

そこで、**上昇トレンド中にCCIがいったん＋100を超えて、その後に下がりだしたら、買いポジションをエグジットする**ようにします（図4.18）。

同様に、下落トレンド時には、CCIは0 ～ −200ぐらいの範囲で推移します。そこで、**CCIがいったん−100を割って、その後に上がりだしたら、売りポジションをエグジットする**ようにします。

なお、エントリーのタイミングは、別の指標で判断するようにします。

■ 図4.18　CCIを使ったエグジットのタイミングの判断方法

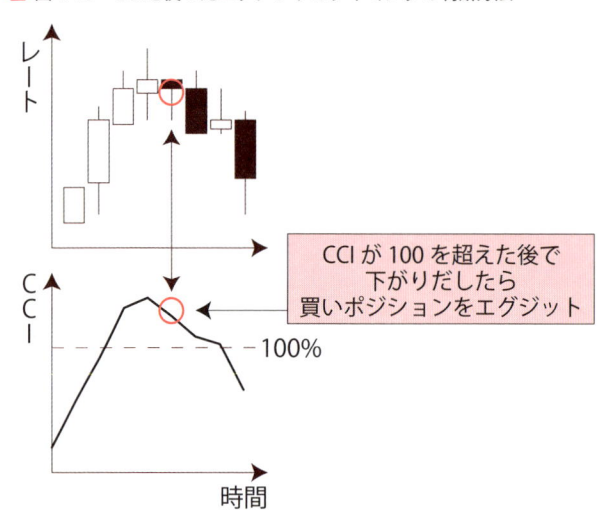

CCIを使ったエグジットの例

　図4.19は、2018年10月16日〜17日のユーロ円の30分足にCCIを入れて、エグジットのタイミングを判断した例です。計算期間は14本にしています。

　「買いエグジット」のマークは、CCIが上がってきて＋100を超えた後、下がりだした時点での、ローソク足の終値に付けています。また、「売りエグジット」のマークは、CCIが下がってきて－100を割った後、上がりだした時点での、ローソク足の終値に付けています。

　これらのポイントを見ると、**目先的な天井／底の前後でエグジットのサインが出ている**ことがわかります。天井／底ぴったりではないですが、比較的良いタイミングであると言えるでしょう。

　なお、前述したとおり、この判断方法ではエグジットのタイミングしか出ませんので、エントリーの判断は別途行う必要があります。

■ 図4.19　CCIを使ったエグジットの例（ユーロ円／ 2018年10月16日〜 17日の30分足）

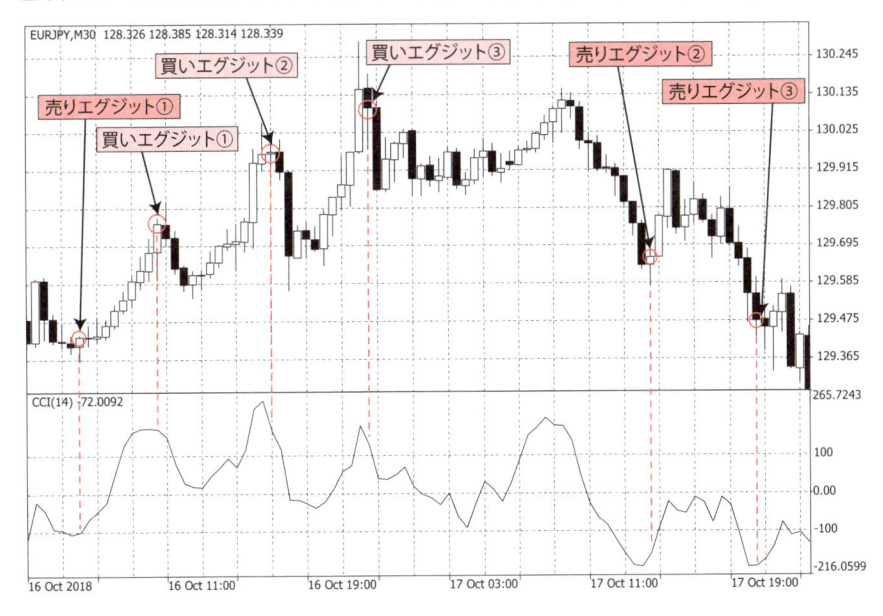

CCIが＋200／−200を超えたときに逆張り

170ページで述べたように、CCIはおおむね−200〜＋200の範囲で上下します。逆に言えば、CCIが＋200を上回るほどにレートが上昇したり、−200を下回るほどに下落したりすることは少ないです。

そこで、CCIが＋200を超えた場合は、レートが上がりすぎたと判断して、逆張りで売りエントリーすることが考えられます（図4.20）。同様に、CCIが−200を割った場合は、レートが下がりすぎだと判断して、逆張りで買いエントリーします。なお、エグジットのタイミングは、他の指標で判断します。

■ 図4.20　CCIが200％を超えたら逆張りで売りエントリーする

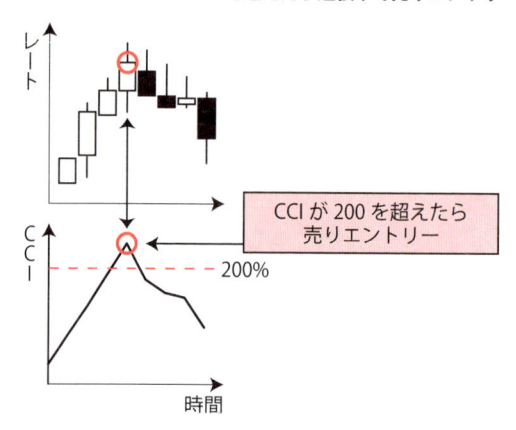

CCIを使って逆張りでエントリーする例

図4.21は、2018年10月16日〜19日のドル円の1時間足にCCIを入れて、エントリーのタイミングを判断した例です。CCIが＋200を超えて反転したときと、−200を下回って反転したときに、そのローソク足の終値でエントリーするものとして、タイミングを示しています。

買いエントリー②のように、その後にエントリーした方向にうまくレートが動く場合もあります。一方、売りエントリー③のように、最終的には下がるものの、そこに至るまでに時間がかなりかかる場合もあります。さらに、売りエントリー①のように、レートが反対方向に動いて失敗に終わることも

あります。

　このように、CCIが＋200を超えたとき／－200を下回ったときにエントリーする場合、逆張りになりますので、失敗すると大きな損失になる可能性があります。損切りラインを必ず設定し、またレートが思い通りの方向に動かないときは、早めにエグジットするのが良いと思われます。

■ 図4.21　CCIを使って逆張りでエントリーする例（ドル円／2018年10月16日〜19日の1時間足）

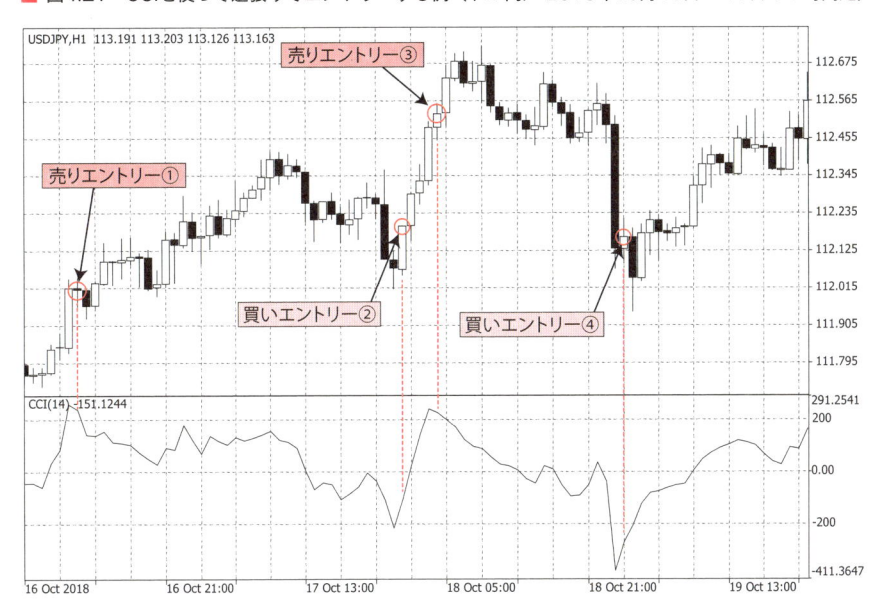

CCIの移動平均も活用する

　CCIそのものでタイミングを判断するだけでなく、CCIを移動平均した値を使う方法もあります。どちらかと言うと、5分足や15分足などの短い周期のチャートで、レートに動きがあるときに、この方法が向いています。なお、ここではCCIの移動平均を「CCI／MA」と表すことにします。

　CCIとCCI／MAの組み合わせで判断する場合だと、以下のような方法をとります（図4.22）。

①**CCIがCCI／MAを下から上に抜いたら買いエントリーし、売りポジション
はエグジットする。**

②**CCIがCCI／MAを上から下に抜いたら売りエントリーし、買いポジション
はエグジットする。**

■ 図4.22　CCIとCCI／MAのクロスでエントリー／エグジットする

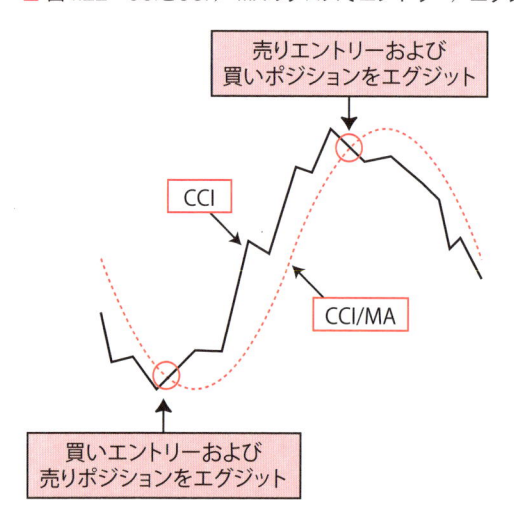

また、CCIの短期／長期の2本の移動平均線を求め、それらがクロスする
たびに、売買を切り替える方法も考えられます。

エントリー／エグジットの判断例

　図4.23は、2018年11月10日〜13日のドル円の15分足に、CCI／MAを2本
いれて、エントリー／エグジットのタイミングを判断する例です。CCI／
MAの平均期間は、短期／長期それぞれを7本／14本にしています。

　図中の「買①」〜「買④」は、短期CCI／MAが長期CCI／MAを上に抜
いたときに、買いでエントリーし、また売りポジションをエグジットするタ
イミングです。2本のCCI／MAのクロスを確認した直後のローソク足の始
値を、エントリーのタイミングにしています。同様に、「売①」〜「売④」は、
短期CCI／MAが長期CCI／MAを下に抜いたときに、売りでエントリーし、

また買いポジションをエグジットするタイミングです。

買①→売①や売①→買②では、値動きが良いときに、比較的良いタイミングで売買ができていることがわかります。一方、買④→売④のように値動きが小さくて利益がわずかしか出なかったり、売③→買④のように値動きが急に反転して損失になったりすることもあります。

このように、CCIとCCI／MAのクロスや、長短のCCI／MAどうしのクロスでエントリー／エグジットする場合は、ある程度動きがあるときを狙う必要があります。

■ 図4.23　長短のCCI／MAがクロスするたびに売買を切り替える（ドル円／2018年11月10日〜13日の15分足）

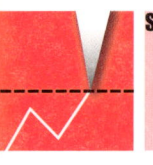

DMI
トレンドの強さを判断する指標

DMIは相場の方向性（上昇／下落）とそのトレンドの強さを表すオシレーター系指標です。

DMIの基本と計算方法

DMIはトレンド系とオシレータ系の性質をもつ指標を組み合わせて、エントリーとエグジットを判断するのに使う指標です。1時間足／4時間足／日足などの、周期が長めのチャートで使うのに適しています。一方、短時間でエントリー／エグジットを繰り返す際の判断にはあまり向いていません。

DMI（Directional Movement Index）は、RSIなどと同じく、J.W.ワイルダー氏が考案した指標です。オシレータ的な動きをする「＋DI」「－DI」と、トレンド判断に使う「ADX」を組み合わせて使用します。

3つの指標を使うため、計算の手順はやや複雑になります。

TRを求める

DMIを求めるには、まず直近のローソク足と1本前のローソク足から、TR（True Range）を求めます。TRは、以下の3つの中で最も大きな値です。

図4.24は、TRを求める際の考え方の例です。図中の①～③が、左の式の①～③に対応しています。この図の場合、③が最も大きいので、③の値をTRとします。

> ①直近の高値－1本前の終値
> ②1本前の終値－直近の安値
> ③直近の高値－直近の安値

■ 図4.24 TRの求め方

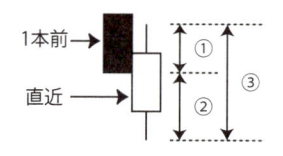

＋DM／－DMを求める

次に、＋DM（Directional Movement）と－DMを計算します。これらは、上昇／下落方向の変動幅を表します。個々のローソク足のレートから、表4.3の手順で計算します。

■ 表4.3　＋DM／－DMの計算方法

条件	株価の動きの例	＋DM	－DM
（直H－1本前H）＞（1本前L－直L）	直H－1本前H　1本前L－直L	直H－1本前H	0
（直H－1本前H）＜（1本前L－直L）	直H－1本前H　1本前L－直L	0	1本前L－直L
（直H－1本前H）＝（1本前L－直L）	直H－1本前H　両者が同じ　1本前L－直L	0	0
（直H＜1本前H）かつ（1本前L＜直L）	直H＜1本前H　1本前L＜直L	0	0

※直H＝直近の高値、1本前H＝1本前の高値、直L＝直近の安値、1本前L＝1本前の安値

＋DI／－DIを求める

次に、「＋DI」と「－DI」という2つの指標を求めます。＋DI／－DIは、それぞれ上昇方向／下落方向の強さを表します。計算方法は以下の通りです。

なお、計算期間は、日足なら14日にすることが一般的です。1時間足などの他の周期のチャートの場合も14本を使うと良いでしょう。

$$+DI = \frac{計算期間内の+DMの合計}{計算期間内のTRの合計} \times 100(\%)$$

$$-DI = \frac{計算期間内の-DMの合計}{計算期間内のTRの合計} \times 100(\%)$$

　レートが上昇傾向の時は、＋DIは－DIより大きな値を取ります。一方、レートが下落傾向の時は、－DIが＋DIより大きくなります。

DXを求める

　次に、「DX」（Directional Movement Index）という指標を求めます。DXは方向性（上昇／下落）の強さを表す指標で、以下の式で計算します。式の分子の両端にある「｜｜」は、絶対値（中の値がマイナスの場合はプラスにすること）を意味します。

$$DX = \frac{|(+DI)-(-DI)|}{(+DI)+(-DI)}$$

ADXを求める

　最後に、ADX（Average Directional Movement Index）を求めます。ADXはDXの移動平均を取った値です。平均する期間は、日足なら14日にすることが一般的です。1時間足などの他の周期のチャートの場合も、14本にすると良いでしょう。

┃ +DI ／－DIのクロスでエントリー／エグジットを判断する

　DMIでエントリー／エグジットを判断する際にもっとも基本となるのは、＋DIと－DIのクロスです。

　両者がクロスして＋DIが－DIの上になった場合、上昇方向の強さが下落方向の強さを上回っていることを意味しますので、買いでエントリーします。また、売りのポジションを持っているなら、それをエグジットします（図4.25左半分）。

　逆に、－DIが＋DIの上になった場合は、下落方向の強さが勝っている状態なので、売りでエントリーし、また買いポジションはエグジットします（図4.25の右半分）。

　ただ、単純に＋DI／－DIのクロスだけで判断すると、ダマシが多くなりがちです。特に、レートがレンジで推移しているときには、＋DI／－DIが頻繁にクロスして、ダマシが多くなります。

■ 図4.25　＋DIと－DIでのエントリー／エグジットの判断

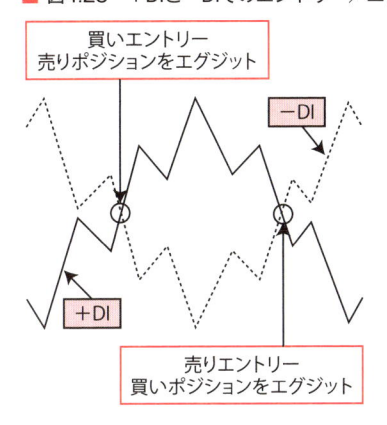

＋DI／－DIのクロスでの判断例

　図4.26は、ドル円の2018年9月5日〜11日の1時間足に、＋DIと－DIを入れて、エントリーのタイミングを判断した例です。＋DIと－DIがクロスした直後のローソク足の始値で、それまでのポジションをエグジットし、反対方向にエントリーするものとします。

　売②→買②や、買②→売③など、上昇／下落のトレンドがはっきりしているときには、＋DIと－DIのクロスがほとんど起こらず、大きな利益を得ることに成功しています。

　一方で、チャートの左寄りの部分のように、レートの動きがレンジになっているときには、＋DIと－DIが頻繁にクロスして、エントリー／エグジットを細かく繰り返すことになります。また、売③→買③や、売④→買④のように、ダマシが発生することもあります。

■ 図4.26 ＋DIと−DIのクロスで判断する例（ドル円／2018年9月5日〜11日の1時間足）

ADXの値でトレンドの有無を判断する

ADXは、トレンドの有無を表す指標で、0%〜100%の値を取ります。

レートがレンジ相場の間は、ADXは低い（0%に近い）値で推移します。そして、上昇／下落のどちらかのトレンドが発生すると、ADXは徐々に値が上がっていきます。また、トレンドが終わってレンジに変わるにつれて、ADXの値は下がっていきます。

ただし、ADXが上昇し始めたとしても、すぐにトレンド入りと判断するのは早計です。目安として、ADXが25％を超えたらトレンド入りと判断します（図4.27）。

また、ADXは上がっても60％ぐらいが限界になることが多いです。ポジションを持っている状態で、ADXが60％ぐらいまで上がってきたら、そろそろトレンドが終わる可能性がありますので、エグジットを検討する方が良いでしょう。

なお、計算に使う周期によって、ADXが取る範囲が変わってきます。周期の長いチャートになるほど、ADXの値が低い範囲にとどまる傾向があり

ます。

そこで、過去のチャートを参考に、トレンド入りと判断するADXの目安を変えるようにします。例えば、過去のチャートで、ADXが20％を超えたらトレンド入りする傾向が見えたなら、ADXが20％のラインを目安とします。

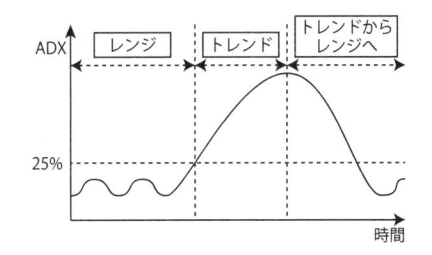

■ 図4.27　ADXでトレンドの有無を判断する

ADXと＋DI ／－DIを組み合わせてタイミングを判断する

単純に＋DI／－DIのクロスだけでエントリーのタイミングを判断すると、トレンドがないときにはエントリーとエグジットが頻繁に起こり、ダマシが発生しやすくなります。そこで、ADXも加味して、トレンドが発生しているときだけエントリーするようにして、ダマシを減らすことができます。

判断方法はいろいろ考えられますが、ADXでトレンドを判断しつつ＋DI／－DIのクロスで買いエントリーする場合には、以下のような方法を取ると比較的シンプルです。なお、25％の目安のラインは、過去のチャートの傾向に合わせて適宜変えます。

・買いエントリー①

＋DIと－DIがクロスして＋DIが上になった時点で、ADXが25％より低いときは、ADXが25％を超えるのを待って買いエントリーします。

・買いエントリー②

＋DIと－DIがクロスして＋DIが上になった時点で、ADXが25％より高く上昇傾向のときは、その時点で買いエントリーします。

・買いエントリー③

＋DIが－DIの上にあり、ADXがいったん下がってきた後で再度上昇し始めたら、その時点で買いエントリーします。ただし、ADXが高すぎるときはエントリーを見送ります。

・**エグジット①**

ADXの上昇が止まって下がりだしたらエグジットします。

・**エグジット②**

＋DIと－DIがクロスして－DIが上になったら、エグジットします。

同様に、売りエントリーする場合は、以下のような方法を取ることが考えられます。

・**売りエントリー①**

＋DIと－DIがクロスして－DIが上になった時点で、ADXが25％より低いときは、ADXが25％を超えるのを待って売りエントリーします。

・**売りエントリー②**

＋DIと－DIがクロスして－DIが上になった時点で、ADXが25％より高く上昇傾向のときは、その時点で売りエントリーします。

・**売りエントリー③**

－DIが＋DIの上にあり、ADXがいったん下がってきた後で再度上昇し始めたら、その時点で売りエントリーします。ただし、ADXが高すぎるときはエントリーを見送ります。

・**エグジット①**

ADXの上昇が止まって下がりだしたらエグジットします。

・**エグジット②**

＋DIと－DIがクロスして＋DIが上になったら、エグジットします。

ADX ／＋DI ／－DIの組み合わせでタイミングを判断する例

図4.28は、2018年9月5日〜11日のドル円の1時間足にADX ／＋DI ／－DIを入れて、エントリー／エグジットのタイミングを判断する例です。ADXが25％を超えたかどうかでトレンド入りを判断しました。

図中のそれぞれの網掛が、売りまたは買いを行う箇所です。網掛けの左端で＋DIと－DIがクロスし、途中の丸の箇所でADXが25％を超えたか、またはADXが再度上昇しだしたことを確認してエントリーします。そして、網

掛けの右端で、ADXが下がり始めたのを見てエグジットしています。

　この期間で買いエントリーが3回、売りエントリーが2回あり、そのうち①の売りと⑤の買いがダマシになっていますが、残りの3回は成功していて、トータルでも利益が出ています。中でも、②の売りでは40pipsの利益を得ることに成功しています。

　ただ、ADXが25％を超えるまで待っているため、全体的にエントリーのタイミングが遅れ気味です。ADXがそこまで上がる前にエントリーすれば、タイミングを早くすることができます。

　しかし、ADXの目安を低くしすぎると、レンジから少しレートが動いただけでエントリーと判断することになり、ダマシが増えます。ADXの目安をどのぐらいにするかが、この方法でのポイントになります。

　また、ADXでエグジットのタイミングを判断すると、エグジットも遅れがちになりやすいです。エグジットのタイミングは、別の指標で判断することも検討すると良いでしょう。

■ 図4.28　ADX／＋DI／－DIの組み合わせでタイミングを判断する例（ドル円／2018年9月5日〜11日の1時間足）

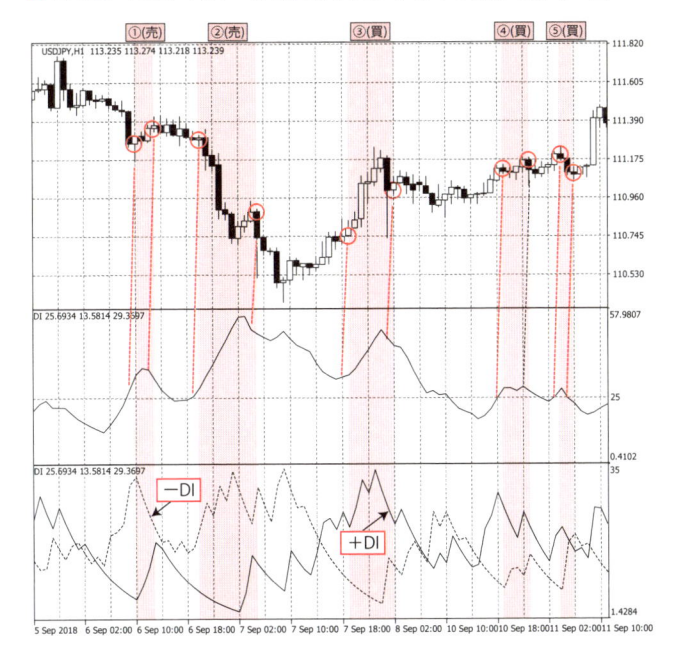

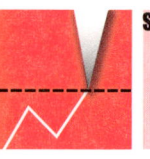

08 ダイバージェンス

トレンドが変化する前兆となる

オシレータ系指標全般の特徴として、トレンド変化の前兆となる「ダイバージェンス」があります。

ダイバージェンスの概要

オシレータ系指標は、レートの上下に連動して値が上下する傾向があります。また、レートのトレンド（上昇／下落）と、オシレータ系指標のトレンド（上昇／下落）も一致する傾向があります。

ただ、レートが上昇トレンドであるのに対し、オシレータ系指標は下落トレンドになることがあります。またその逆に、レートが下落トレンドなのに、オシレータ系指標が上昇トレンドになることもあります。

このように、**レートのトレンドとオシレータ系指標のトレンドが逆になること**を、「ダイバージェンス」（Divergence）と呼びます（図4.29）。また、日本語では「逆行現象」と呼びます。

■ 図4.29　レートとオシレータ系指標のトレンドが逆になるのがダイバージェンス

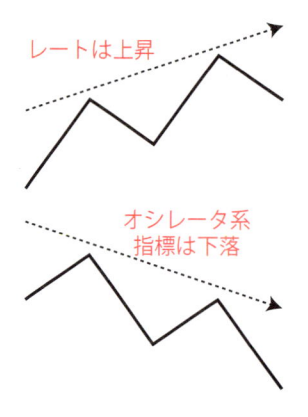
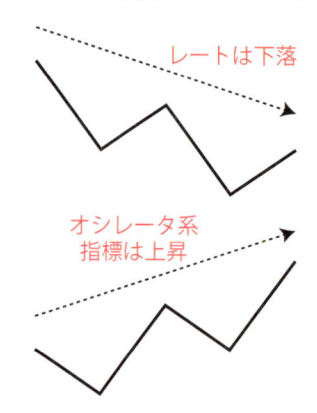

ダイバージェンスが発生したらエグジット

　レートが上昇（下落）していても、その勢いが緩くなってくると、レートの振幅は小さくなります。その結果、ダイバージェンスが起こりやすくなります。また、レートの勢いが緩くなると、その後にトレンドが変化することがよくあります。したがって、**ダイバージェンスは、トレンドの変化の前兆である**と考えることができます。

　トレンドが変わるとなると、それまでに持っていたポジションを持ち続けると、利益を失う（あるいは損失を被る）可能性があります。したがって、ダイバージェンスが発生したら、ポジションをエグジットするのが無難です。

ダイバージェンスが起こった例

　実際のチャートで、ダイバージェンスが起こっている例を見てみましょう。

ダイバージェンスのすぐ後にトレンドが転換した例

　1つ目の例として、ダイバージェンスが起こった後に、すぐにトレンドが転換した例を取り上げます。2018年11月15日～16日のユーロ円の15分足に、RSIを加えたチャートを使います（図4.30）。RSIの計算期間は14本にしています。

　7月15日の16時～23時頃にレートは下落トレンドになっています。ところが、7月15日の16時～23時頃にかけて（点線枠の部分）のRSIを見ると、下落が止まって上昇に転じていて、ダイバージェンスが発生しています。その後、レートはダブルボトム型をつけて、上昇トレンドに転換しています。

　11月16日の0時過ぎにはダイバージェンスがはっきりし、レートもダブルボトム型のネックラインの上に抜けています。これらのことから、下落トレンドが終わった可能性が高いと考えられます。それ以前に売りエントリーしていたなら、図の「エグジット」のあたりでエグジットしておくべきでした。

■ 図4.30 ダイバージェンスの例（ユーロ円／2018年11月15日〜16日の15分足）

ダイバージェンスがしばらく続いてからトレンドが転換した例

2つ目の例として、ダイバージェンスの状態がしばらく続いてから、トレンドが転換した例を取り上げます。2018年11月7日〜12日のユーロ円の30分足に、RSIを加えたチャートを使います（図4.31）。RSIの期間は14本にしています。

11月7日から9日にかけて、レートはレンジで推移し、7日22時／8日17時／9日0時に高値を付けています。一方、RSIは7日22時に天井を打った後、徐々に下落していて、ダイバージェンスが発生していることがわかります。11月8日の18時頃（図中に○で示したところ）までのチャートを見ていたとすると、ここでダイバージェンスが発生したと思える状況です。そのため、買いポジションを持っていたなら、図の「エグジット」で示したポイントで、エグジットすることが無難です。

実際には、その後にさらにレートが上がった局面があり、買いポジションを持ち続けていれば、利益になっていました。ただ、それは後になってみな

いとわからないことです。11月8日18時の時点では、やはりエグジットする
のが無難です。

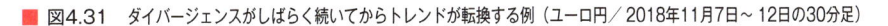

■ 図4.31 ダイバージェンスがしばらく続いてからトレンドが転換する例 (ユーロ円／2018年11月7日〜12日の30分足)

ダイバージェンスでのエントリーは避ける

　ここまでで見てきたように、ダイバージェンスはエグジットのタイミング
を判断する上で重要です。一方、ダイバージェンスが発生したときに、トレ
ンドが転換することを期待して、エントリーすることも考えられます（図
4.32）。

　ただ、ダイバージェンスはトレンドの転換を示唆する状況であり、本当に
トレンドが転換するかどうかは、まだ確実とは言えません。場合によっては、
一時的にトレンドが弱って、その後にまたトレンドが続くときに、ダイバー
ジェンスが起きることもあります。

　したがって、ダイバージェンスが起こったからと言って、そのタイミング

でエントリーするのは、あまりお勧めしません。あくまでも、**持っているポジションをエグジットするタイミングとして、ダイバージェンスを使う**ことをお勧めします。

■ 図4.32　ダイバージェンスが発生したときにエントリーする

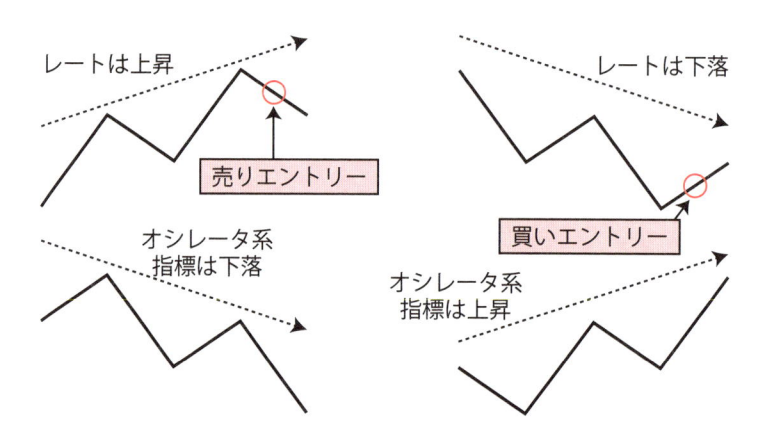

ダイバージェンスでのエントリーが失敗した例

図4.33は、2018年10月31日〜11月6日のポンド円の1時間足に、RSIを入れた例です。RSIの計算期間は14本にしています。

図の中央やや左寄りの部分（点線で囲んだ部分）で、レートは上昇しているのに対し、RSIは下落していて、ダイバージェンスが発生しています。これを見て、レートが頭打ちになったあたりで売りエントリーする、という方法を取ることが考えられます（図中の「このあたりで売りエントリー？」のタイミング）。

しかし、その後のチャートを見ると、レートは少し下がっただけで、その後再び上昇し、RSIも上昇しています。したがって、このダイバージェンスを見て売りエントリーしていたとすると、失敗になっていたことになります。

■ 図4.33　ダイバージェンスでのエントリー失敗例（ポンド円／ 2018年10月31日〜 11月6日の1時間足）

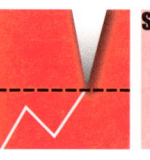

Section 09 その他のオシレータ系指標

オシレータ系指標は非常に種類が多く、ここまでで解説した以外にもいろいろな指標があります。その中から、「モメンタム」と「RCI」を紹介します。

モメンタム

モメンタムは、過去のある時点のレートを100として、現在のレートを指数化した指標です。計算方法は以下の通りです。

モメンタム＝現在のレート÷過去のレート×100（％）

上昇トレンドのときには、モメンタムの値は100を上回ります。一方、**下落トレンドのときには、モメンタムの値は100を下回り**ます。

乖離率やRSIと同じように、レートの振動に追従してモメンタムも振動します。また、エントリー／エグジットのタイミングも、乖離率と似たような考え方で行うことができます。

なお、上記の方法で計算した値から100を引いて、モメンタムとすることもあります。この場合、上昇トレンドならモメンタムは0以上、下落トレンドならモメンタムは0以下になります。

モメンタムの例

図4.34は、2018年10月16日〜25日のポンド円の1時間足チャートに、モメンタムを入れた例です。計算期間は14本にしています。

図の①や②のように、レートの天井／底とモメンタムの天井／底がほぼ一致することがあります。また、③のように、ダイバージェンスが起こることもあります。

■ 図4.34　モメンタムの例（ポンド円／2018年10月16日〜25日の1時間足）

RCI

　RCIは、統計学の**順位相関係数**（Rank Correlation Index）の考え方をテクニカル分析に持ち込んだ手法です。日時の新しい順／レートの高さに順位を付け、その間の順位相関係数を求めたものがRCIです。

　RCIは**−100%〜100%の範囲を取り、レートが上昇傾向ならプラス、下落傾向ならマイナスの値**になります。計算の仕組み上、レートの動きが直接に反映されるのではなく、比較的なめらかな動きになります。計算期間を長くするほど、動きはなめらかになりますが、レートの動きからは遅れが生じ、トレンド系的指標に似た性質があります。

　また、レートの方向が急に変わると、RCIの動きが出遅れやすいという弱点があります。さらに、上昇／下落のトレンドが続くと、RCIが＋100%／−100%付近で張り付いてしまい、エントリー／エグジットの判断が難しくなってしまうという弱点もあります。

RCIでエントリー／エグジットのタイミングを判断する場合、**RCIの向きが反転するたびに買い／売りのエントリーを切り替える**のが、基本的な方法です。どちらかと言うと、**15分足〜1時間足ぐらいの周期が短めのチャートと組み合わせて使う**のが良い傾向があります。

RCIを使ったエントリー／エグジットの例

図4.35は、2018年11月14日〜17日のユーロ円の30分足に、RCIを追加した例です。RCIの計算期間は40本にしています。

①〜②のように、ある程度の時間をかけてレートが上昇（下落）してきたときには、レートの天井／底とRCIの天井／底が比較的近くなりやすいです。一方、③のように、短期間でレートが大きく動くと、RCIの動きがレートの動きに遅れやすくなります。

■ 図4.35　RCIを使ったエントリー／エグジットの例（ユーロ円／2018年11月14日〜17日の30分足）

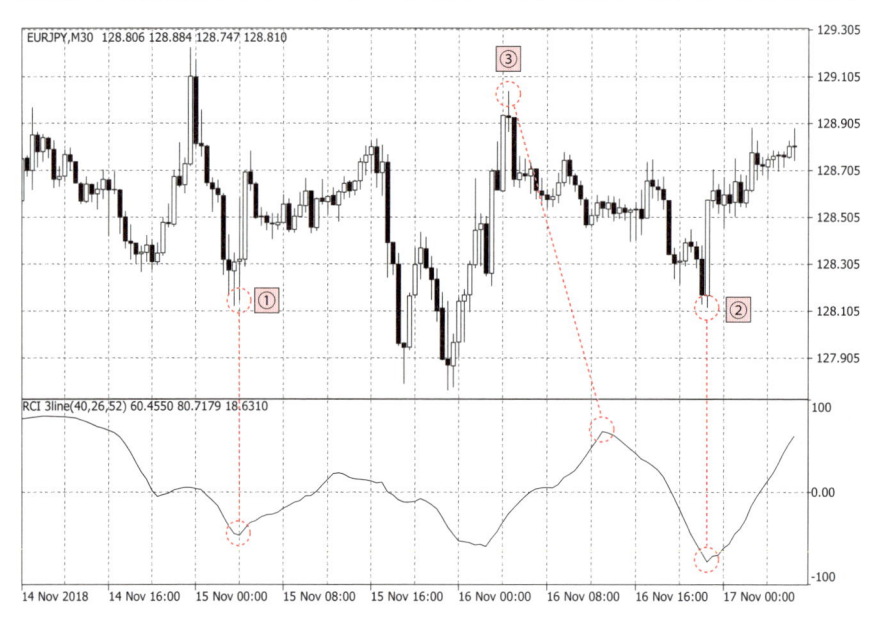

DeMarker

DeMarkerは、トーマス・R・デマークという著名なトレーダーが考案したオシレーター系指標で、以下のような手順で計算します。

●**DeMarkerの計算方法**

①以下の条件で、「DeMax」という値を求めます。

・あるローソク足の高値が、1本前の高値より高ければ、DeMax＝両高値の差

・上記の条件を満たさなければ、DeMax＝0

②以下の条件で、「DeMin」という値を求めます。

・あるローソク足の安値が、1本前の安値より低ければ、DeMin＝両安値の差

・上記の条件を満たさなければ、DeMin＝0

③ある計算期間において、DeMarker＝DeMaxの合計÷（DeMaxの合計＋DeMinの合計）

DeMarkerの値は、0%～100%の間を取ります。計算期間の間でレートが上がり続ければ、DeMarkerの値は100%になります。逆に、レートが下がり続ければ0%になります。

ある程度の期間を取ると、レートが上がり（下がり）続けることはめったにないので、DeMarkerの値が0%や100%になることはめったになく、30～70%ぐらいの範囲を上下します。また、レートの一時的な天井と底が、DeMarkerの天井と底に一致しやすい傾向があります。

計算方法がRSIと似ているので、値の動き方もRSIと似ています。ただ、**RSIと比べると値の上下がより大きい傾向**が見られます。RSIを補完したり、RSIの代わりに使ったりすることが考えられます。

●**DeMarkerの例**

図4.36は、2018年11月7日～16日のドル円の1時間足に、DeMarkerとRSIのチャートを追加した例です。DeMarker／RSIともに、計算期間は14本にしています。

　前述したように、DeMarkerはRSIと似た動きをしていますが、値の上下がより大きい傾向が見られます。

　また、DeMarkerはオシレーター系指標の1つなので、レートの目先の天井や底とある程度一致する傾向があります（図中の①や②）、さらに、ダイバージェンスが起こることもあります（図中の③）。

■ 図4.36　DeMarkerの例（ドル円／2018年11月7日〜16日の1時間足）

Chapter.5
値幅予測に使う
テクニカル指標

エントリー／エグジットのタイミングを考える上で、「将来
的にどのくらいまでレートが上がる（下がる）のか」とい
うような値幅的な予測ができると、戦略を立てる上での目
安になります。そこでChapter.5では、値幅を予測する
際に使うテクニカル指標を紹介します。

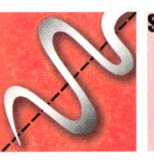

フィボナッチ数の基本
身の回りや自然界にも多くの該当例がある

　時間的／値幅的な予測を行う際に、「フィボナッチ数」はよく使われます。そこで、実際の予測手法の解説に入る前に、フィボナッチ数のことから話を始めましょう。

フィボナッチ数の仕組み

　「フィボナッチ数」は、イタリアの数学者、レオナルド・フィボナッチの名前からとられた数の並びです。以下のような決まりで数の並びをつくります。

①1番目と2番目は1
②3番目以降は、1つ前と2つ前の数を足した値

　実際にこの決まりに従って数の並びを作ると、以下のようになります。

1, 1, 2, 3, 5, 8, 13, 21, 34, 55, 89, 144, ・・・

　ちなみに、フィボナッチ数は古代インドの頃から知られていたそうです。そして、フィボナッチの「算盤の書」という著書の中で紹介されて、現在に至っています。

フィボナッチ数の性質

　フィボナッチ数では、並びの中の1つの数と、その1つ前の数との比が、黄

※**黄金比**：黄金比は、正確には以下のような比率です。　$1:\dfrac{1+\sqrt{5}}{2}$

金比と呼ばれる比率に近づいていくという性質があります。**黄金比**[※]は1：約1.618の比率です（図5.1）。

　実際に、フィボナッチ数の中の1つの数と、その前の数の比を求めてみると、以下のようになります。黄金比に近づいていくことがわかります。

　　1÷1＝1、2÷1＝2、3÷2＝1.5、5÷3＝1.666…、8÷5＝1.6、13÷8＝1.625、21÷13＝1.615384・・・

　また、1.618から1を引いた0.618や、1から0.618を引いた0.382、また0.618から0.382を引いた0.236も、フィボナッチ数関係の中でよく出てくる数値です。ちなみに、以下のような関係が成り立ちます。

　　1：0.618＝1.618：1
　　0.618：0.382＝1.618：1
　　0.382：0.236＝1.618：1

■ 図5.1　黄金比

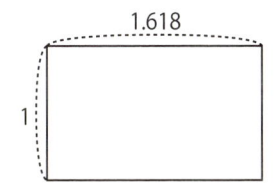

フィボナッチ数をテクニカル分析で使う

　黄金比は、名刺の縦横の比率や、ひまわりの種のでき方など、我々の身の回りのあちこちに存在します。

　為替レートの動きも、多くの人間の思惑によって決まるものであり、ある意味「自然現象」と言えなくもありません。そこで、フィボナッチ数をテクニカル分析に当てはめた手法が、いくつか考えられています。この後のSectionでは、それらの手法について解説していきます。

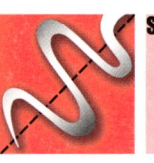

02 エリオット波動論
チャートの動きにフィボナッチ数を取り入れる

　チャート分析手法の1つとして、「エリオット波動論」はよく知られています。この中には、フィボナッチ数を取り入れた考え方があります。

エリオット波動の基本

　エリオット波動論は、米国の著名な会計士R.N.エリオット氏が株式のチャート分析の中で考案した理論で、広く知られています。

　エリオット波動の基本的な考え方は、「値動きの1つの周期は、5つの上昇波と3つの下降波で構成される」というものです。図5.2のように、前半の上昇局面が5つの波に分かれ、後半の下落局面が3つの波に分かれると考えます。

　また、1つの上昇局面には細かな上昇5波が含まれ、1つの下降局面には細かな下降3波が含まれるという考え方もします（図5.3）。

　上昇局面の5つの波は、以下のように分けて考えるとわかりやすいでしょう。

①第1波：底から上昇し始める局面
②第2波：第1波に対する押し目
③第3波：第1波と第2波でレートが底打ちしたことを確認して、本格的な上昇になる局面
④第4波：第3波に対する押し目
⑤第5波：天井に向かう最後の上昇局面

　また、上記から、**第3波が最も大きい上昇になる**と考えられます。

　もっとも、FXのチャートでは、エリオット波動論的な上昇波／下降波がきれいに出ることは、そう多くはありません。

■ 図5.2　5つの上昇波と3つの下降波

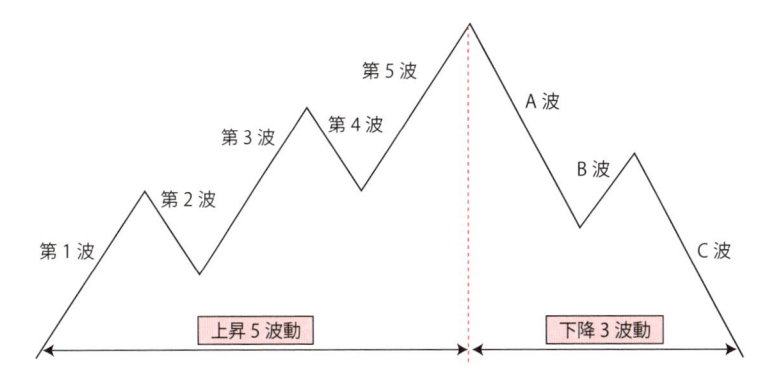

■ 図5.3　上昇波／下降波には、さらに小さな上昇波／下降波が含まれる

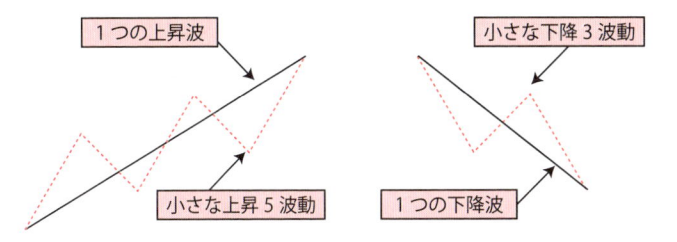

値幅にフィボナッチ数が現れる

　エリオット波動論では、節目から次の節目までの値幅に、フィボナッチ数が現れやすいという考え方もします。

押し目／戻りの幅

　レートが上昇してからいったん下落して押し目を付ける場合、最初の上昇幅と、押し目の下落幅の比率に、フィボナッチ数に関係する比率（0.618や0.382など）が出ることがよくあるとされています（図5.4）。同様に、下落してからいったん上昇する場合も、下落幅と上昇幅の間に、フィボナッチ数に関係する比率が出ることが多いとされています。

　なお、押し目／戻りの幅としては、フィボナッチ数だけでなく、「**半値押し**」（上昇幅の半分だけ下落する）や「**半値戻し**」もよく使われています。

■ 図5.4 上昇幅と下落幅の比率がフィボナッチ数に関係する比率になりやすい

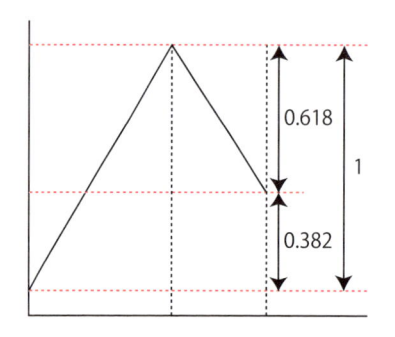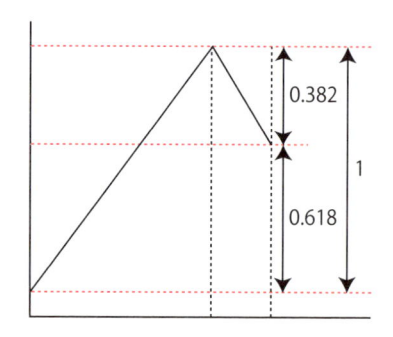

第1波と第3波の比率

192ページで、上昇5波動の中で、第3波はもっとも長くなりやすいことを述べました。この第3波の値幅と、第1波の値幅の間の比率にも、1.382や1.618のフィボナッチ数に関係する値が出やすいとされています（図5.5）。

■ 図5.5 第1波と第3波の値幅の比率にフィボナッチ数に関係する値が出やすい

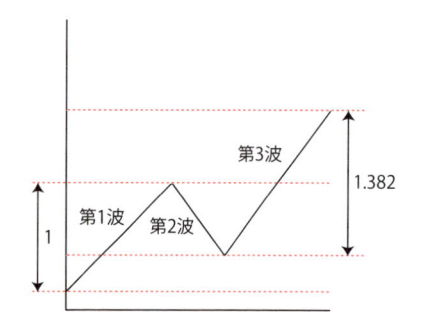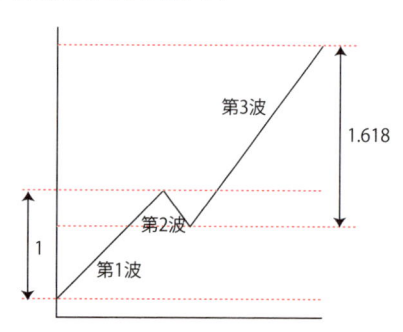

エリオット波動論の例

エリオット波動論の例として、2018年11月20日〜29日のドル円の1時間足を見てみます（図5.6）。

①〜⑥の期間は、レートが上昇トレンドになっています。この期間の上昇を大きく分けると、①〜②／③〜④／⑤〜⑥の上昇3波と、②〜③／④〜⑤の下降2波の、5つの波に分けることができます。また、A〜Dの期間は、レー

トが下落トレンドになっています。この期間の下落は、A ～ B ／ C ～ D の下落2波と、B ～ C の上昇1波に分けることができます。

この結果から、この期間はエリオット波動論的にレートが動いていたと考えられそうです。そこで、この期間を対象に、上昇／下落の値幅について調べてみます。

■ 図5.6　エリオット波動論の例（ドル円／2018年11月20日～29日の1時間足）

上昇期間中の値幅の比率

まず、①～⑥の上昇期間について、上昇波と下降波の値幅の比率を求めてみます。

①～②の上昇と、②～③の下落の値幅の比を求めてみると、以下のようになりました。0.618に近い値になっています。

$$\frac{②(113.168)-③(112.661)}{②(113.168)-①(112.303)} = 0.586$$

また、③〜④の上昇と、④〜⑤の下落の値幅の比を求めてみると、以下のようになりました。0.236でフィボナッチ数に一致しています。

$$\frac{④(113.644)-⑤(113.412)}{④(113.644)-③(112.661)} = 0.236$$

①〜②と③〜④の上昇波どうしで比率を計算すると、フィボナッチ数に近い値にはなりませんでした。しかし、③〜④と⑤〜⑥の上昇波どうしで比率を計算すると、以下のように0.618に近い値になりました。

$$\frac{⑥(114.033)-⑤(113.412)}{④(113.644)-③(112.661)} = 0.632$$

下落期間中の値幅の比率

次に、下落期間中の値幅を比較してみました。A〜Bの下落とB〜Cの戻りで比較してみると、以下のように0.382に近い値になりました。

$$\frac{C(113.680)-B(113.436)}{A(114.033)-B(113.436)} = 0.409$$

また、B〜Cの戻りとC〜Dの下落で比較してみると、以下のようになりました。フィボナッチ数ではありませんが、戻りが下落のほぼ半分になっています。

$$\frac{C(113.680)-B(113.436)}{C(113.680)-D(113.207)} = 0.516$$

フィボナッチ数は要チェック

ここまでの結果からわかるように、上昇／下落の波がどの程度の大きさになるかを予測する上で、フィボナッチ数が役に立つ機会があります。このことは頭に入れておくべきだと言えるでしょう。

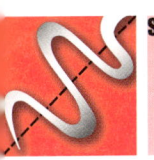

03 フィボナッチ数を応用したチャート

　フィボナッチ数を応用して値幅の目安の位置をわかりやすく示すチャートとして、「フィボナッチ・リトレースメント」「フィボナッチ・ファン」「フィボナッチ・エクスパンション」などがあります。

■ フィボナッチ・リトレースメント

　前の節で、節目から節目までの値幅を見ていくと、ある値幅と次の値幅などの間に、フィボナッチ数に関連する比率が出やすいことをお話ししました。

　そこで、**ある節目と他の節目の間の値幅を基準に、その0.618倍や1.618倍などの位置に横線を引いて、押し目や戻りのレートの目安を示す**ことが考えられます。このようにして引く横線のことを、「フィボナッチ・リトレースメント」（FibonacciRetracement）と呼びます。

　図5.7は、点Aから点Bの値幅を1として、フィボナッチ・リトレースメントを引く方法を図示したものです。

■ 図5.7　フィボナッチ・リトレースメントの描き方

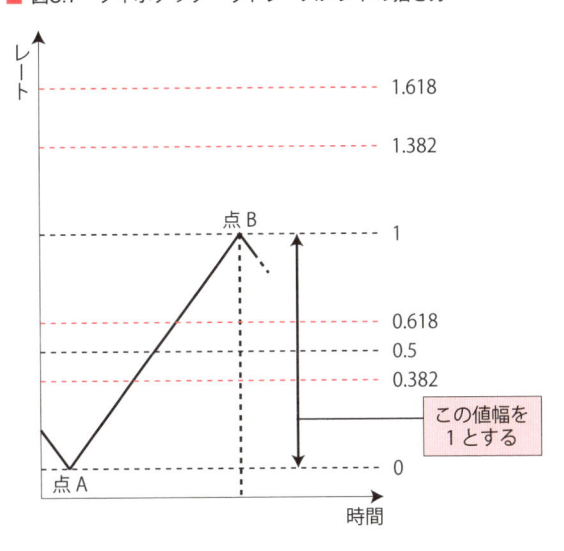

フィボナッチ・リトレースメントによる値幅予測の例

　図5.8は、2018年11月7日〜16日のドル円の1時間足チャートに、フィボナッチ・リトレースメントを入れた例です。チャート左端の方にあるA（底）とB（底の後の最初の高値）の値幅を使い、A点を基準にしてフィボナッチ・リトレースメントを描いています。

　図中の①の点線枠は、B点の高値から下落し始めて、一時的な底に当たるところです。A〜Bの0.5倍にほぼ近い位置で下げ止まっています。

　また、②〜④の点線枠で囲んだ部分では、以下のような順にレートが動いています。このように、フィボナッチ・リトレースメントを使うことで、押し目や戻りの水準をある程度予想することができます。

②①で下げ止まって反発した後、再度下落して、A〜Bの値幅の0.618倍のラインで下げ止まる

③②で反発した後再度下落し、A〜Bの値幅の0.382倍のラインと0.5倍のラインの間でレンジになる

④③から下落した後に反発し、A〜Bの値幅の0.618倍のライン近くで頭打ちになる

■ 図5.8　フィボナッチ・リトレースメントを引いた例（ドル円／ 2018年11月7日〜 16日の1時間足）

フィボナッチ・ファン

フィボナッチ数を応用してトレンドラインを引く手法として、「フィボナッチ・ファン」があります。「ファン」（fan）は扇のことで、**底や天井を起点として、扇を広げるような形でトレンドラインを引く**手法です。

フィボナッチファンの描き方

底を起点にしてフィボナッチ・ファンを描く場合、以下の手順をとります。この手順に沿ってフィボナッチ・ファンを描くと、図5.9のようになります。

①**底の位置を点A、底から上がりだした最初の高値の位置を点Bとします。**

②**点Bの位置に、垂直に線を引きます。**

③**点Aと点Bの値幅をXとします。**

④**点Bから、Xの38.2%下がった位置に点を打ちます。**

⑤**④と同様に、点BからXの50%下がった位置と、Xの61.8%下がった位置に点を打ちます。**

⑥**点Aと、④および⑤で打った3つのそれぞれの点を結ぶ線を引きます。**

また、天井を起点にしてフィボナッチ・ファンを描く場合、図の描き方を逆にして、図5.10のように描きます。

■ 図5.9 底を起点としたフィボナッチ・ファンの描き方

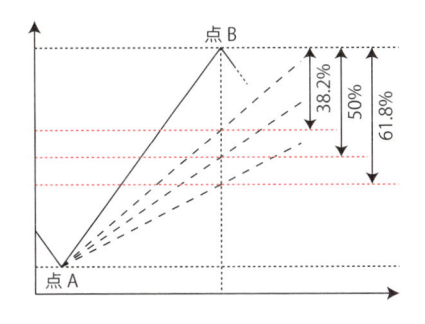

■ 図5.10 天井を起点としたフィボナッチ・ファンの描き方

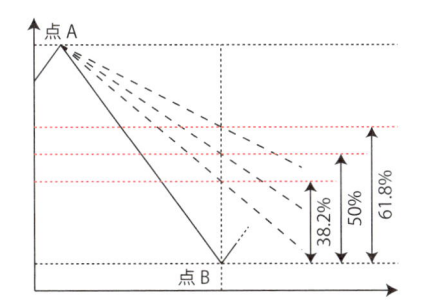

フィボナッチ・ファンの見方

フィボナッチ・ファンの3本のラインは、**トレンドラインとして機能することがよくある**とされています。

底から上昇する局面でフィボナッチ・ファンを描いた場合、フィボナッチ・ファンを以下のように目安として使います（図5.11）。

①**38.2%のラインが最初のサポートラインになります（図中の①の部分）。**

②**レートがサポートラインを割ると、そのラインがレジスタンスラインに変わり、1本下のラインがサポートラインになります（図中の②の部分）。**

③**レートが61.8%のラインを割ったら、上昇局面が終わるサインだと考えます（図中の③の部分）。**

また、天井から下落する局面でフィボナッチ・ファンを描いた場合は、図5.11の上下を逆にします。

■ 図5.11　フィボナッチ・ファンの見方

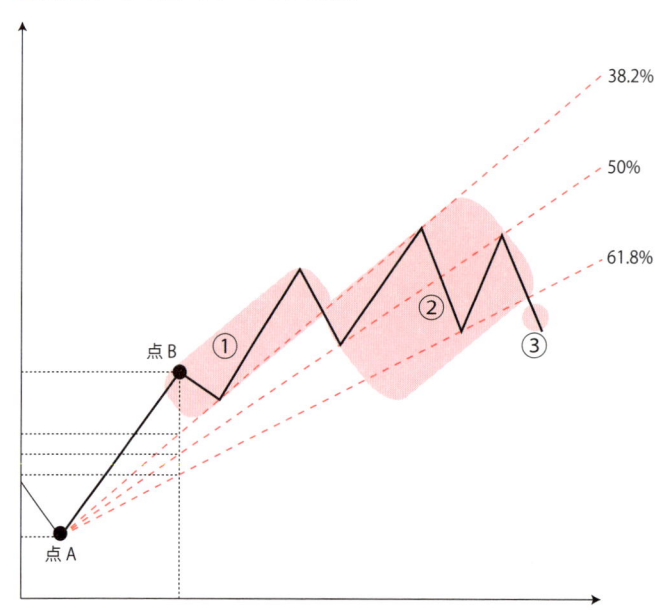

フィボナッチ・ファンによる値幅予測の例

　図5.12は、2018年11月7日～13日のドル円の1時間足のチャートに、フィボナッチ・ファンを入れた例です。図中のAの底とBの高値を使って、フィボナッチ・ファンを描いています。

　①では、フィボナッチ・ファンの38.2％のラインがサポートラインとして機能しています。また、②の箇所では、38.2％のラインと50％のラインの間でレートが上下していて、38.2％／50％のラインがそれぞれレジスタンスライン／サポートラインとして機能しています。

　また、③は50％と61.8％のラインがレジスタンスライン／サポートラインとして機能しています。そして、レートが61.8％のラインを割り込むと、上昇トレンドが終わっています。

　このように、上昇／下落のトレンドにあるときには、フィボナッチ・ファンを描いてみると、今後のレートの動きを予測できることがあります。

■ 図5.12　フィボナッチ・ファンの例（ドル円／ 2018年11月7日～ 13日の1時間足）

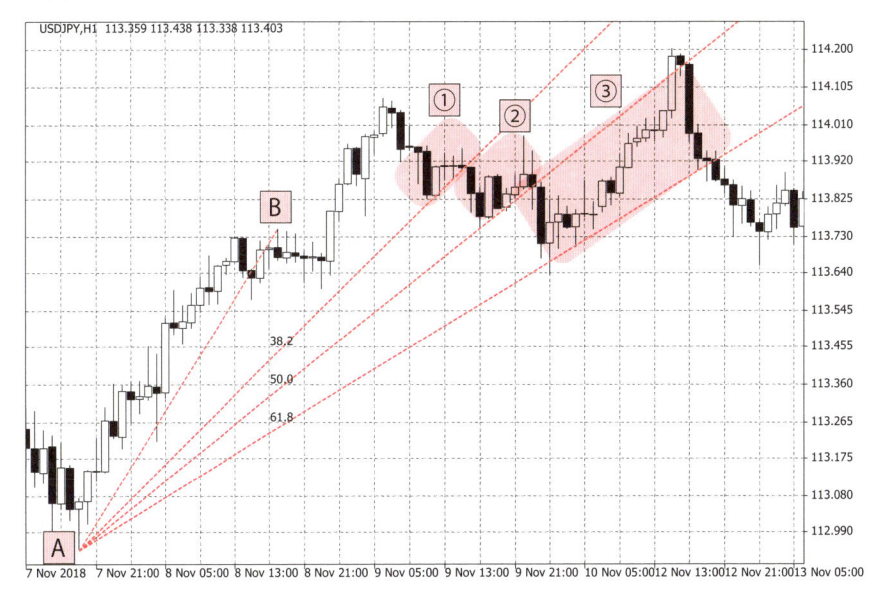

フィボナッチ・エクスパンション

　フィボナッチ・リトレースメントと似たものとして、「フィボナッチ・エクスパンション」があります。これは、トレンドの中で**押し目や戻りをつけた後で、次の高値や安値を予測する際に使う**手法です。

フィボナッチ・エクスパンションの描き方

　フィボナッチ・エクスパンションを作図するには、まずトレンドの中で**節目にあたる3つの点**を決めます。上昇トレンドの場合だと、底／天井／押し目の3点を使います。また、下落トレンドの場合だと、天井／底／戻りの3点を使います。

　そして、3つ目の点から、1つ目と2つ目の点の値幅や、その0.618倍や1倍などの位置に線を引きます。これらの線が、次の高値や安値の目安になるというように考えます。

　図5.13は、上昇トレンドの中で、フィボナッチ・エクスパンションを作図してみた例です。底（点A）／天井（点B）／押し目（点C）の3点を使い、次の高値を予測しています。点Cを基準に、点Aから点Bの値幅の0.618倍と1倍の位置に線を引いていて、これらの線が次の高値の予測値になります。

■ 図5.13　フィボナッチ・エクスパンションの作図例

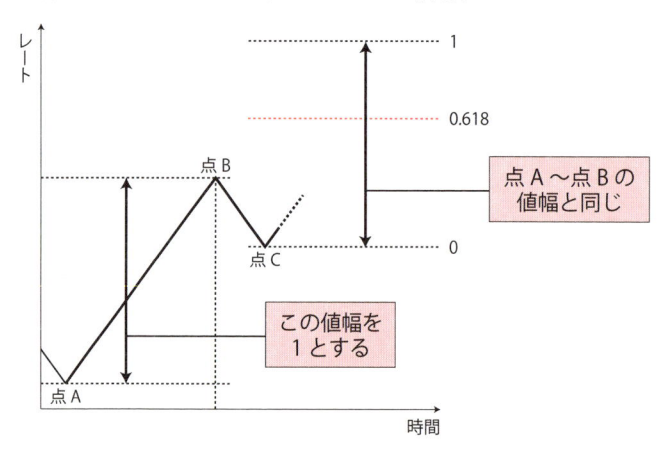

フィボナッチ・エクスパンションによる値幅予測の例

図5.14は、2018年10月3日〜9日のドル円の1時間足チャートに、フィボナッチ・エクスパンションを入れた例です。天井／底／戻りとして、点A（10月4日の8時）／点B（10月4日の23時）／点C（10月5日9時）を使っています。

図中の①の点線枠の部分は、点Cから再度下げ始めて、いったん下げ止まったところです。この点は、点Cを基準にして、点A〜点Bの値幅の0.618倍下がったところに近く、フィボナッチ・エクスパンションでの予測が機能していることがわかります。

また、図中の②の点線枠の部分は、さらに大きく下げて、下げ止まったところです。この点を見ると、1.382倍のラインにほぼ一致していて、ここでもフィボナッチ・エクスパンションでの予測がうまく機能していることがわかります。

この例のように、フィボナッチ・エクスパンションは、今後の高値や安値の水準を予測するのに使うことができます。

■ 図5.14　フィボナッチ・エクスパンションを引いた例（ドル円／2018年10月3日〜9日の1時間足）

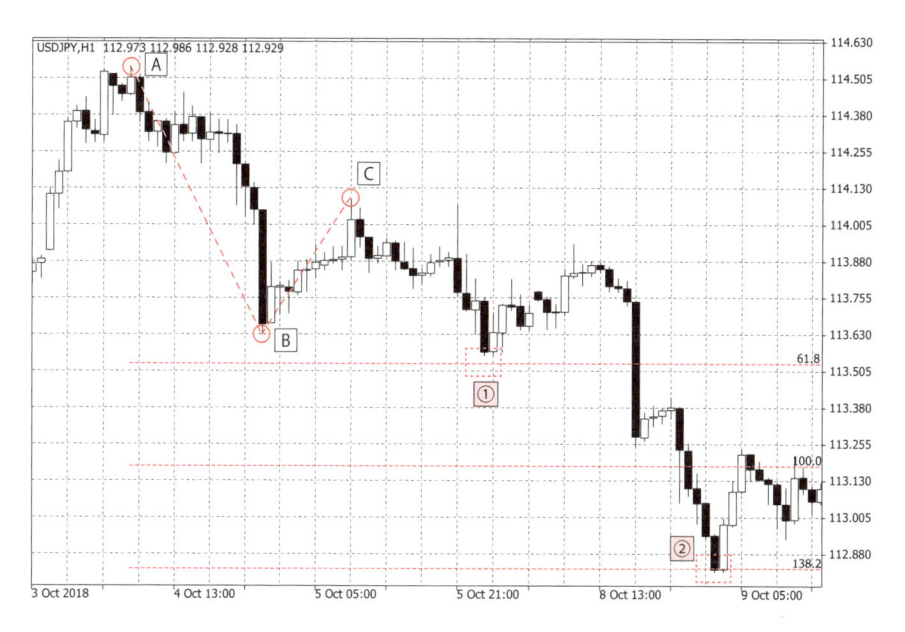

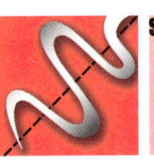

フィボナッチ・ピボット
短期的な売買ポイントの目安を示す

今日の高値／安値など、短期的なエントリー／エグジットの目安を示す指標として、「ピボット」と、それを改良した「フィボナッチ・ピボット」があります。

ピボットとフィボナッチ・ピボットの仕組み

ピボットは、**前日のレートから今日のエントリー／エグジットの目安を示す指標**です。RSI等の多くの指標を発表したJ.W.ワイルダー氏が考案しました。「リアクション・トレンド・システム」（Reation Trend System）とも呼ばれます。

FXでデイトレードやスキャルピングをするトレーダーには、ピボットを重視している人が多くいると言われています。デイトレード等をされる方は、特に見ておくべき指標だと言えるでしょう。

また、ピボットの仕組みに、フィボナッチ数を取り入れた指標として、「フィボナッチ・ピボット」があり、これも使う人が増えている指標です。

ピボットの計算方法

ピボットでは、前日の高値／安値／終値をもとに、「S1」などの指標を計算します。計算方法は表5.1の通りです。指標の「S」は「サポートライン」を表し、「R」は「レジスタンスライン」を表します。

これらの計算式の意味を図示すると、図5.15のようになります。この図のように、P（ピボット）を中心として、上下の値動きの目安を求めようというのが、ピボットの考え方です。

なお、S3は「LBOP」（Low Break Out Pointの略）、R3は「HBOP」（High Break Out Pointの略）とも呼びます。

■ 表5.1　ピボットの各指標の計算方法

指標	計算方法
P（ピボット）	（前日の高値＋前日の安値＋前日の終値）÷3
S1	P－(前日の高値－P)
S2	P－(前日の高値－前日の安値)
S3	S1－(前日の高値－前日の安値)
R1	P＋(P－前日の安値)
R2	P＋(前日の高値－前日の安値)
R3	R1＋(前日の高値－前日の安値)

■ 図5.15　ピボットの各指標の意味

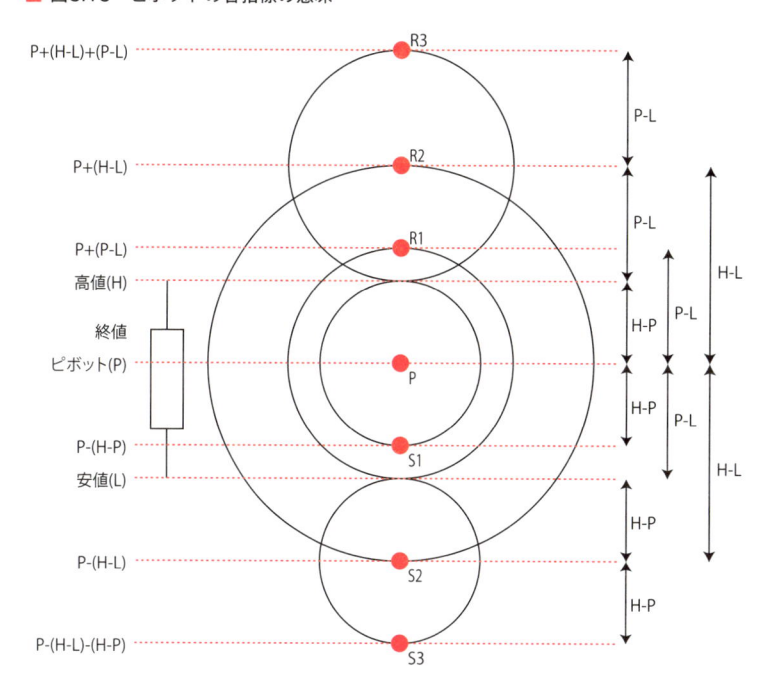

フィボナッチ・ピボットの計算方法

　フィボナッチ・ピボットでは、サポートライン／レジスタンスラインの計算に、フィボナッチ数の比率を使います。具体的な計算方法は表5.2の通りです。また、各指標の意味を図示すると、図5.16のようになります。

■ 表5.2 フィボナッチ・ピボットの各指標の計算方法

指標	計算方法
P（ピボット）	（前日の高値＋前日の安値＋前日の終値）÷3
FS1	P－(前日の高値－前日の安値)×0.5
FS2	P－(前日の高値－前日の安値)×0.618
FS3	P－(前日の高値－前日の安値)×1
FS4	P－(前日の高値－前日の安値)×1.382
FR1	P＋(前日の高値－前日の安値)×0.5
FR2	P＋(前日の高値－前日の安値)×0.618
FR3	P＋(前日の高値－前日の安値)×1
FR4	P＋(前日の高値－前日の安値)×1.382

■ 図5.16 フィボナッチ・ピボットの各指標の意味

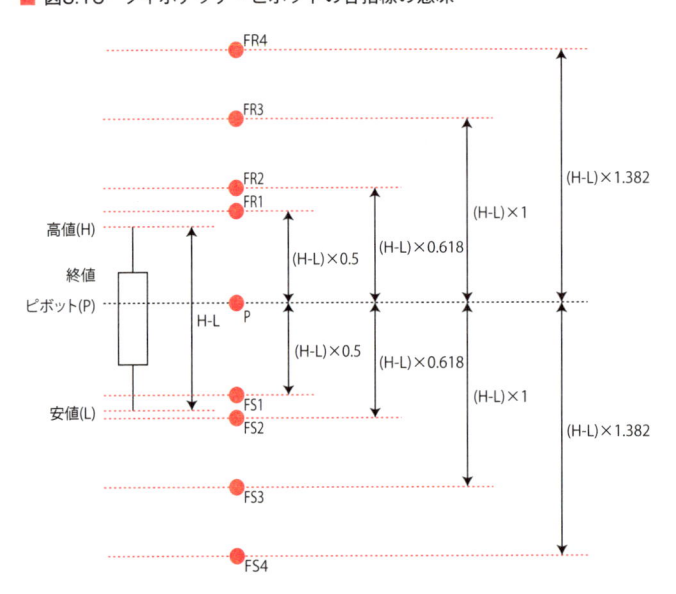

フィボナッチ・ピボットの作図例

　図5.17は、2018年11月26日〜29日のドル円の1時間足に、フィボナッチ・ピボットを追加した例です。「P」のラインがピボットで、「FS1」〜「FS4」がサポートライン、「FR1」〜「FR4」がレジスタンスラインを表します。

　フィボナッチ・ピボットは前日の高値／安値／終値から計算しますので、

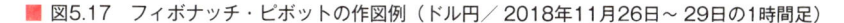

日付が変わるまで同じ値が続きます。そのため、図5.17に示したように、日付が変わるところで値が変わるようなチャートになります。

■ 図5.17 フィボナッチ・ピボットの作図例（ドル円／2018年11月26日〜29日の1時間足）

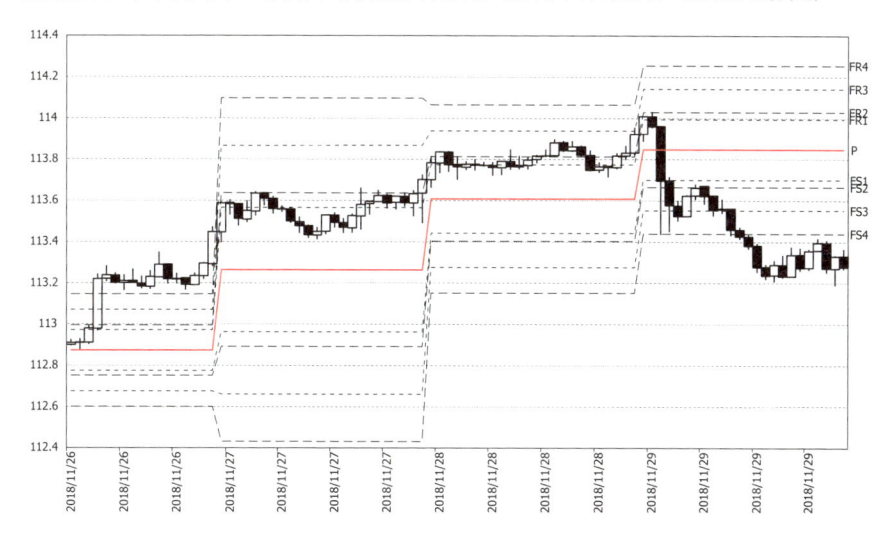

フィボナッチ・ピボットの性質

　日々の値動きを調べてみると、1日の中でレートがピボットの値を通る確率は70％〜80％程度になる性質があります。そして、ピボットから離れたラインになるほど、確率は下がっていきます。

ピボットを中心にレートの到達確率が下がる

　2006年9月24日〜2018年11月30日の3802日間で、ドル円の日々のレートがフィボナッチ・ピボットの個々のラインに到達した確率を調べてみると、表5.3のようになりました。ピボットに到達した確率が72.8％でもっとも高く、そこから離れたレートになるほど確率が下がっていくことがわかります。

■ 表5.3　フィボナッチ・ピボットの各指標への到達割合

指標	回数	割合	
FR4	124	3.3%	
FR3	496	13.0%	
FR2	1484	39.0%	
FR1	1806	47.5%	
P	2767	72.8%	
FS1	1789	47.1%	
FS2	1515	39.8%	
FS3	441	11.6%	
FS4	92	2.4%	

前日が陽線か陰線かで確率が異なる

　表5.3の例は、単純にすべての日を対象に集計した結果です。このような集計をとると、ピボットを中心に上下ほぼ対称にレートが分布する傾向になりやすいです。しかし、前日が陽線／陰線のどちらになったかで集計を分けると、レートの分布に偏りが出ます。

　前述したように、ピボットは高値／安値／終値の平均です。そのため、前日が陽線で終わると、ピボットの値は前日の高値／安値の中間よりやや高く、終値よりは安い値になりやすいです。

　そして、今日の始値は、前日の終値をほぼ引き継いで始まります。そのため、今日のレートはピボットよりも高い範囲から始まることが多くなります（図5.18）。その結果、前日が陽線だと、今日はピボットよりも高いレートを付ける確率が上がります。

　逆に、前日が陰線で終わると、図5.18の上下を逆にした動きになります。そのため、今日はピボットよりも安いレートを付ける確率が上がります。

■ 図5.18　前日が陽線だったときの終値とピボットの位置関係

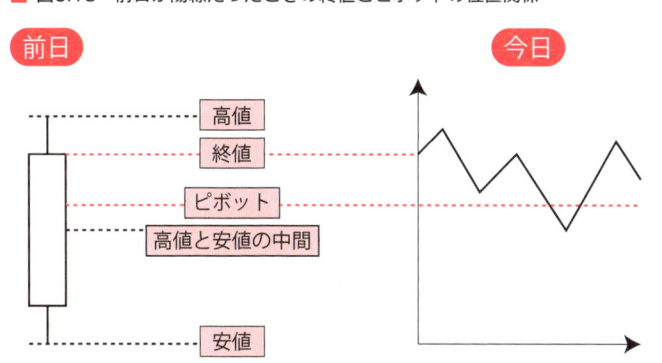

　例えば、表5.3と同じ期間で、前日が陽線だった日と陰線だった日に分けて、それぞれのレートのピボットへの到達度を調べてみました。

　前日が陽線／陰線だった日は、3802日中それぞれ1943日／1849日ありました。このそれぞれでレートの分布を集計すると、その結果は表5.4／表5.5のようになりました。

　前日が陽線のときには、ドル高側にレートが偏っています。例えば、FR1とFS1を比較すると、ドル高側のFR1が58.9％に対し、ドル安側のFS1は35.3％と低くなっています。逆に、前日が陰線のときには、ドル安にレートが偏っています。

■ 表5.4　前日が陽線のときのフィボナッチ・ピボットの各指標への到達割合

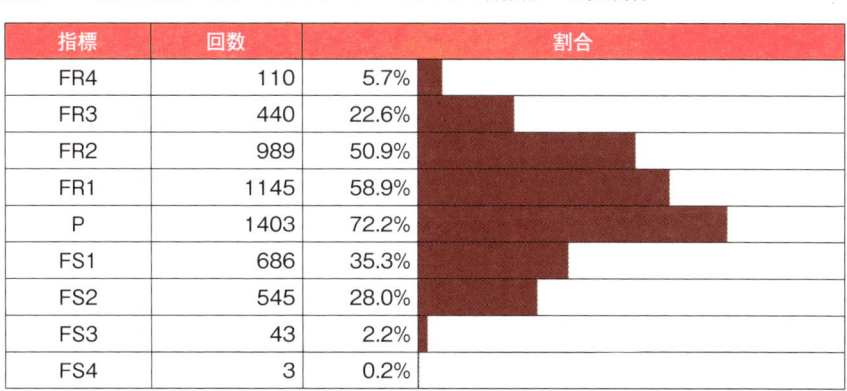

指標	回数	割合	
FR4	110	5.7%	
FR3	440	22.6%	
FR2	989	50.9%	
FR1	1145	58.9%	
P	1403	72.2%	
FS1	686	35.3%	
FS2	545	28.0%	
FS3	43	2.2%	
FS4	3	0.2%	

■ 表5.5　前日が陰線のときのフィボナッチ・ピボットの各指標への到達割合

指標	回数	割合	
FR4	14	0.8%	
FR3	56	3.0%	
FR2	491	26.6%	
FR1	655	35.4%	
P	1354	73.2%	
FS1	1099	59.4%	
FS2	966	52.2%	
FS3	398	21.5%	
FS4	89	4.8%	

フィボナッチ・ピボットを利用する

　ここまでで示したように、フィボナッチ・ピボットは、今日のレートがどのくらいまで上がる（下がる）かを確率的に示します。この性質を利用して、エントリー／エグジットの戦略を考えることができます。

ピボットでエントリーして順張りする

　1つの手法として、ピボットの値段でエントリーし、順張りするという方法が考えられます。214ページで述べたように、**前日が陽線であれば、ピボットより高いレートを付ける確率が高いので、買いでエントリー**します。逆に、**前日が陰線なら、売りでエントリー**します。

　また、**エグジットはレートがピボットから外のラインまで動いた時点**で行うことが考えられます。例えば、買いエントリーした場合、レートがFR1まで上がったら利益を確定します。逆に、レートがFS1まで下がったら、損切りします。

　FR1／FS1よりも外のライン（FR2／FS2など）まで、エグジットを待つことも考えられます。ただ、外のラインになるほど到達する確率が下がるので、あまり待たない方が良いでしょう。

　図5.19は、実際にこの手法に沿ってエントリー／エグジットした例です。

ドル円の2018年11月14日〜17日の1時間足のチャートを例に、11月16日にエントリーするものとして、前日（11月15日）のレートからピボットを計算して、タイミングを考えます。

　前日（11月15日）は始値より終値が安く、陰線になっています。したがって、11月16日には、ピボットの値段で売りエントリーし、その後にレートが下がるのを待つ方法を取ります。

　実際に11月16日のチャートを見ると、図中の「売りエントリー」の箇所でレートがピボットの値を付けています。そして、いったんピボットを上回ったものの、その後は下落して、無事にFS1まで下落し、図中の「エグジット」の箇所で利益確定することができています。

　ただ、この日の例は比較的早い段階でレートがピボットの値段を付けていますが、なかなかピボットの値段を付けない日もあります。そのような場合は、そこからの動きはあまり期待できないので、見送る方が良いでしょう。

■ 図5.19　ピボットでエントリーして順張りする例（ドル円／2018年11月14日〜17日の1時間足）

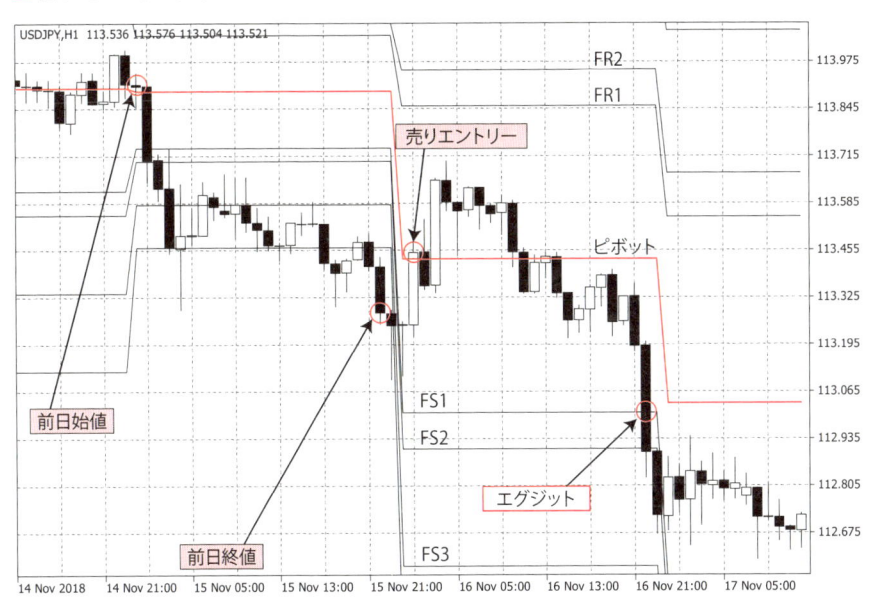

FR4 ／ FS4の外に出たときは注意

214ページの表5.3に示したように、レートがFR4より高くなったり、FS4より安くなったりする確率は低いです。逆に言えば、**そのような事態が起こったときには、レートが行き過ぎている可能性**が考えられます。

そこで、レートがFR4より高くなったときには、行き過ぎによる反落を警戒して、買いポジションを持っていればエグジットしておくようにします（図5.20）。同様に、レートがFS4より安くなったときには、売りポジションをエグジットします。

特に、短時間でレートが急騰（または急落）したときには、その後に急反落（急反発）が起こったり、乱高下して動きが読めなくなることがありますので、早めにエグジットする方が良いです。

ただし、前日の値動きが小さくて高値と安値の幅が狭いと、ピボットの各ラインの幅も狭くなりますので、FS4やFR4を超えることが起こりえます。**そのような状況でないかどうかを確認する**必要があります。

また、しばらくレートがレンジで推移した後に、トレンドが発生してFR4やFS4を突破した場合、ボリンジャーバンドでのエントリー（119ページ参照）で述べたような状況になっていることが考えられます。

その場合は、**状況を確認した上で、トレンドが発生しているようであれば、順張りでエントリーする**ようにします。レートがFR4を超えていれば買いエントリー、FS4を下回っていれば売りエントリーします。

■ 図5.20　レートがFR4より高くなったらエグジットする

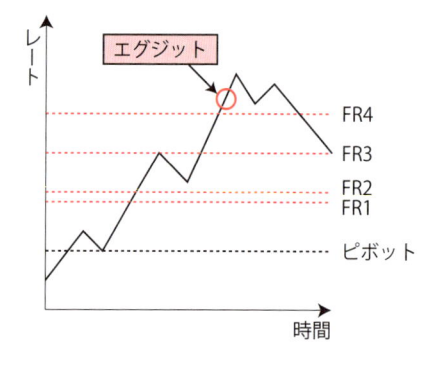

日足以外の周期でフィボナッチ・ピボットを調べる

　ここまででは、日足をもとにフィボナッチ・ピボットを扱ってきました。ただ、これは日足専用というわけではありません。他の周期のデータを元にフィボナッチ・ピボットを求めて、レートの動きを予測することも考えられます。

　例えば、1本前の1時間足の高値／安値／終値からフィボナッチ・ピボットを求め、今の1時間の間にレートが動きそうな範囲を予測し、エントリー／エグジットのタイミングを検討する、といった方法が考えられます。

　表5.6は、2016年6月8日〜2018年12月1日のドル円の1時間足のデータから（全データ数は1万5449本）、フィボナッチ・ピボットを求めて、各時間帯でのレートがフィボナッチ・ピボットのどのラインまで到達するかを調べた結果です。日足での結果（214ページの表5.3）と見比べてみると、似たような結果が得られていることがわかります。

■ 表5.6　1時間足でのフィボナッチ・ピボットの各指標への到達割合

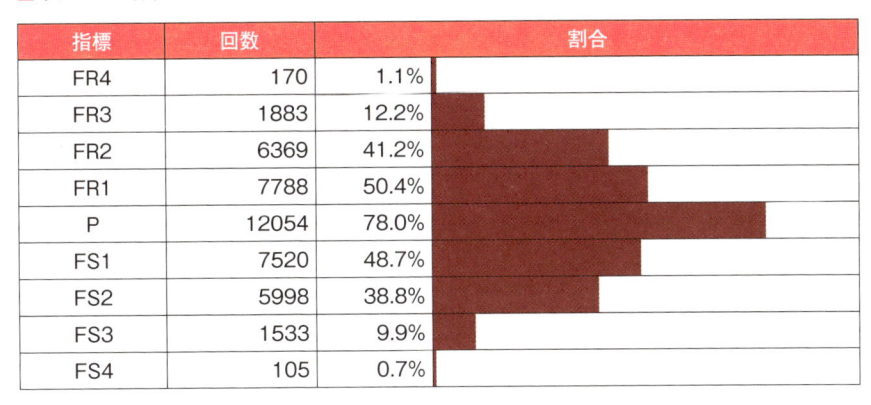

指標	回数	割合	
FR4	170	1.1%	
FR3	1883	12.2%	
FR2	6369	41.2%	
FR1	7788	50.4%	
P	12054	78.0%	
FS1	7520	48.7%	
FS2	5998	38.8%	
FS3	1533	9.9%	
FS4	105	0.7%	

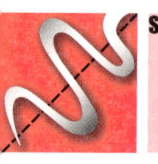

05 ATR
ローソク足1本分の値動きの激しさを表す

ATR（Average True Rangeの略）は、値動きの激しさを表す指標です。オシレータ系指標としてエグジットのタイミングを見るときに使う他、ストップロスの目安を考えるのに使うことができます。

ATRの計算方法

ATRを求めるには、まず「TR」（True Range）を求めます。TRの求め方はDMIの場合と同じですので、DMIのところを参照してください（176ページ）。

ATRを求める

個々のローソク足に対してTRを求めたら、その移動平均を求めます。これがATRになります。移動平均する際の平均期間としては、**14本**を使うことが一般的です。

なお、**ATRは15分足～1時間くらいのチャート**で使うと、比較的見やすくなります。これより周期が長いチャートで使うと、ATRの動きがギザギザしてしまい、判断が難しくなってきます。また、1分足や5分足では周期が短すぎるために、これもATRがギザギザした動きになりがちです。

ATRで売買タイミングを判断する

ATRは、**計算期間内でのローソク足1本あたりの平均的な値動きの激しさ**を表します。値動きが小さくなるとATRも小さくなり、値動きが激しくなるとATRが大きくなります。

レートの動きが穏やかな状態がしばらく続いた後、動きが出始めると、

ATRが上がり始めます。このようなときには、レートが動いた方向にエントリーすると良いです。

　一方、レートが大きく動いた後に伸び悩むと、値動きが急激に小さくなるために、ATRが下がり始めます。そこで、**ATRが天井を付けて下がりだしたら、値動きが小さくなることを見越して、持っているポジションをエグジットする**方法をとることができます。

ATRによるエントリー／エグジットの例

　図5.21は、2018年11月28日〜29日のユーロ円の1時間足のチャートを使って、ATRでエントリー／エグジットのタイミングを判断した例です。

　図の①の部分では、レートの動きがレンジで、この間、値動きは徐々に小さくなりますので、ATRは下落しています。

■ 図5.21　ATRによるエントリー／エグジットの例（ユーロ円／ 2018年11月28日〜29日の1時間足）

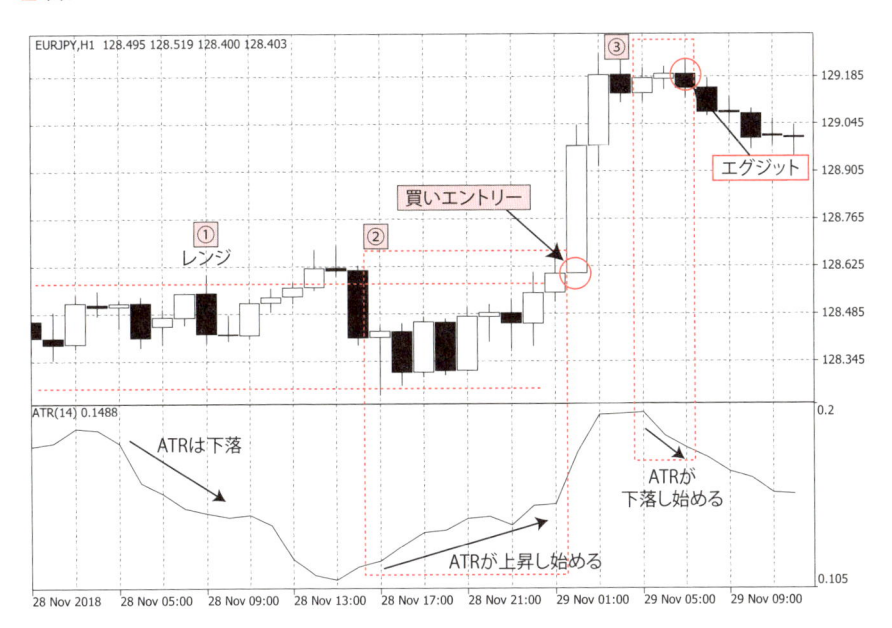

そして、②の最後のあたりで、レートの動きがレンジの上に抜けています。また、②の範囲に向かうにつれて、ATRも上昇し始めています。この状況は、買いエントリーに適した形で、図中の「買いエントリー」のあたりでエントリーします。

その後、レートが上昇するとともに、ATRも上昇しています。しかし、③のあたりでレートが上下に揺れ始めると、ATRも下落し始めています。この後は、レートの動きが穏やかになる可能性がありますので、③のあたりでエグジットします。

ATRでストップロスの目安を考える

ATRは、ストップロスの目安を考える際に使うこともできます（ストップロスの具体的な注文方法はChapter.6の245ページで解説）。

ATRは直近の平均的な値動きの幅を示します。そのため、ATRが小さいときには、レートはあまり動きません。このようなときに、今のレートからある程度離れたレートでのストップロス注文を出しても、まず約定しません。

一方、ATRが大きいときには、値動きが荒いです。このようなときにストップロス注文を出す場合、現在のレートからある程度離れたレートで注文しておかないと、すぐに約定してストップロスになる可能性があります。

このように、ストップロス注文を出す際に、ATRの大きさに応じて、現在のレートからどれぐらい離れたレートにするかを考えることができます。

■ 図5.22　ATRを使ったストップロス注文の考え方（買いエントリーの場合）

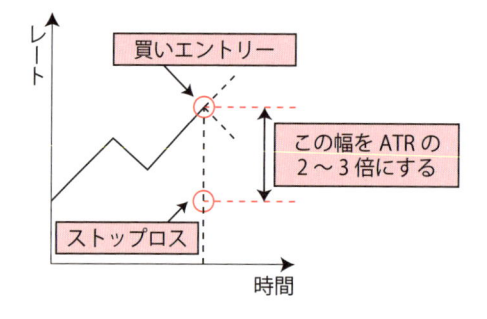

ATRは直近の値動きの平均なので、その後の実際の値動きでは、ATRより小さな値動きになることもあれば、大きな値動きになることもあります。そこで、**現在のレートからATRの2 〜 3倍程度離れたレートに、ストップロス注文を入れる**ことが多いです（図5.22）。

ストップロスのレートを考える例

図5.23は、2018年10月2日〜 4日のポンド円の30分足のチャートに、ATRを入れた例です。この図の「買いエントリー」の位置を見ると、逆ヘッドアンドショルダー型からネックラインを越えて、買いのシグナルが出ています。

そこで、この時点で実際に買いエントリーするものとして（この時点より右（後）のチャートをまだ見ていない時を想定して）、そのときのストップロスのレートをいくらにするかを、ATRで考えてみます。

この時点でのATRは、図に示したように0.154円になっていました。したがって、この後しばらくの間は、ローソク足1本あたり、平均的に0.154円程度の上下が起こると予想されます。また、0.154円は平均的な上下幅で、ときにはその2 〜 3倍程度の動きがあることもあり得ます。

そこで、0.154円の3倍をとり、0.462円下がったらストップロスするように注文を出しておきます。図に示したように、買いエントリーは147.898円だったので、147.898 − 0.462 ＝ 147.436円でストップロスするように注文しておきます。

この後のチャートを見ると、レートがいったん下落した後、上昇トレンドに入っています。買いエントリー後しばらくの間での安値は、図に示した147.616円です。この安値は、ストップロスに指定した147.436円よりは上です。したがって、ストップロスにならずに、その後の上昇をつかまえることができています。

もし、買いエントリーの際に、ATRを考えずにストップロスのラインをもっと高く設定していたとしてください。すると、その後に図の「買いエントリー後の安値」にひっかかって、すぐにストップロスが付いてしまったことになります。

■ 図5.23　ATRでストップロスのレートを考える例（ポンド円／ 2018年10月2日〜 4日の30分足）

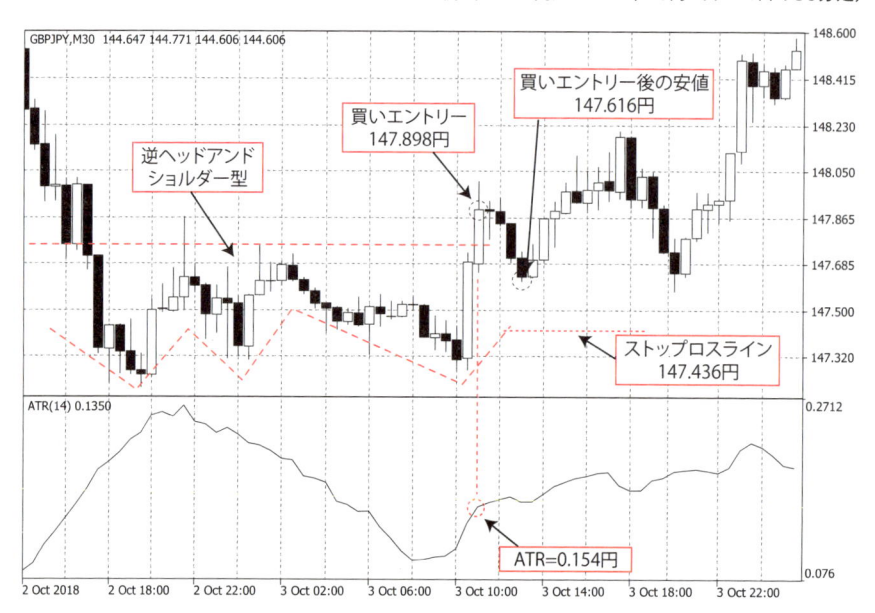

Chapter.6

テクニカル指標などを組み合わせる

ここまでで説明してきた指標や、手法等を組み合わせることで、さまざまな戦略を立てることができます。そこでChapter.6では、複数のテクニカル指標を組み合わせて判断したり、注文方法を組み合わせたりすることについて解説します。

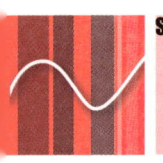

複数のテクニカル指標を組み合わせる

Section 01

さまざまなテクニカル分析を組み合わせることで、エントリー／エグジットのタイミングの精度を高めることができます。

各指標の弱点を相互補完する

テクニカル分析には多くの指標がありますが、「これ1つでどんな相場でも対応できる」というような都合の良い指標は、まずないと言えます。

トレンド系のテクニカル指標は、上昇／下落のトレンドに沿ってエントリーする場合には威力を発揮しますが、トレンドがはっきりしないときには、ダマシが多くなってしまうという問題があります。

一方、オシレータ系の指標は、エグジットのタイミングを判断するのには向いていますが、エントリーのタイミングを判断するにはやや使いづらいです。また、トレンドがはっきりしているときにはダマシが増えがちです。

そこで、1つのテクニカル指標だけですべてを判断するのではなく、複数の指標を組み合わせて、互いの弱点を補完することが考えられます。

組み合わせ例①—移動平均線とCCI

トレンドがはっきりしているときには、移動平均線とグランビルの法則でエントリーのタイミングを読むことができます。ただ、グランビルの法則では、エグジットのタイミングを明確に示しにくいため、別の指標で判断することが考えられます。ここではその例として、CCIで判断してみます。

エントリー／エグジットの判断方法

具体的なエントリー／エグジットの判断は、以下のようにします。

①グランビルの買い法則の1 〜 3を満たしたときに買いエントリーする。

②①でエントリーした後、CCIが＋100を超えて、その後に反落し始めたらエグジットする（図6.1の左半分）。

③①でエントリーした後、CCIが0を割り込んだら、エントリー失敗と判断してエグジットする。

④グランビルの売り法則の1 〜 3を満たしたときに売りエントリーする。

⑤④でエントリーした後、CCIが－100を割って、その後に反発し始めたらエグジットする（図6.1の右半分）。

⑥⑤でエントリーした後、CCIが0を上回ったら、エントリー失敗と判断してエグジットする。

■ 図6.1　移動平均線とCCIによるエントリー／エグジットの判断方法

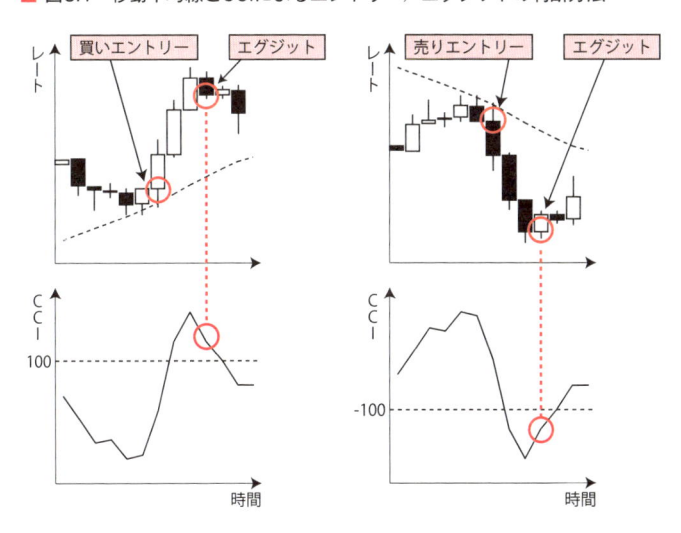

移動平均線とCCIによるエントリー／エグジットの例

　図6.2は、2018年11月5日〜 9日のユーロ円の1時間足を対象に、上記の判断方法に基づいて、エントリー／エグジットのタイミングを示した例です。移動平均の本数は**24本**（1時間×24本で1日）にし、CCIは標準的に**14本**で計算しています。また、条件の判断はローソク足の終値で行い、次のローソク足の始値でエントリー／エグジットするようにしています。

　この期間中に、買いエントリーからエグジットまでが4回と、売りエント
リーからエグジットまでが2回起こっています。買いエントリー③→エグジッ
ト③では、40pips程度の利益が得られています。また、売りエントリー⑥→
エグジット⑥では30pips程度の利益になっています。ただ、買いエントリー
①→エグジット①では、エグジットが早すぎて、利益が小幅にとどまってい
ます。

　チャートを見ると、買いエントリー①の前でレートが上昇し、CCIも大き
く上がっているため、その後のわずかな下落にCCIが敏感に反応して下がっ
ています。このことが、①のエントリーでエグジットが早くなった原因です。

　なお、このチャートの中でのエントリーからエグジットでは、損失になっ
ているところはありません。しかし、レートが急激に変動すれば、ダマシに
なって損失になることも十分にあります。

■ 図6.2　移動平均線とCCIによる判断例（ユーロ円／2018年11月5日〜9日の1時間足）

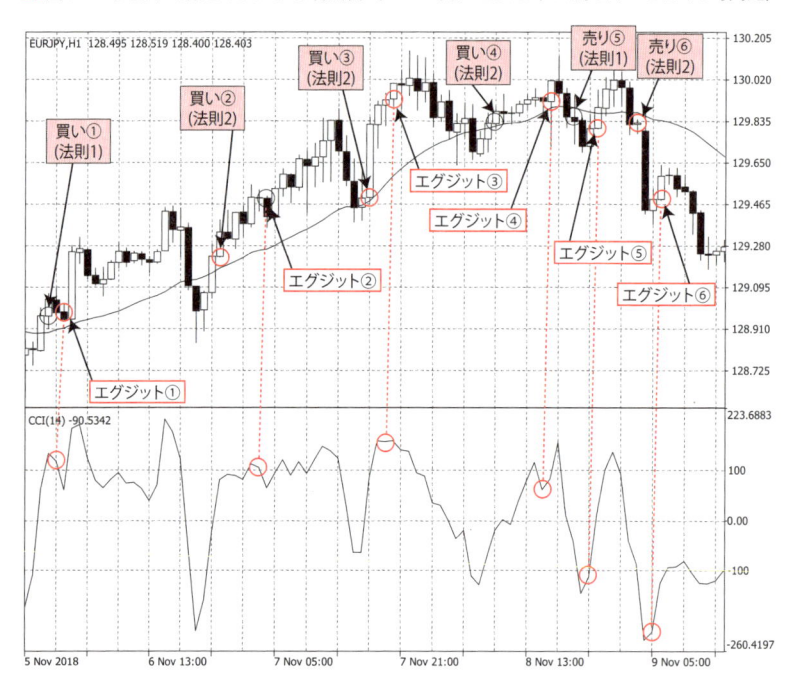

判断方法をチューニングする

前述の判断結果を見ると、トータルでは利益は出ていますが、エグジットのタイミングが早すぎる箇所があります。このように、そこそこの結果にはなっているものの、最適とは言えない場合もあります。

このようなときには、その原因を考えて分析をチューニングし、より良い結果を得られる方法を探すようにします。

前述の例では、CCIの反応が敏感であるために、エグジットのタイミングが早めに出てしまいます。これが、利益をとり損ねる原因です。

そこで、CCIそのものではなく、**CCIの移動平均（CCI ／ MA）でエグジットの判断を行う**ようにしてみます。CCIの移動平均をとることで、振動がなめらかになり、細かな振動によって早めにエグジットしてしまうことが減ります。

ただし、その反面エグジットのタイミングが遅れることになります。**タイミングが遅れすぎず、かつ早すぎずになるように、CCIの移動平均の期間を調節する**ことが必要です。

図6.3は、図6.2の判断例で、CCIの代わりにCCIの14本移動平均を使い、その向きが変わったところでエグジットするように変えた例です。エグジットの判断をCCI ／ MAで行いますので、エグジットのタイミングはやや遅れます。

図6.2のときは、買いエントリー①の後のエグジット①が早すぎました。一方、図6.3ではCCIの移動平均を使うことによって、エグジット①まで待つ形になり、より多くの利益を得られています。同様に、買いエントリー②→エグジット②でも、利益が伸びています。

しかし、売りエントリー⑤→エグジット⑤では、図6.2では若干利益だったのに対し、図6.3では損失になっています。CCIの移動平均を使用したために、レートの上昇に対してCCIの上昇が遅れ、エグジットのタイミングの判断が遅れて、損失が拡大する結果になっています。

ただ、トータルの利益を見ると、図6.2の判断方法よりも、図6.3の方が良い結果が得られています。

■ 図6.3　図6.2でエグジットの判断をCCI／MAで行うようにした例

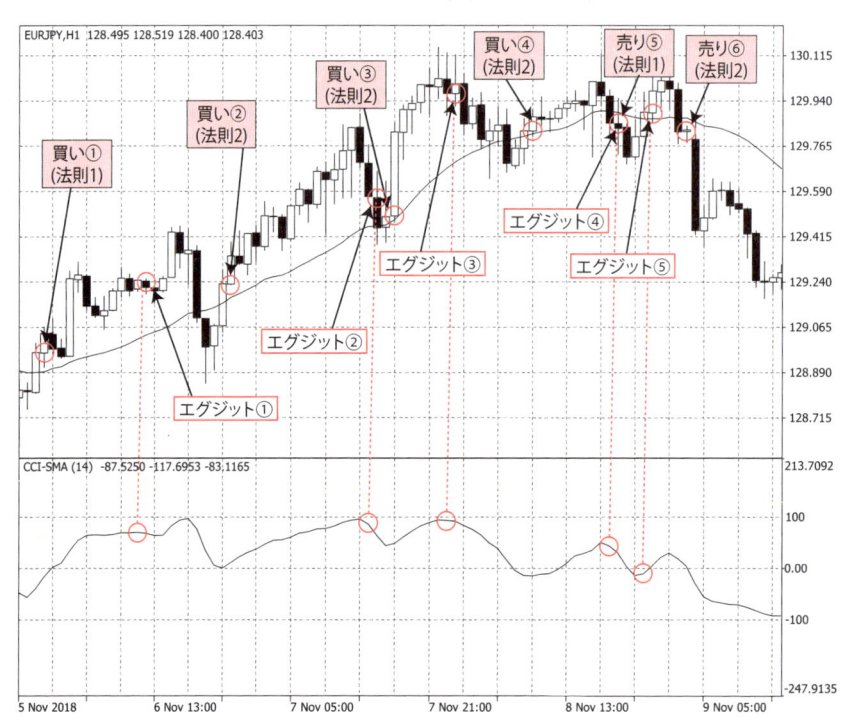

組み合わせ例②—ボリンジャーバンドとMACD

　もう1つの例として、レートがレンジ状態のときに、テクニカル指標を組み合わせてエントリー／エグジットを判断する例を取り上げます。

　組み合わせはいろいろ考えられますが、ここではボリンジャーバンドとMACDを選んでみます。

エントリー／エグジットの判断方法

　レートがレンジで推移しているときには、レートがボリンジャーバンドの−2σと+2σの間で上下することが多いです。そこで、以下のようなエントリー／エグジットの方法が考えられます（124ページ参照）。

①レートが−2σまで下がって陽線で反発したら、買いエントリーする。

②①で買いエントリーした後、レートが移動平均線まで戻ったらエグジットする。

③レートが＋2σまで上がって陰線で反落したら、売りエントリーする。

④③で売りエントリーした後、レートが移動平均線まで下落したらエグジットする。

　ただ、①で買いエントリーした場合、移動平均線を超えて上昇が続くと、利益をとり損ねることになります。一方、移動平均線に届かないで反落してしまうと、エグジットするタイミングがなくなります。

　ここで、**MACDによる判断も追加**して、上記の問題を改善してみます。まず、買いエントリーとその後のエグジットについては、以下のように条件を決めることにします。

①レートが−2σまで下がって陽線で反発したら、買いエントリーする。

②①で買いエントリーした後、レートが＋2σまで戻ったらエグジットする（図6.4）。

③①で買いエントリーした後、MACDとシグナルがデッドクロスしたらエグジットする（図6.5）。

　②の条件によって、**レートが大きく反発したときに、より大きな利益を得る**ことができます。また、③の条件によって、レートがあまり反発しなかったときにも、エグジットするようにします。

　同様に、売りエントリーとその後のエグジットについては、以下のように条件を決めます。

④レートが＋2σまで上がって陰線で反落したら、売りエントリーする。

⑤④で売りエントリーした後、レートが−2σまで下がったらエグジットする。

⑥④で売りエントリーした後、MACDとシグナルがゴールデンクロスしたらエグジットする。

■ 図6.4 レートが＋2σまで反発した場合の判断方法

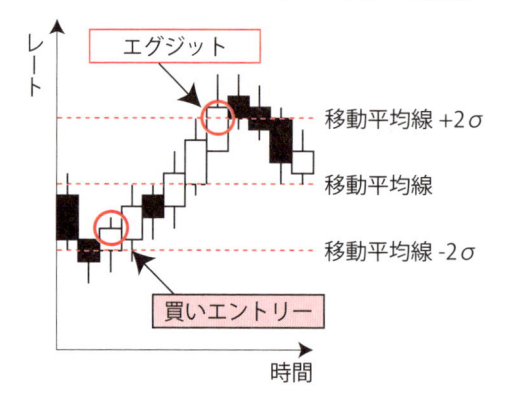

■ 図6.5 レートが＋2σまで反発しなかった場合の判断方法

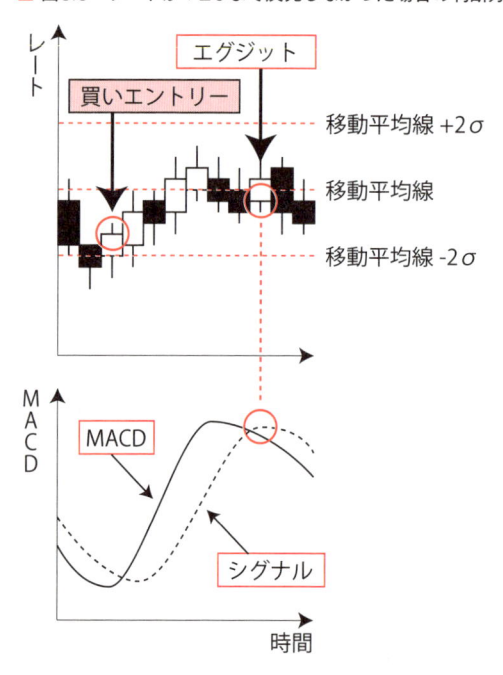

ボリンジャーバンドとMACDによるエントリー／エグジットの例

　図6.6は、2018年11月22日〜23日のドル円の15分足のチャートに、MACD
とシグナルを入れて、前述の条件でエントリーとエグジットの判断を行った

例です。

この期間には、買いエントリーからエグジットまでが3回と、売りエントリーからエグジットまでが3回の、合計6回のエントリーがありました。

この6回のうちの4回は、レートがボリンジャーバンドの片方の2σから反対側の2σまで動いていて、うまく利益を得ることができています。

ただ、買いエントリー⑤では、エントリー後にレートが十分に上がらず、+2σまで上がるまでに反落し始めています。そのため、MACDがシグナルとデッドクロスして、エントリー失敗の形になり、エグジットする結果になっています（図中の「エグジット⑤」の箇所）。

また、売りエントリー⑥からエグジット⑥も同様で、レートが十分に下がらずに、MACDとシグナルのゴールデンクロスでエグジットする形になっています。

■ 図6.6　ボリンジャーバンドとMACDによる判断例（ドル円／2018年11月22日〜23日の15分足）

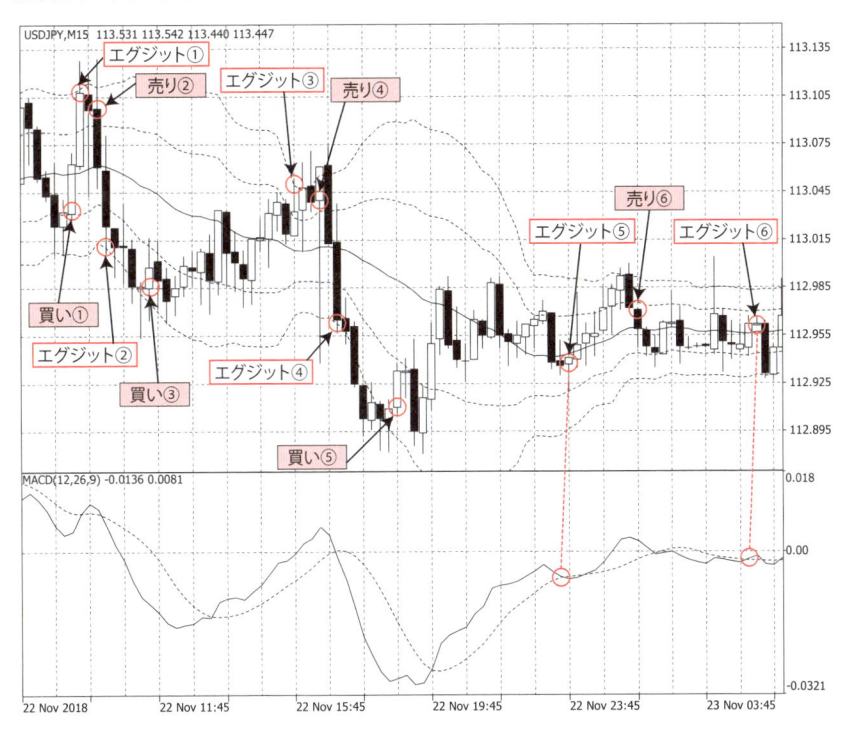

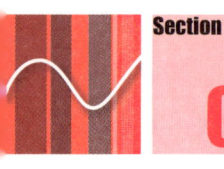

エントリー／エグジットを
フィルタリングする

テクニカル指標に基づいてエントリー／エグジットする場合、条件を満たしていても、他の条件によってはそれを見送ることも考えられます。このSectionでは、このような手法（フィルタリング）について解説します。

フィルタリングの基本

まず、フィルタリングとは何かについて解説します。

フィルタリングとは

テクニカル分析の手法には、それぞれに得手不得手があります。例えば、トレンド系の指標は、トレンドがあるときには有効に働きますが、レンジになるとダマシが増えます。

■ 図6.7　フィルタリングの手順

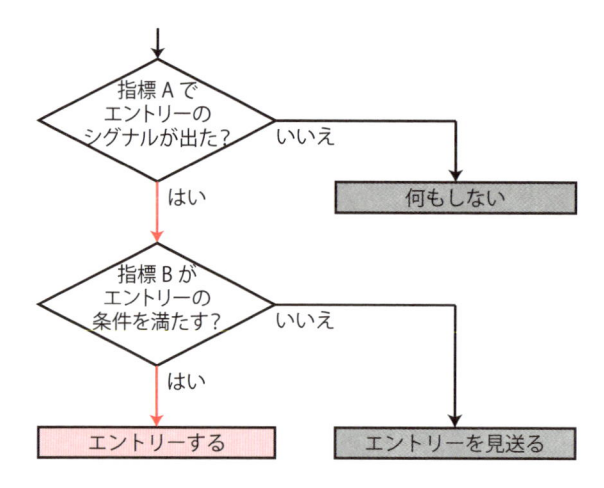

　このような、手法ごとの得手不得手を抑える方法として、「フィルタリング」があります。フィルタリングとは、**ある指標でエントリー（またはエグジット）のタイミングと判断されたとしても、別の指標によってそれを見送る**ことを指します。

　例えば、指標Aでエントリーの判断を行い、指標Bでフィルタリングする場合、図6.7のような順序でエントリーするかどうかを判断します。

フィルタリングの手法

　フィルタリングの手法は、いろいろと考えられます。

　例えば、トレンドに沿ってエントリーしたいとします。この場合、「トレンドがある」ということを示すテクニカル指標を使って、エントリーをフィルタリングすることが考えられます。

　一方で、レンジの中で細かくエントリーを繰り返したい場合、「レンジである」ということを示すテクニカル指標を使って、エントリーをフィルタリングすることが考えられます。

フィルタリングで判断する例

　フィルタリングの1つの事例として、「平均足によるエントリーを、移動平均線でフィルタリングする」という例を紹介します。

フィルタリングの考え方

　平均足では、陽線（または陰線）が続きやすい性質があります。この性質を利用して、**陽線から陰線（または陰線から陽線）に変わるたびに、エントリー／エグジットを繰り返す**方法が考えられます。

　ただ、単純にエントリーするだけだと、レートがレンジで推移しているときには、ダマシが発生してしまいます。そこで、「トレンドがある」という条件でフィルタリングし、エントリーするようにしてみます。トレンドの判断は、**短期／中期／長期の3本の移動平均線の位置関係**で行うことにします。

　移動平均線は、上昇トレンド／下落トレンドのそれぞれで、チャート上で

上から順に以下のように並びます（図6.8）。

①**上昇トレンドのとき**

　短期移動平均線→中期移動平均線→長期移動平均線

②**下落トレンドのとき**

　長期移動平均線→中期移動平均線→短期移動平均線

■ 図6.8　上昇トレンド／下落トレンド時の移動平均線の並び方

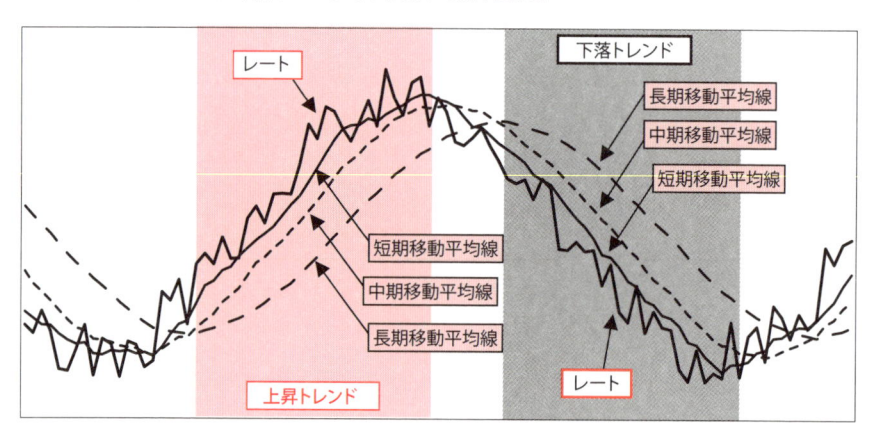

この性質を利用し、以下のようにエントリー／エグジットします。

①**移動平均線の位置関係が短期移動平均線→中期移動平均線→長期移動平均線の順になった時点で、平均足が陽線なら買いエントリーする。**

②**移動平均線が①と同じ位置関係で、平均足が陰線から陽線に変わったら、買いエントリーする（図6.9の左半分）。**

③**①か②でエントリーした後、平均足が陽線から陰線に変わったらエグジットする。**

④**移動平均線の位置関係が長期移動平均線→中期移動平均線→短期移動平均線の順になった時点で、平均足が陰線なら売りエントリーする。**

⑤**移動平均線が④と同じ位置関係で、平均足が陽線から陰線に変わったら、売**

りエントリーする（図6.9の右半分）。

⑥④か⑤でエントリーした後、平均足が陰線から陽線に変わったらエグジットする。

⑦平均足が陽線から陰線（または陰線から陽線）に変わっても、レートと移動平均線の位置関係が図6.9の通りになっていなければ、エントリーしない。

⑧エグジットの判断の際にはフィルタリングは行わない。

■ 図6.9　平均足でのエントリーを、移動平均線でフィルタリングする

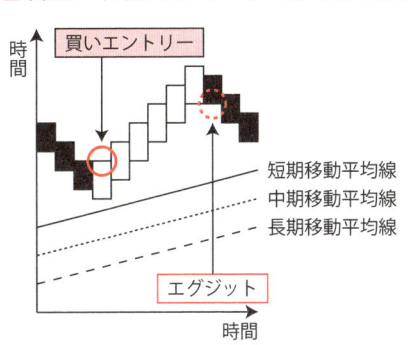 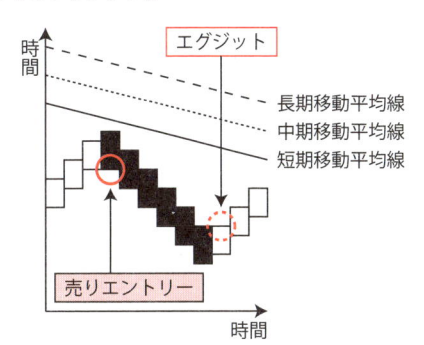

平均足と移動平均線によるフィルタリングの例

　図6.10は、2018年11月6日〜 10日のユーロ円の1時間足を対象に、平均足でのエントリーを移動平均線でフィルタリングした例です。

　図中の網掛けの範囲が、移動平均線でのフィルタリングによって、エントリー可能と判断される時期です。ピンクの網掛けは上昇トレンドを表し、グレーの網掛けは下落トレンドを表します。

　フィルタリングした結果、エントリーは買いが2回、売りが2回の計4回になっています。そのうち、利益が2回（買い①と売り④）、損失が2回になっていて、トータルでは利益の方が大きくなっています。特に、売り④→エグジット④では、約40pipsの利益を得ることに成功しています。

　また、フィルタリングせずに、単純に平均足の陽線と陰線が変わるたびにエントリーを切り替えていたとすると、以下のような買いエントリーが発生します。

①図中の「買いX」のタイミングで買いエントリーし、「エグジットX」のタイミングでエグジットする。

②図中の「売りY」のタイミングで売りエントリーし、「エグジットY」のタイミングでエグジットする。

しかし、この通りに買いエントリーしていたとすると、いずれも損失に終わっています。

また、フィルタリングしないと、上昇トレンドの際にも、それを無視した売りエントリーをして、損失になる場面があります（例：「エグジット①」で売りエントリー→「エグジットZ」でエグジット）。このように、ここであげたフィルタリングは、効果が現れていると言えるでしょう。

■ 図6.10　フィルタリングした例（ユーロ円／ 2018年11月6日～ 10日の1時間足）

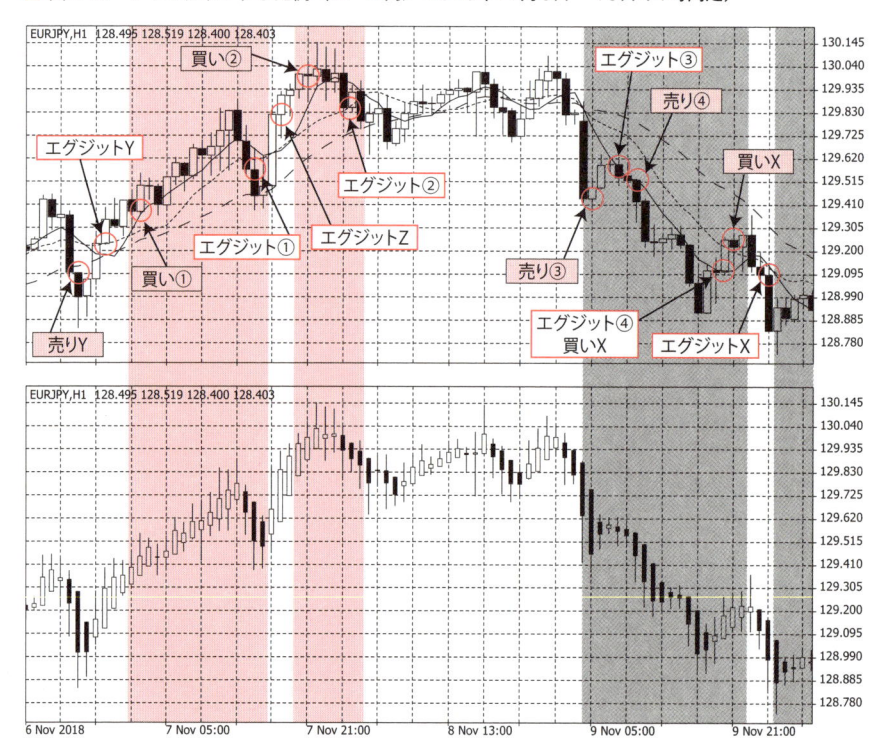

238

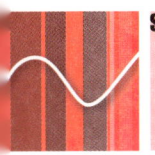

チャートに周期の異なる指標を追加する

デイトレード等の短期取引をする際に、長い周期の指標も参考にしてタイミングを判断することもあります。その場合は、短い周期のチャートに、長い周期のデータで計算した指標を追加すると便利です。

長い周期の指標でチャートを補完する

デイトレードやスキャルピングをする方だと、1分足や5分足などのチャートを多用することになります。ただ、短期のチャートを使う場合も、長い周期のチャートのテクニカル指標も併用して、傾向を確認しながらトレードすることをお勧めします。

そこで、長い周期のデータを使ってテクニカル指標を計算し、それを1分足や5分足等の短い周期のチャートに表示すると便利です。このような指標を、エントリー／エグジットのタイミングを判断に使うことも考えられます。

特に、長い周期のチャートからトレンド系のテクニカル指標を計算して、短い周期のチャートに表示すると、現在の大まかなトレンドを確認するのに役立ちます。

フィボナッチ・ピボットを表示する

異なる周期の指標を1枚のチャートに表示する事例として、もっともよく使うと思われるのは、フィボナッチ・ピボットです（210ページ参照）。

フィボナッチ・ピボットは、基本的には前日の日足のデータから計算して、今日のレートが動く範囲を推測する際に使います。したがって、**日足より短い周期のチャートにフィボナッチ・ピボットを表示する機会が多い**です。

また、前日の日足だけでなく、1本前の4時間足や1時間足からフィボナッチ・

ピボットを計算して、その値を1分足や5分足のチャートに表示し、現在のレートの動きを予測することもできます。

図6.11は、2018年11月27日のドル円の5分足チャートに、1時間足から計算したフィボナッチ・ピボットを表示した例です。レートがピボットを中心にして上下する傾向があることがわかります。

■ 図6.11　5分足チャートに1時間足から計算したフィボナッチ・ピボットを表示（ドル円／2018年11月27日の5分足）

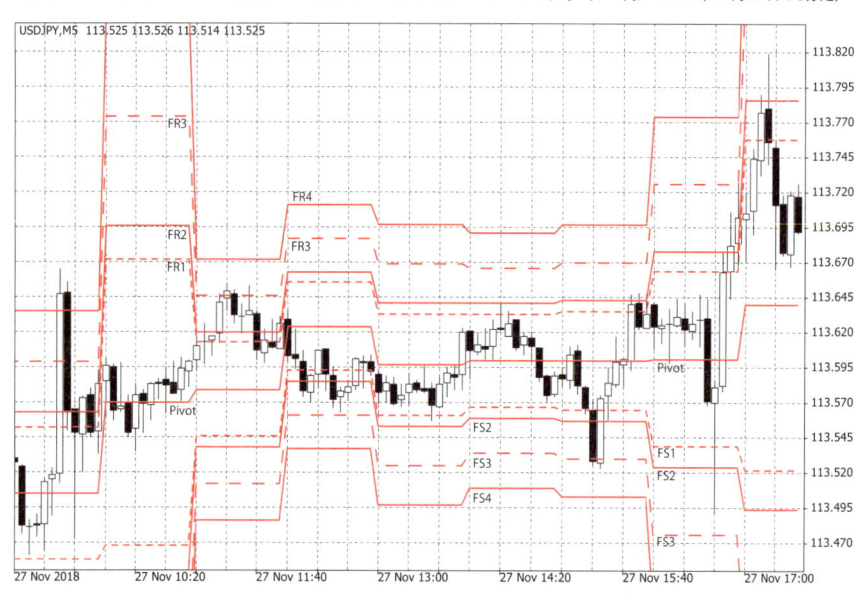

パラボリックSARを表示する

パラボリックSARを使ってエントリーやエグジットを判断する場合、**長い周期のデータでSARを計算して、それを短い周期のチャートに表示する**ことも考えられます。

短い周期のデータをそのまま使ってSARを計算すると、レートの細かな振動に影響されて、シグナルが頻繁に発生してしまいます。長い周期のデータでSARを計算すれば、この問題を改善することができます。

　図6.12は、2018年11月20日〜21日のユーロ円の15分足チャートに、15分足から普通に求めたパラボリックSARと、**1時間足から求めたパラボリックSAR**の両方を表示した例です。ギザギザとした折れ線が、1時間足のパラボリックSARです。

　15分足のパラボリックSARは、買いと売りが頻繁に入れ替わっているのに対し、1時間足のSARはこの間はほぼローソク足の下に位置し、**買いのトレンドが続いている**ことを示しています。

　このことから考えると、15分足のパラボリックSARでエントリーを判断するなら、売りエントリーは見送って、買いエントリーだけ行う方が良さそうだと考えられます。

　特に、図中のAの箇所では、15分足のパラボリックSARは売りに転換した形になっていますが、1時間足のパラボリックSAR付近まで下落して反発していて、1時間足で見ればむしろ買いのタイミングと言えます。実際、その後はレートが上がっています。

■ 図6.12　15分足のチャートに、1時間足から計算したパラボリックSARを表示（ドル円／2018年11月20日〜21日の15分足）

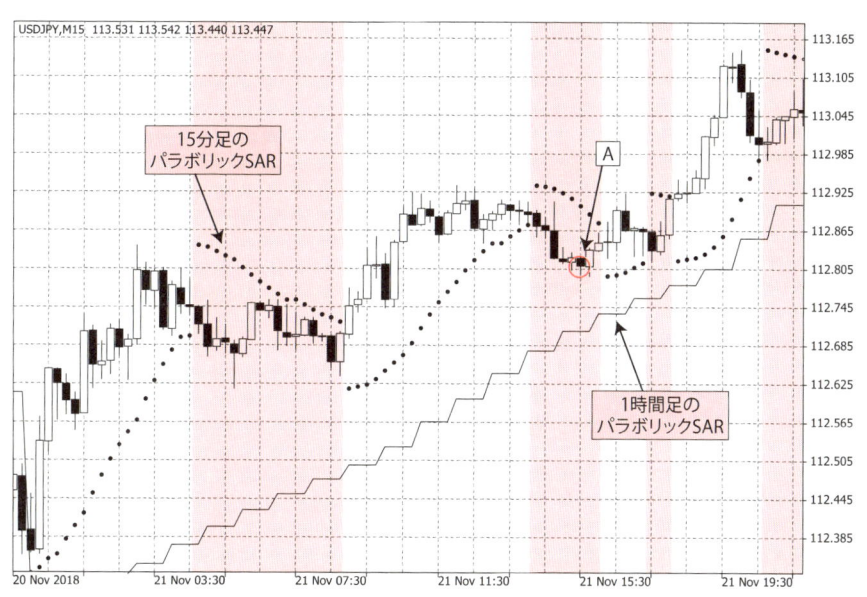

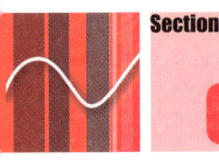

Section 04 FXの注文方法を組み合わせる

　テクニカル分析に基づいてトレードする場合、FXで使える各種の注文方法をうまく活用することも重要です。Chapter.6の最後として、テクニカル指標と注文方法の組み合わせについて解説します。

リスク管理とストップロス注文

　FXに限らず、値動きのある金融商品を取引する上で非常に重要なこととして、「リスク管理」があります。そして、リスク管理をする上で欠かせないのが「ストップロス注文」です。

あなたは投資に向いていますか？

　リスク管理の話をする前に、少しテストをしたいと思います。

　まず、以下の2つの商品から、あなたはどちらを選ぶでしょうか？

①**必ず80万円もらえます。**

②**当選すると100万円をもらえますが、はずれると何ももらえません。当選確率は85%です。**

　次に、以下の2つの商品から、あなたはどちらを選ぶでしょうか？

①**購入するのに80万円支払います。**

②**当選するとタダでもらえますが、はずれると100万円支払う必要があります。当選確率は15%です。**

　1つ目の質問では①を選び、2つ目の質問では②を選ばれた方が多いのでは

ないでしょうか？

　人間の性質として、**利益は確実に得たいと思う一方で、損失はなるべく避けたいという気持ちが働きやすい**のです。1つ目の質問では、①の方が確実に利益を得られますので、こちらを選ぶ人が多く、2つ目の質問では、②だと1円も払わなくても済むか知れないことから、②を選ぶ人が多いのです。

　しかし、1つ目の質問で①を選ぶのは、合理的な選択ではありません。②は、100回繰り返せばそのうち85回は100万円をもらえますので、1回平均でもらえるのは85万円です。したがって、平均的には①より②の方が得なのです。

　同様に、2つ目の質問で②を選ぶのも、合理的な選択ではありません。②だと、100回中85回ははずれて100万円を支払うことになりますので、1回平均で85万円支払うことになり、平均的には①より損です。

　人間が意思決定する際の考え方をまとめた理論として、ノーベル経済学賞を受賞したダニエル・カーネマン教授らの**プロスペクト理論**があります。上の話にあげたように、プロスペクト理論によって、人間は必ずしも経済的に合理的な判断をするわけではないことが、明らかにされています。

「損小利大」のためには確実に「損切り」をする

　ここまでの話は、投資にも当てはまります。多くの投資家は、含み益が出ると、わずかな利益でもすぐ利食いをしたくなりがちです。一方、含み損の状態になると、なかなか損失が確定することを受け入れられず、ずるずると損切りを遅らせてしまいます。

　しかし、これでは利益は小さく、損失は大きくなって、トータルではマイナスになります。これでは、どんどん資金をすり減らすだけです。

　また、中には「勝率」にこだわる人もいます。しかし、仮に9勝1敗だったとしても、1敗の損失が大きすぎると、トータルではマイナスになることもあります。例えば、10pipsずつ9回利益をあげたとしても、その次に100pipsの損失を出せば、トータルでは10pipsのマイナスです（図6.13）。

　投資の世界で長く生き残って資産を増やすためには、損失は小さく、利益は大きくすること（損小利大）が必須です。そのためには、**含み損が拡大しないように確実に損切りする**ことです。

■ 図6.13　9勝1敗でも1敗の損失が大きすぎるとトータルではマイナス

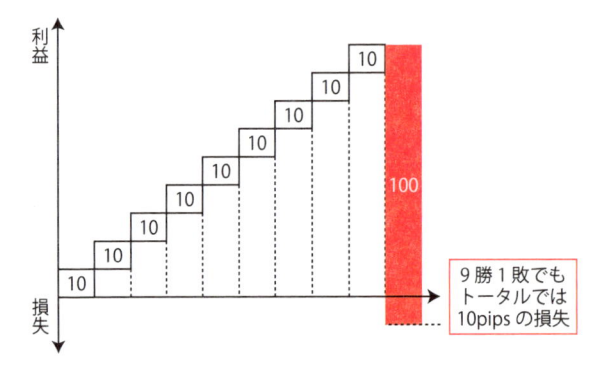

ストップロス注文で確実に損切りする

　損切りに必須の注文方法として、「ストップロス注文」があります。名前の通り、損（ロス）を切る（ストップ）ためのもので、以下のように使います（図6.14）。

①買いポジションを持っているときに、レートがある水準を下回ったらエグジットする。

②売りポジションを持っているときに、レートがある水準を上回ったらエグジットする。

■ 図6.14　ストップロス注文の仕組み

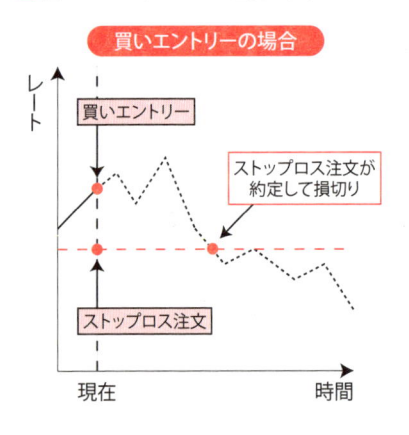

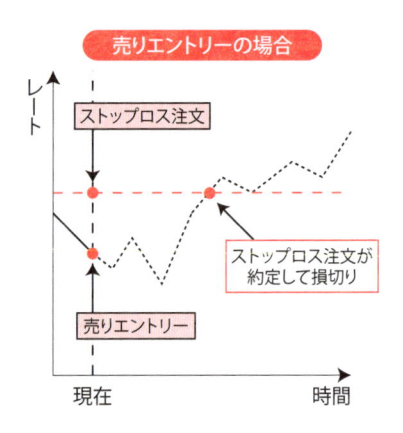

エントリーする際には、損切りの水準を決めて必ずストップロス注文を入れるようにします。これにより、機械的に損切りができ、ずるずると損失を拡大させてしまうことを避けられます。

ストップロス注文でのエントリー

ここまでで述べたように、ストップロス注文は主に損切りを自動的に行うために使います。ただ、エントリーの注文を出すときにも使えます。

よくあるエントリーのパターンとして、直近の高値を超えたときに買いから、安値を割ったときに売りから入ることがあります。ただ、レートが直近の高値を超えてから（安値を割ってから）注文を出していると、エントリーが遅れてしまい、その間にレートがどんどん動いてしまうことがあります。

そこで、レートが高値を超える（安値を割る）より前に、あらかじめストップロス注文を出しておくようにします。

例えば、レートが徐々に上昇してきているものの、83.00円がレジスタンスラインになっているとします。この場合、83.05円など、83.00円より少し上のレートでストップロスの買い注文を出しておきます。すると、**レジスタンスラインを超えて、指定したレートになったときに、自動的に買いエントリー**ができます（図6.15）。

■ 図6.15　ストップロス注文でのエントリー

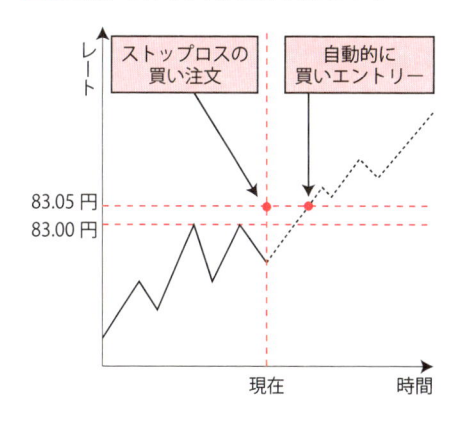

245

2つの注文を同時に出すOCO注文

　一度に2つの注文を出して、片方が成立したときに、もう片方を自動的にキャンセルしたい、という場面もよくあります。例えば、**利益確定と損切りの2つのエグジットの注文を、同時に出しておきたい**場合などです。

　このような場合は、「OCO注文」を使います。「OCO」は「One Cancel the Other」の略で、「片方の注文が成立したら、もう片方を自動的にキャンセルする」ことを意味します。

OCO注文で利益確定と損切りを同時に出す

　例えば、1ドル＝83.00円のときに買いエントリーしたとします。そして、83.30円になったら利益確定し、また82.70円に下がったら損切りしたいとします。この場合、「83.30円での指値の決済売り注文」と、「82.70円でのストップロス注文」の2つをOCO注文として出しておくのです（図6.16）。

　なお、多くのFX業者では、**IFDOCO注文**という注文方法もあります。これは、「ある注文が成立したら（If Done）、その後のOCO注文を自動的に出す」という注文方法です。

　図6.16の例だと、「83.00円の指値で買い、その注文が成立したら、83.30円の指値売り注文と82.70円のストップロス注文をOCO注文で出す」といったことを、一度に指示することができます。

■ 図6.16　OCO注文による利益確定と損切りの例

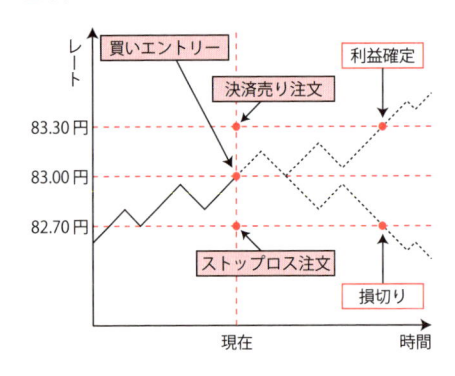

OCO注文で上下両方での利益確定を同時に出す

OCO注文を使うと、含み益が出ている状態のときに、**さらに利益を狙う決済注文と、ある程度含み益が減った場合の決済注文とを、2つ同時に出す**こともできます。

例えば、1ドル＝82.00円で買いエントリーした後、順調にドルが上昇し、83.00円になったとします。そして、83.30円まで上がったらエグジットしたいとします。ただ、絶対に上昇するとは言えませんので、82.70円まで下がったら、利益がこれ以上減ることを防ぐために、エグジットしたいとします。

この場合、83.30円での指値の決済売り注文と、82.70円のストップロス注文の2つを、OCO注文として出しておきます（図6.17）。

■ 図6.17　OCO注文による上下両方の利益確定の例

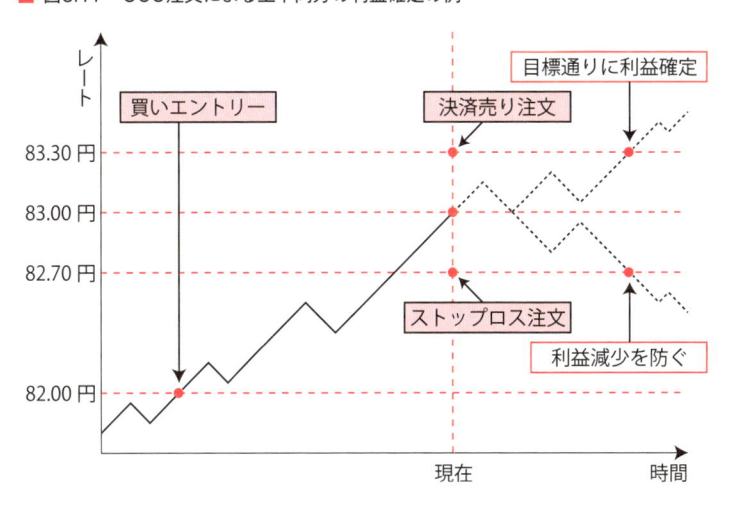

OCO注文でレンジブレイクを狙う

OCO注文は、**レンジブレイクを狙ってエントリーする**ときにも使えます。

レンジブレイクでは、レートがレンジで推移しているときに、サポートラインを下回ったら売りエントリーし、レジスタンスラインを上回ったら買いエントリーします。このようなエントリーは、2つのストップロス注文をOCOで組み合わせることで実現します。

　例えば、レートが82.50円と83.00円の間でレンジになっているとします。そして、83.00円を上回ったら買いエントリーし、82.50円を下回ったら売りエントリーしたいとします。

　この場合、83.00円よりやや上（83.05円など）でのストップロスの買い注文と、82.50円よりやや下（82.45円など）でのストップロスの売り注文を組み合わせて、OCO注文として出すようにします（図6.18）。

■ 図6.18　OCO注文によるレンジブレイク狙いのエントリー

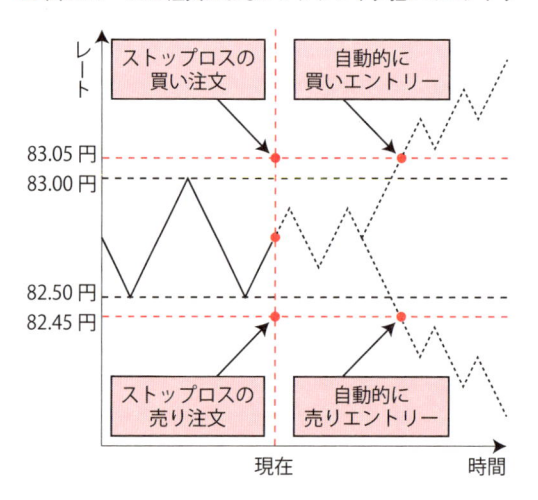

利益追求に使うトレーリング・ストップ注文

　狭いレンジの後にレンジブレイクすると、レートが急騰（または急落）し、どこまで上がる（下がる）かの目途がつきにくいことがあります。かといって、早々に利益を確定してしまうと、その後の上昇（下落）をとり損ねてしまいます。

　このようなときには、「トレーリング・ストップ」という注文方法をとって、利益を伸ばすことが考えられます。トレーリング・ストップ注文はストップロス注文の一種で、**ストップロスの水準をレートの動きに合わせ自動的に追従させる**のが特徴です。

上昇トレンド時のトレーリング・ストップ注文

　上昇トレンド時にトレーリング・ストップ注文を出す場合、現在のレートより低い水準のレートで注文を出します。注文時点でのストップロスまでの幅をWとすると、以下のようにストップロスの水準が自動的に調節されます。

①**レートがさらに上昇すると、ストップロスの水準も自動的に上昇し、両者の間の幅はWで保たれます。**

②**レートが下落したり、上昇してもレートとストップロスとの間がWより小さい間は、ストップロスの水準は変化しません。**

③**レートが下落してストップロスの水準を割り込むと、注文が成立します。**

　例えば、以下のような事例を考えてみてください。

①**しばらくの間、81.50円〜82.00円のレンジでレートが推移していた。**

②**レジスタンスラインをブレイクして、レートが急騰し始めた。**

③**82.05円で買いエントリーして、レンジブレイクに乗った。**

④**レートが順調に上昇し、82.50円まで上がった。**

　この場合、82.50円より低いレートで、トレーリング・ストップ注文を出しておきます。

　仮に、0.25円低い82.25円で、注文を出したとします。さらにレートが上昇すると、ストップロスの水準は、現在のレートより0.25円低い水準をキープしたまま、自動的に上昇します（図6.19のピンクの網掛けの部分）。一方、レートが下がった場合や、レートが上昇していてもレートとストップロスの間が0.25円より狭い間は、ストップロスの水準は変化しません（図6.19のグレーの網掛けの部分）。

　エントリー後の高値が83.00円になったとすると、そのときのトレーリング・ストップの水準は、83円より0.25円低い82.75円になります。その後にレートが下落すると、82.75円で注文が成立します。

■ 図6.19　トレーリング・ストップ注文の例

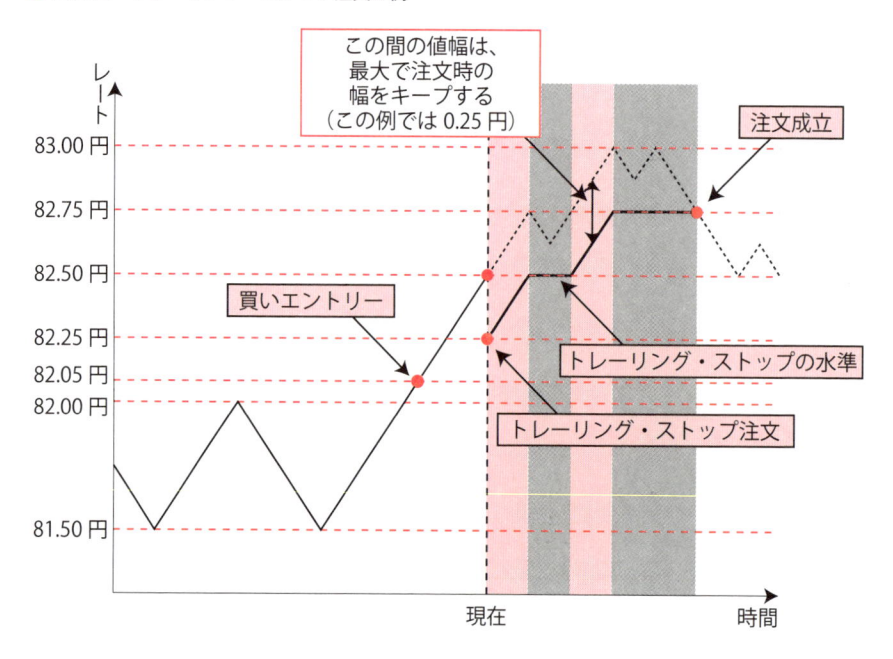

下落トレンド時のトレーリング・ストップ注文

　下落トレンド時のトレーリング・ストップ注文は、上昇トレンド時と逆の考え方をします。

　現在のレートよりも高い水準のレートで注文を出すことで、最悪でもその水準でポジションが決済されます。また、レートが下落すれば、トレーリング・ストップの水準も自動的に下落し、利益を伸ばすことができます。

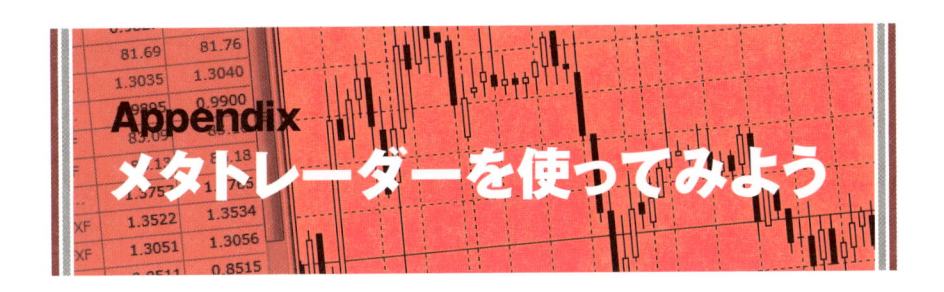

Appendix
メタトレーダーを使ってみよう

　ここまででは紙面でチャートを解説してきましたが、実際にチャートを見るにはパソコンを使うことが多いです。本書の最後として、このところ人気を集めているテクニカル分析ソフトの「Meta Trader 4」を紹介します。

高機能なテクニカル分析ソフト「MetaTrader 4」

　このところ、FX用のテクニカル分析ソフトとして、「MetaTrader 4」を目にする機会が多くなりました。非常に強力なソフトで、FXを行う上で強い味方になります。MetaTrader 4は、ソフト自体は幾つかのFX業者のサイトや開発元のサイトから無料でダウンロードして使うことができます。

MetaTrader 4の概要

　MetaTrader 4は、ロシアのMetaQuotes社（http://www.metaquotes.net/en）が開発しているソフトです。非常に高機能で、多彩なテクニカル分析や自動売買が可能です。

　基本的には、MetaTrader 4に対応したFX業者に口座を開いて、その口座で取引をする際に利用します。

　FXが広く投資家に受け入れられるにつれて、MetaTrader 4に対応した業者も徐々に増えています。

　主な対応業者として、FOREX.com（http://jp.forex.com/jp/）やFXトレード・フィナンシャル（https://www.fxtrade.co.jp/）があります。FOREX.comのMetaTrader 4口座は、取扱い通貨ペアが84通貨ペアと多く、また取引単位も1000通貨単位からと少額から取引ができます。

一方、海外にはMetaTrader 4に対応した業者が多くあります。日本向けのサイトもある業者としては、FXDD（https://www.fxddtrading.com/bm/jp）などが知られています。

なお、FOREX.com／FXDDいずれもデモ用の口座を開設して、MetaTrader 4をお試しで使うこともできます。

┃┃ 強力なチャート表示機能

MetaTrader 4では、非常に多彩なチャートを表示することができます。

まず、周期は1分足／5分足／15分足／30分足／1時間足／4時間足／日足／週足／月足から選べます。チャートの色やサイズ等をカスタマイズして、自分好みの見やすいチャートにもできます（画面1）。また、チャート上にトレンドラインを引いたり、図形や矢印などを書き込むこともできます。

さらに、40種以上のテクニカル指標が標準で組み込まれています。**本書で紹介したテクニカル指標はもちろんのこと、あまりメジャーではない指標まで用意**されています。

■ 画面1　MetaTrader 4のチャート表示画面

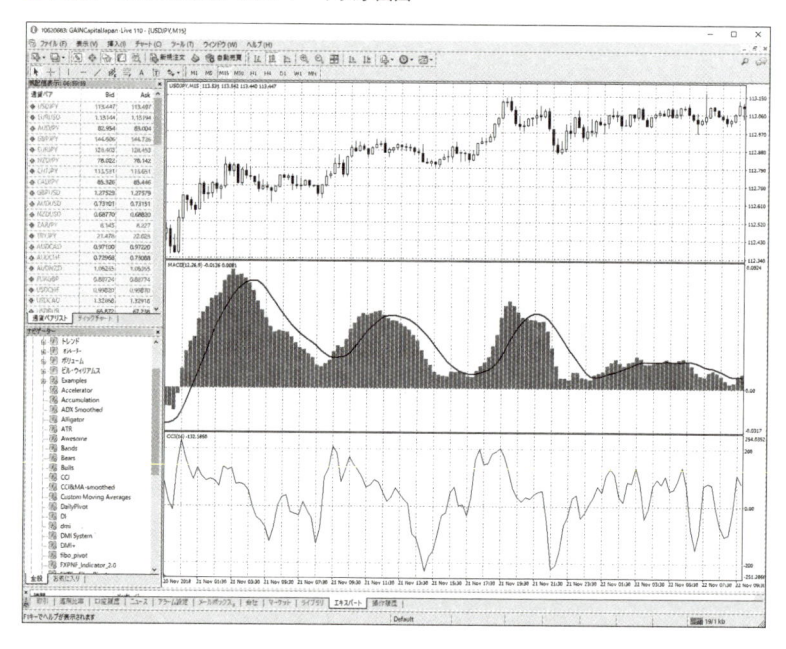

テクニカル指標を追加する「Custom Indicator」

前述したように、MetaTrader 4には標準で多数のテクニカル指標が用意されていますが、それだけでなく、「Custom Indicator」という機能があり、後からテクニカル指標を追加することも可能です。

本書の中で、短い周期のローソク足チャートに、長い周期のテクニカル指標を入れて分析することをお話ししました（239ページ参照）。このようなことも、Custom Indicatorなら実現できます（画面2）。

■ 画面2　4時間足のチャートに、日足の移動平均線を表示した例

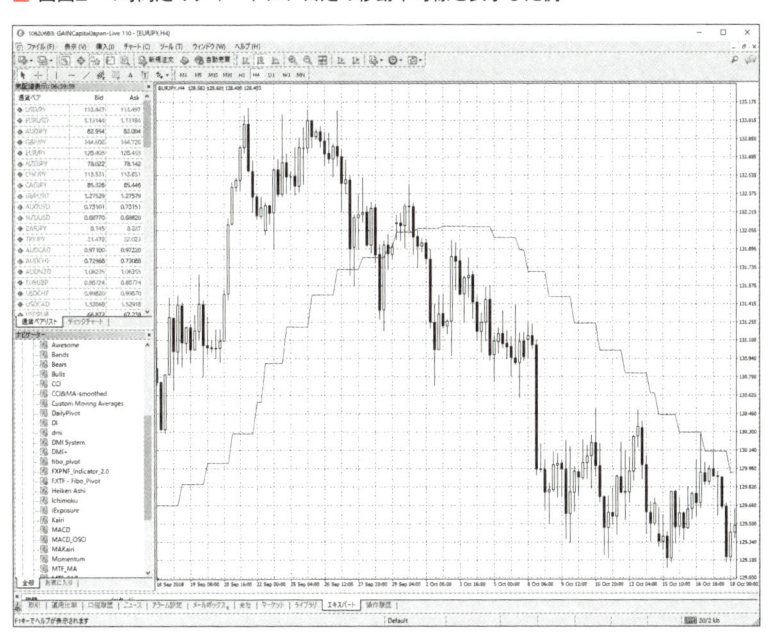

また、世界中のMetaTrader 4のパワーユーザーによって、さまざまなCustom Indicatorが開発され、公開されています。それらをMetaTrader 4に組み込むことで、チャート表示の機能をさらに強化することができます。

シミュレーションや自動売買が可能な「Expert Advisor」「Strategy Tester」

MetaTrader 4の特徴的な機能として、「Expert Advisor」があります。一般に、EAと略して呼ばれています。

Expert Advisorは、トレードの方法をプログラム化して、エントリー／エグジットを自動的に行える機能です。また、実際に自動売買する前に、過去のレートのデータで売買をシミュレーションし、Expert Advisorの有効性を検証する「Strategy Tester」という機能もあります（画面3）。

Custom Indicatorsと同様に、Expert Advisorも世界中のパワーユーザーによって開発されています。それらをMetaTrader 4にインストールし、シミュレーションしてみて、うまくいきそうなものを選んで使うことができます。

■ 画面3　EAによるシミュレーション結果の表示例

独自機能をプログラミングできる「MQL4」

MetaTrader 4には、ユーザーが自分でプログラムを開発する機能も搭載されています。「MQL4」というプログラム言語を使って、Custom Indicatorsや Expert Advisorを作ることができます（画面4）。

ただ残念ながら、MQL4は決して簡単なものではありません。自分の好きなようにCustom IndicatorsやExpert Advisorを作るには、プログラミングの素養が必要になります。

■ 画面4　MQL4で独自機能をプログラミングできる

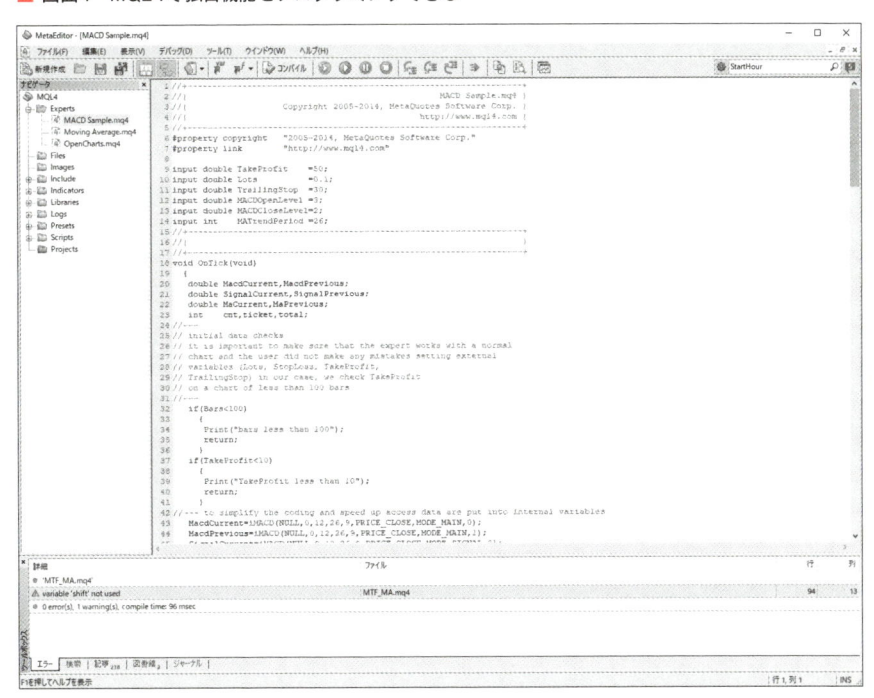

以上のように、MetaTrader 4を使えば、個人投資家でもプロに負けないような分析が可能です。本書で説明した詳細なテクニカル分析の手法も、メタトレーダーを使えば同様に行うことができます。機会があればお試しになってみるのも良いでしょう。

■ 著者紹介

藤本 壱 （ふじもと　はじめ）

1969年兵庫県伊丹市生まれ。神戸大学工学部電子工学科卒業後、パッケージソフトメーカーの開発職を経て、現在はマネーおよびパソコン関連の執筆活動のほか、ファイナンシャルプランナー（CFP®認定者）としても活動している。パソコンとプログラムを駆使した独自の詳細なデータ分析力には定評がある。

・ホームページアドレス　http://www.1-fuji.com/
・Blogアドレス　http://www.h-fj.com/blog/

最近の著書

「実戦相場で勝つ! 株価チャート攻略ガイド」「株初心者も資産が増やせる高配当株投資」「上手に稼ぐカラ売りテクニック」「新興市場・2部銘柄で儲ける株」（以上、自由国民社）、「プロが教える! 金融商品の数値・計算メカニズム」（近代セールス社）などがある。

※本書は、2014年11月21日発行の「FXはチャートで勝つ!」を改訂のうえ、改題して出版したものです。

実戦相場で勝つ! FXチャート攻略ガイド

発行　　2019年2月22日　初版第1刷発行

著　者　　藤本　壱
発行者　　伊藤　滋
発行所　　株式会社自由国民社
　　　　　〒171-0033　東京都豊島区高田3-10-11
　　　　　TEL　03（6233）0781（営業部）
　　　　　TEL　03（6233）0786（編集部）
　　　　　http://www.jiyu.co.jp/
本文DTP　有限会社中央制作社
印刷所　　新灯印刷株式会社
製本所　　新風製本株式会社

チャート提供　FOREX.com（ゲインキャピタル・ジャパン株式会社）
カバーデザイン　熊谷英博　／　カバーイラスト　haru_natsu_kobo/PIXTA

本書は投資に関する参考情報の提供を目的として、FXにおけるテクニカル分析の基礎知識とその事例について紹介したものです。本書の内容は正確を期すよう注意を払いましたが、内容を保証するものではありません。本書の情報を利用した結果生じたいかなる損害、損失についても、出版社、著者並びに本書制作の関係者は一切の責任を負いません。投資判断はあくまでご自身の自己責任でお願いいたします。